TABLE

DES

DECLARATIONS, ARRETS,

ET REGLEMENS,

CONCERNANT

LES FERMES ROYALES-UNIES,

Rendus pendant la troisiéme année du Bail de
Me JACQUES FORCEVILLE.

Commencée le premier Octobre 1740. & finie le dernier
Septembre 1741.

TOME X.

A PARIS,

Chez P. PRAULT, Imprimeur des Fermes & Droits du Roy, Quay
de Gêvres, au Paradis & à la Croix blanche.

M. DCC. XLVII.

TABLE

DES

EDITS, DECLARATIONS,

ARRESTS

ET REGLEMENS,

Rendus pendant la troisiéme année du Bail
de M^e. JACQUES FORCEVILLE.

*Commencée le premier Octobre 1740. & finie le
dernier Septembre 1741.*

CONCERNANT LES CINQ GROSSES FERMES,
Domaines d'Occident, Tabac, Commerce
& Manufactures.

A PARIS;

Chez PIERRE PRAULT, Imprimeur des Fermes & Droits du Roy,
Quay de Gêvres, au Paradis.

M. DCC. XLVI.

TABLE

DES

EDITS, DECLARATIONS,

ARRESTS ET REGLEMENS.

Rendus pendant la troisiéme année du Bail de M^e. JACQUES FORCEVILLE.

Commencée le premier Octobre 1740. *& finie le dernier Septembre* 1741.

CONCERNANT les cinq grosses Fermes, Domaines d'Occident, Tabac, Commerce & Manufactures.

Du 4 Octobre 1740.

RREST du Conseil, qui commet le Sieur Levet, Président de la Commission établie à Valence, pour instruire & juger souverainement & en dernier Ressort, en appellant avec lui le nombre d'Officiers ou Gradués requis par l'Ordonnance, le Procès aux nommés Alexandre & Jean l'Evêque, dit Saint

TRAITTES. A

Jean, freres, du lieu de Saint Aulaye en Vivarais, tant pour raison de l'assassinat par eux commis au lieu de Pouillat envers Joseph-Maurice Bouillon & Claude-Antoine Bouillon de la Garlette, qu'à l'occasion des autres crimes dont ils pourroient être prévenus, circonstances & dépendances ; évoque & renvoye pardevant ledit Sieur Levet toutes les procédures qui pourroient avoir été commencées pour raison de ce en quelques Cours & Jurisdictions que ce soit, pour être le tout par lui jugé en dernier Ressort privativement à toutes autres Cours & Juges ; permet audit Sieur Levet de subdeleguer pour l'instruction & pour rendre les Jugemens à l'extraordinaire, & de commettre pour faire les fonctions de Procureur du Roi en ladite Commission, tels Officiers ou Gradués qu'il voudra choisir ; lui permet pareillement, & aux Subdélégués qu'il pourra commettre, de rendre seuls tous les Jugemens d'instruction & à l'extraordinaire qu'il conviendra ; & ordonne que les minutes des charges, informations & autres procédures, si aucunes ont été faites en quelque Jurisdiction que ce puisse être, seront remises au Greffe de ladite Commission.

Du 4 Octobre 1740.

Arrêt du Conseil, qui commet le Prevôt Général de la Maréchaussée de Poitiers pour instruire & juger souverainement & en dernier Ressort, en appellant avec lui le nombre d'Officiers ou Gradués requis par l'Ordonnance, le Procès aux Auteurs, Fauteurs, Complices, Participes ou Adhérans de l'assassinat commis en la personne du nommé Pierre Boulleau, Employé de la Brigade des Fermes de Missé, proche Thouars, circonstances & dépendances ; valide les procédures faites à cette occasion par ledit Prevôt Général ; évoque & renvoye pardevant lui toutes celles qui pourroient avoir été commencées pour raison du même fait en quelques autres Jurisdictions que ce puisse être, pour être le tout par lui jugé souverainement & en dernier Ressort, & lui attribuë à cet effet toute Cour, Jurisdiction & connoissance privativement à toutes autres Cours & Juges ; autorise ledit Prevôt Général à subdeleguer pour l'instruction & pour rendre les Jugemens

l'extraordinaire, & de commettre pour faire les fonctions
e Procureur du Roi en ladite Commission tels Officiers ou
raduës qu'il voudra choisir; & lui permet, & aux Subdelé-
ués qu'il pourra commettre, de rendre seuls tous les Juge-
ens d'instruction & à l'extraordinaire qu'il conviendra : or-
onne en outre que les minutes des charges, informations ou
tres procédures, si aucunes ont été faites pour raison de ce
 quelques Jurisdiction que ce soit, seront remises au Greffe
 ladite Commission.

Du 4 Octobre 1740.

 Arrêt du Conseil, qui ordonne une imposition de la somme
 2000 livres sur les Habitans taillables de la Généralité de
oitiers pendant l'année 1741. pour être employée aux frais
établissement d'une Manufacture de soyrie, & de plusieurs
pinieres de Muriers blancs, destinés à la nourriture des Vers
foye que l'on éleve avec succès dans ladite Généralité.

Du 7 Octobre 1740.

* Arrêt de la Cour des Aydes, qui fixe par provision, &
qu'à ce qu'il en soit autrement ordonné, les alimens des
isonniers détenus pour dettes civiles, à raison de sept sols
r jour.

Du 11 Octobre 1740.

* Arrêt du Conseil, qui décharge Michel Regnault, Jo-
h Mangeot, Charles Dorveaux & Jean Lecocq, Jurés
einturiers de la Ville de Metz, des condamnations contre
x prononcées par un Arrêt du Parlement de ladite Ville,
 20 Juin précédent : condamne Nicolas Thionville, Gref-
r du Siége de Police de Metz, à la restitution des sommes
ui payées par lesdits Teinturiers en exécution dudit Arrêt,
is prétexte de vacations aux Procès-verbaux de Visites fai-
 par lesdits Jurés Teinturiers, & auxquelles ledit Thionville
affisté; & enjoint à tous Juges des Manufactures, & à leurs
reffiers, de se conformer à l'Edit du mois d'Août 1669.

4

& à l'Article XXXIV. de l'Arrêt du Conseil du 21 Août 1718. concernant les Manufactures, *&c.*

Du 11 Octobre 1740.

Arrêt du Conseil, qui accorde pendant vingt années au Sieur de la Sablonniere le priviſlege d'ouvrir & faire exploiter les Mines d'Aſphalte par lui découvertes, & qu'il pourra découvrir par la ſuite dans l'étenduë du Royaume, à la charge d'indemniſer les Propriétaires des terreins où elles ſeront ſituées du préjudice que peuvent leur cauſer l'ouverture, creuſage & exploitation deſdites Mines, enſemble le tranſport & dépôt de l'Aſphalte.

N°. Cet Arrêt n'accorde aucune exemption des Droits des Fermes du Roy.

Du 11 Octobre 1740.

Arrêt du Conseil, qui avant faire droit ſur la Requête de Jacques Forceville, Adjudicataire des Fermes génerales, tendante à la caſſation de deux Arrêts rendus par la Cour des Aydes de Montauban le 12 Septembre 1740. pour avoir fait mainlevée de cent douzaines de mouchoirs de ſoye d'Eſpagne ſaiſis ſur le nommé Nadat par les Employés des Fermes, au bout du Pont de la Ville de Foix, le 27 Septembre 1739. confiſqués par Sentence du Juge des Traittes de Saint Girons du 10 Octobre ſuivant, reclamés par le nommé Auguſtin Baure, du lieu de Levis en Sardaigne, Royaume d'Eſpagne, ſur qui la même confiſcation fut prononcée, avec 3000 livres d'amende, par autre Sentence du 11 Février 1740. pour avoir fait entrer leſdits mouchoirs en fraude des Droits du Roi, & par d'autres Ports que ceux déſignés par Sa Majeſté; ordonne que le Procureur Général de ladite Cour des Aydes de Montauban enverra dans le mois au Greffe du Conſeil les motifs deſdits Arrêts, pour être enſuite ordonné ce qu'il appartiendra, & cependant ſurſeoit à l'exécution d'iceux.

Du 11 *Octobre* 1740.

Arrêt du Conseil, qui sans s'arrêter ni avoir égard à deux Arrêts d'assignation & d'opposition, signifiés le 5 Octobre 1740. à la requête du Sieur Marquis des Reaux au Procureur du Roi en la Commission établie par deux Arrêts des 17 Mai & 30 Août précédens, ordonne que l'instruction du Procès, commencée par le Sieur Defarcy, Conseiller au Châtelet de Paris, Commissaire nommé par Sa Majesté par lesdits Arrêts, pour raison des violences & voyes de fait mentionnées au Procès-verbal dressé le 10 Mars 1740. par les Employés de la Brigade ambulante des Fermes générales à Troyes, au sujet d'une saisie de Faux Tabac, sera par lui continuée à la requête dudit Procureur du Roi en ladite Commission, & le Procès fait & parfait aux Auteurs, Complices, Participes, Fauteurs & Adherans desdites violences & voyes de fait, circonstances & dépendances, pour être ensuite jugé définitivement & en dernier Ressort, au nombre requis par les Ordonnances, par les Juges à cet effet commis, nonobstant toutes oppositions, appellations, prises à Partie, & autres empêchemens généralement quelconques.

Du 11 *Octobre* 1740.

Arrêt du Conseil, qui commet le Sieur de Sechelles, Intendant en Haynault, pour instruire & juger souverainement & en dernier Ressort, en appellant avec lui le nombre d'Officiers ou Gradués requis par l'Ordonnance, le Procès aux nommés le Drû & Haussy, Employés des Fermes de la Brigade de Couroubre, près Valenciennes, pour avoir arrêté & tué le cheval du nommé Piard, Marchand de Vin à Reims, sur le chemin de Bavay à Cambray, sous prétexte qu'il étoit armé de pistolets de poche, circonstances & dépendances; Sa Majesté validant les procédures commencées à cette occasion par ledit Sieur Commissaire départi, évoque & renvoye pardevant lui toutes celles qui pourroient avoir été faites pour raison du même fait par quelques autres Juges que ce puisse être, pour le tout être par lui jugé en dernier Ressort; lui attribuë à cet effet toute Cour, Jurisdiction & connoissance, & l'interdit à toutes autres Cours & Juges : permet audit Sieur de Sechelles de subdéléguer pour l'instruction & pour rendre les Jugemens à l'extraordinaire, & de commettre pour faire les fonctions de Procureur du Roi en ladite Commission tels Officiers ou Gradués qu'il voudra choisir; lui permet pareillement, & aux Subdélégués qu'il pourra commettre, de rendre seuls tous les Jugemens d'instruction & à l'extraordinaire qu'il conviendra; ordonne en outre que les minutes des charges, informations, ou autres procédures qui peuvent avoir été faites pour raison de ce en quelques Jurisdictions que ce soit, seront remises au Greffe de ladite Commission.

Du 11 Octobre 1740.

Arrest du Conseil, qui subroge le Sieur de Barberie de Saint Contest, Intendant & Commissaire départi en la Province de Bourgogne, pour au lieu & place du feu Sieur de la Brisse, instruire & juger souverainement & en dernier Ressort, suivant les derniers erremens de la procédure, l'Instance ci-devant pendante devant les Officiers du Bailliage de Charolles, à l'occasion d'une bande de Contrebandiers conduisans plusieurs chevaux chargés de Faux Tabac, attaqués par les Employés de la Brigade ambulante de Saray, dans laquelle attaque l'un desdits Contrebandiers ayant été blessé, se noya en voulant passer une riviere, ainsi que des autres faits mentionnés dans le Procès-verbal desdits Employés des 4 & 5 Novembre 1735. circonstances & dépendances, & ce en la forme & maniere portée en l'Arrest du Conseil du 28 Février 1736. attribuë à cet effet audit Sieur de Saint Contest toute Cour, Jurisdiction & connoissance, & l'interdit à toutes autres Cours & Juges.

Du 18 Octobre 1740.

* Ordonnance du Roi, qui fixe les limites de la Navigation au petit Cabotage, & régle les formalités à obferver pour
la Reception des Maîtres ou Patrons qui font employés à cette
Navigation, *contenant dix-fept articles.*

Du 18 Octobre 1740.

Arreft du Confeil qui, fans avoir égard à l'appel interjetté
par Jean-Baptifte Ducarne, Maître de Forges à Hirfon, &
Henry Machu, Voiturier, de l'Ordonnance par défaut du
Sieur de Sechelles, Intendant en Haynaut, du 20 Novembre
1739. par laquelle il a ordonné la confifcation de deux chariots chargés de fers, faifis le 14 Octobre précédent par les
Commis au Bureau des Fermes à Trelon, pour fauffe déclaration dans le poids, & condamné lefdits Ducarne & Machu
en 300 livres d'amende; ordonne qu'ils fe pourvoiront par
oppofition contre ladite Ordonnance ainfi qu'ils aviferont,
défenfes au contraire.

Du 18 Octobre 1740.

Arreft du Confeil, portant que l'art. LII. du Réglement
du 26 Octobre 1666. concernant les Fabriques de Draps de
la Ville de Carcaffonne, fera exécuté dans toutes les Fabriques de Draps de la Province de Languedoc, & permet à
tous Marchands Fabriquans defdits Draps, ou Marchands
Drapiers Drapans, de fe fervir pour toutes les opérations de
la Fabrique qu'ils voudront faire faire chez eux ou dans des
Maifons, Ouvroirs & Atteliers à eux appartenans, de tels
Ouvriers qu'ils jugeront à propos, comme Cardeurs, Filleurs,
Ourdiffeurs, Tifferans, Foulonniers, Pareurs, Tondeurs, Ren-
trayeurs, Affineurs & autres Ouvriers fervans aufdites Fabriques, foit qu'ils ayent été reçus ou non dans les prétendues Ju-
randes établies dans celles des Villes & lieux de ladite Province
où il y en a, foit qu'ils foient Forains ; à l'effet de quoi pour-

ront lefdits Marchands Fabriquans ou Marchands Drapiers
Drapans avoir chez eux & dans leurs Maifons, Ouvroirs &
Atteliers, tel nombre de Métiers & de preffes qu'ils jugeront
à propos, de même que les autres outils & uftanciles néceffaires à leurs Fabriques, avec défenfes aux Ouvriers de quit-
ter leurs Maîtres fans Congé par écrit, & aux Maîtres d'en
recevoir qu'ils ne foient porteurs defdits Congés, &c. *contenant fix articles.*

Du 25 Octobre 1740.

Arrêt du Confeil qui, avant faire droit fur la Requête de
Jacques Forceville, Adjudicataire des Fermes Générales-
Unies, tendante à ce que les Droits de Traittes foraines
foient perçus fur les Foins & Avoines, Vivres & Uftenciles
néceffaires pour la fubfiftance & approvifionnement de la
Voiture des Sels pour la Savoye, & payés par le Sieur Allemand, Entrepreneur de ladite Voiture, & de même par
ceux qui en feront chargés après lui, & que les conteftations
qui naîtront au fujet du payement defdits Droits feront portées devant les Juges qui ont droit d'en connoître, ordonne
que ladite Requête fera communiquée audit Sieur Allemand
pour y fournir de réponfe dans les délais de l'Ordonnance,
pour fa réponfe vuë, ou à faute de ce faire, être par Sa Majefté ordonné ce qu'il appartiendra.

Du 25 Octobre 1740.

Arreft du Confeil, qui déboute les Habitans & Communauté de Thuillieres, Montureux le Sec, Valleroy le Sec, & les
Réfidens au Château de Grefil, des fins & conclufions de
leur Requête, en ce qui concerne l'exemption du droit d'If-
fuë Foraine ou Haut-conduit pour les Marchandifes & Denrées de leur crû & concrû, ou provenant de leur Induftrie,
fortant de chez eux pour aller en Lorraine, & la liberté par
eux prétendue de fe fervir du Tabac de Lorraine & de Franche-Comté, ou d'en faire des Plantations; ordonne que la
Sentence des Officiers des Gabelles de Langres du 13 Juillet
1739,

1739. fera exécutée, & renvoye les Parties devant lefdits Officiers des Gabelles de Langres, pour être fait droit, fuivant les Ordonnances, fur les faifies de Tabacs, faites aux domiciles des nommés Jean Morifot, la Veuve Saint Jean & Jofeph Viriony, fon gendre, Pierre Trinchamp, Sebaftien Urbain & Jean Dumont, Habitans defdits lieux de Thuillieres & Montureux le Sec, par cinq Procès-verbaux des Commis des Fermes du 14 Septembre 1739.

Du 25 Octobre 1740.

Arreft du Confeil, qui fans avoir égard aux Actes faits entre les Propriétaires des Terrains qui contiennent les Carriéres à Ardoife, ouvertes ou à ouvrir, aux environs de la Ville d'Angers, & les Entrepreneurs defdites Carriéres, quant au chef feulement, qui établit en faveur defdits Propriétaires, le Droit de Foreftage ou treiziéme millier, ordonne que ledit Droit demeurera pour toujours éteint & fupprimé, & qu'aulieu d'icelui il fera payé une feule fois par les Entrepreneurs defdites Carriéres ouvertes & à ouvrir dans la fuite, aux Propriétaires d'icelles, une fomme de 1040 liv. par Arpent, pour les Terres cultivées, & de 520 liv. pour celles qui ne font pas fufceptibles de culture, ou un Loyer par an, à raifon du Denier 10. defdites fommes principales réglées par chaque Arpent, pendant le temps feulement que durera l'exploitation de la Carriére, le tout au choix du Propriétaire, auquel l'emplacement de ladite Carriére retournera à la ceffation de ladite exploitation; permet à toutes perfonnes de faire de nouvelles entreprifes pour tirer l'Ardoife, en convenant de gré à gré avec les Propriétaires du Terrain, de leur dédommagement, foit par le payement une fois fait des fommes ci-deffus, foit par un Loyer annuel fur le pied du Denier 10. defdites fommes; ordonne, qu'en cas de refus de la part defdits Propriétaires, ils feront tenus de déclarer dans un mois, fur la fommation qui leur en fera faite par les Entrepreneurs, s'ils entendent faire ouvrir & foüiller eux-mêmes les Carriéres, dont le Terrain leur appartient, & en cas qu'ils déclarent vouloir ouvrir lefdites Carriéres, ils feront tenus d'en commen-

cer réellement l'exploitation un mois après leur déclaratio
& faute de ladite déclaration ou du commencement de l'ex
ploitation dans ledit mois, les Entrepreneurs pourront faire
lesdites ouvertures & foüiller, en payant par eux lesdites sommes ou loyer; permet pareillement aux Entrepreneurs, qui ont
actuellement & auront à l'avenir des Carriéres à Ardoise ouvertes, & qui n'ont pas suffisamment de terrain pour la vui-
dange desdites Carriéres, de se procurer de la part des Propriétaires voisins, celui qui leur sera nécessaire, en leur payant
comptant le prix ci-devant marqué ou le même loyer annuel,
aussi au choix desdits Propriétaires : ordonne en outre, qu'en
cas que les Terrains ainsi vendus, soit pour les Carriéres, soit
pour les vuidanges, dépendent de Bénéfices ou Communautés Ecclésiastiques, les loyers en seront pareillement payés
ausdites Communautés ou Titulaires de Bénéfices, sur le pied
ci-dessus marqué, si mieux ils n'aiment indiquer un fonds, à
l'achat duquel le prix principal desdits Terrains, à raison de
1040 liv. par Arpent pour les Terres en valeur, & de 520 liv.
pour celles incultes, sera employé au profit desdits Bénéfices
ou Communautés, au moyen duquel remploi les Entrepreneurs desdites Carriéres à Ardoises, ne pourront être recherchés ni inquiétés, sous quelque prétexte ou pour quelque cause que ce puisse être, pour raison des Terrains qu'ils auront
ainsi acquis desdites Communautés ou Bénéficiers.

Du 26 Octobre 1740.

* Déclaration du Roi, enregistrée en Parlement en Vacations, le vingt-sept Octobre 1740, qui ordonne que jusqu'au
dernier Décembre 1741, les Bleds, Grains, Farines & Légumes de toutes espéces, qui entreront dans le Royaume,
ou qui seront transportés d'une Province ou d'un lieu en un
autre, seront exempts de tous Droits, soit qu'ils appartiennent
au Roi, ou aux Seigneurs, Corps & Communautés, soit Ecclésiastiques ou Laïques, & ordonne la fixation des Cens,
Rentes & Redevances qui se payent en Grains, *contenant dix
Articles.*

Du premier Novembre 1740.

Arrest du Conseil, qui liquide à la somme de 339211 liv. 12 s. 4 d. le remboursement dû à Jacques Forceville, Adjudicataire des Fermes Générales-unies, pour le montant des Droits des Marchandises & autres Effets mentionnés aux Passeports expédiés par ordre de Sa Majesté, pendant la premiere des six années du Bail dudit Forceville, commencée le premier Octobre 1738. & finie le 30 Septembre 1739, pour le montant de laquelle somme de 339211 liv. 12 s. 4 d. il sera expédié au profit dudit Forceville une Ordonnance de comptant sur le Garde du Trésor Royal en exercice, laquelle sera payée audit Forceville en une Quittance comptable, sur & en déduction du prix de son Bail.

Du premier Novembre 1740.

Arrest du Conseil, qui faisant droit sur l'Instance d'entre M. de Fontanieu, Intendant de Dauphiné, & le Sr. de Bucamp, sans s'arrêter à l'opposition formée par ledit Sr. de Bucamp, par Acte du 5 Août 1739, à la continuation des Travaux commencés par ledit Sr. de Fontanieu, pour l'extraction du Charbon de Terre, sur le Terrain de Blondin, étant à la gauche du Chemin, allant de Marquise à Ardinghn, dans laquelle opposition il est déclaré non-recevable : ordonne que la Transaction passée le 15 May 1739, entre Dame Marie-Anne Pollart de Villegury, épouse dudit Sr. de Fontanieu ès noms & qualités qu'elle procéde, comme fondée de Procuration, le Sieur Desandrouin Desnoel, sera exécutée selon sa forme & teneur ; en conséquence fait défenses audit Sr. de Bucamp de troubler à l'avenir ledit Sr. de Fontanieu dans sesdits Travaux sur le Terrain de Blondin, à peine de tous dépens, dommages & intérêts, & sur le surplus des demandes des Parties, Sa Majesté les met hors de Cour.

Du *premier Novembre* 1740.

Arreſt du Conſeil, qui renvoye par-devant le Sr. Intendant de Picardie & Artois, les conteſtations mûës entre le Sr. Hubert-Louis Miſſon, Entrepreneur des Mines de Charbon de Terre à Ardinghen en Boulonnois, d'une part, & la Veuve Trouvé en qualité de Fermiere de prétendus Droits de Riviere, & les Maîtres Bellandriers, Bateliers de Saint Ruer, d'autre part, à l'occaſion d'un Octroy ou Droit de 18 ſ. 9 d. appartenant à ladite Ville ſur chaque Batteau y entrant, & de 2 ſ. 6 d. auſſi par Batteau, prétendu par la Communauté des Maîtres Bellandriers, & du Privilége excluſif auſſi prétendu par leſdits Maîtres Bellandriers, de conduire eux-mêmes tous Batteaux étrangers qui viennent charger des Marchandiſes ou Denrées dans ladite Ville, pour les conduire juſqu'au lieu de leur deſtination, pour, par ledit Sieur Intendant, entendre les Parties & donner ſon avis, & être enſuite par le Roi ordonné ce qu'il appartiendra, toutes choſes, juſqu'à ce demeurant en état.

Du 8 *Novembre* 1740.

* Arreſt du Conſeil, qui proroge pour un an, à compter du premier Janvier 1741. l'exemption de tous Droits ſur les Beſtiaux, ordonnés par Arreſt du 16 Février 1740, & en conſéquence ordonne que pendant ledit temps les Bœuſs, Vaches, Moutons, Brebis, Agneaux, Boucs, Chévres & Chévrotins, qui viendront des pays Etrangers dans le Royaume, ſeront & demeureront déchargés de tous Droits, tant des cinq Groſſes Fermes qu'autres, dépendans de la Ferme générale, qui ſe payent aux Entrées des Provinces frontiéres ; & que leſdits Beſtiaux, enſemble ceux qui ont été élevés & nourris dans le Royaume, ſeront & demeureront déchargés pendant ledit temps des Droits d'Entrées & de Sortie, tant des cinq Groſſes Fermes qu'autres dépendans de la Ferme générale à leur paſſage des Provinces reputées Etrangeres, dans celles des cinq Groſſes Fermes ou deſdites Provinces des cinq Groſſes Fermes, dans celles reputées Etrangeres, aux Entrées & Sorties deſ-

quelles il est dû des Droits aux Fermes Générales-unies.

Du 8 Novembre 1740.

* Arrest du Conseil & Lettres Patentes, qui expliquent les Priviléges dont les Habitans du Marquisat de Chaussin, Tichy, la Perriere & dépendances, doivent jouir, en ce qui concerne les Droits des cinq Grosses Fermes pour les Marchandises & Denrées de leur crû, où dont ils font commerce & passent du Duché dans le Comté, ou du Comté dans le Duché de Bourgogne, *regiſtrées au Parlement de Dijon le 19 Décembre* 1740.

Du 8 Novembre 1740.

Arrest du Conseil, qui évoque une Instance d'appel en la Cour des Aydes de Rouen, d'une Sentence des Officiers des Gabelles de ladite Ville de Rouen du 26 Aoust 1740, rendue sur une saisie de 35000 liv. de Sel de Verre d'Angleterre, faite à Rouen sur le sieur Christophe Garvey, Négociant de ladite Ville de Rouen, pour contravention à l'Ordonnance des Gabelles & à l'Arrest du Conseil du 6 Septembre 1701, qui déclare prohibées toutes les Marchandises d'Angleterre, autres que celles y énoncées pour pouvoir entrer dans le Royaume; & faisant droit sur ladite Instance, ordonne que l'Article XXVIII. du Titre XVII. de ladite Ordonnance de 1680, & l'Arrest du Conseil du 6 Septembre 1701, seront exécutés selon leur forme & teneur; en conséquence confisque lesdites 35000 livres de Sel de Verre saisis sur ledit Christophe Garvey, & en ordonne le submergement en présence des Commis de Jacques Forceville, Adjudicataire des Fermes générales, préposés par lui à cet effet, lesquels seront tenus d'en dresser Procès-verbal, pour icelui être remis par ledit Forceville au Sieur Controlleur Général des Finances; & par grace, & sans tirer à conséquence, remet audit Christophe Garvey, l'amende de 3000 livres par lui encourue, pour sa contravention audit Arrest du Conseil du 6 Septembre 1701.

Du 8 Novembre 1740.

Arreſt du Conſeil, qui ordonne qu'à l'avenir la Paroiſſe de Villefagnan & ſa dépendance, ſera en entier reputée faire partie de la Province d'Angoumois, reputée Etrangere, quant aux Droits des cinq Groſſes Fermes ſeulement, ſans y comprendre ceux de la Ferme des Aydes & autres qui y ont lieu, leſquels continueront de s'y percevoir en la maniere accoutumée, au moyen dequoi & en conformité de l'Acte de conſentement des Habitans de ladite Paroiſſe de Villefagnan du 28 Aouſt précédent, la Convention paſſée entre le Fermier & les Habitans de ladite Paroiſſe le 18 Juillet 1688, pour ne payer que la moitié des Droits dûs ſur les Marchandiſes de leur Commerce, demeurera nulle & comme non avenue, & leſdits Habitans ſeront tenus de payer les Droits en entier, ſuivant les Tarifs, Arrêts & Réglemens à l'Entrée & à la Sortie, pour tout ce qu'ils envoyeront dans l'étendue des cinq Groſſes Fermes, & pour ce qu'ils en tireront, comme il en eſt uſé pour les autres Provinces reputées Etrangeres, & qu'à cet effet le Bureau & la Brigade des Fermes établis dans ladite Paroiſſe, ſeront levés & ôtés d'icelle.

Du 8 Novembre 1740.

Arreſt du Conſeil, qui permet au ſieur Langlin, Négociant à St. Malo, Propriétaire du Navire le St. Louis, d'accepter le Fret qu'on lui offre à Cadix, pour envoyer ledit Navire le St. Louis dans un des Ports d'Eſpagne ou de France & non ailleurs, à condition de donner par ledit ſieur Langlin bonne & ſuffiſante caution au Conſul de France à Cadix, pour le montant des Droits dûs ſur les Marchandiſes chargées aux Iſles ſur ledit Navire le St. Louis, & déchargées à Cadix; décharge, par grace, & ſans tirer à conſéquence, ledit ſieur Langlin de la ſoumiſſion par lui faite au Greffe de l'Amirauté de St. Malo, des peines prononcées par l'Article II. des Lettres Patentes du mois d'Avril 1717, & l'Arrêt du Conſeil du 27 Janvier 1726.

Du 8 Novembre 1740.

Arreſt du Conſeil, qui évoque l'appel interjetté au Parlement de Rouen, par Joſeph de la Marre, Capitaine du Vaiſſeau la Marie-Geneviéve, d'une Sentence de l'Amirauté de St. Vallery en Caux, du 27 Aouſt 1740, par laquelle ledit ſieur de la Marre a été condamné en 3000 liv. d'amende & en la confiſcation dudit Vaiſſeau, Agrès & Apparaux, enſemble de pluſieurs Coupons d'Indiennes, Mouchoirs des Indes & Calemandes, trouvés dans ledit Vaiſſeau, par les Employés des Fermes à St. Vallery en Caux, les 25 & 26 Juillet précédent, pour ſur ledit appel, circonſtances & dépendances, & au Rapport du Sieur Controlleur Général des Finances, être par Sa Majeſté fait droit aux Parties, ainſi qu'il appartiendra ; leur fait défenſe de procéder, pour raiſon de ce, ailleurs qu'au Conſeil, à peine de nullité, caſſation des procédures & Jugemens, & de tous dépens, dommages & intérêts.

Du 17 Novembre 1740.

Jugement rendu en dernier reſſort, par M. l'Intendant de Soiſſons, qui condamne les nommés le Cavalier de Montmigny & Alexandre à être pendus par effigie, pour crime de vol à main armée & attroupés, des Marchandiſes de contrebande, ſaiſies & dépoſées au Bureau de Laon ; Jean-Antoine Duhamel, Capitaine Général des Fermes, à trois ans de Galeres, Antoine Marchoux, premier Cavalier deſdites Fermes, à un banniſſement de trois ans, & pluſieurs autres Employés deſdites Fermes & autres accuſés à différentes amendes & dommages intérêts, pour ſpoliations & ſouſtractions de Marchandiſes de contrebande ſaiſies.

Du 20 Novembre 1740.

Arreſt du Conſeil, qui défend la ſortie du Royaume, par les frontiéres des Provinces de Flandres, Artois & Haynault, des mitrailles & vieux Cuivres, à peine de confiſcation, enſemble

des Voitures, Chariots & autres Equipages, servant au tranf-
port desdites mitrailles & vieux Cuivres, & de 1500 livres d'a-
mende applicable, moitié au profit du Roi, & l'autre moitié
aux Employés saisissans.

Du 22 Novembre 1740.

* Arrest du Conseil, qui exempte jusqu'au dernier Mars 1741.
les Vins du Roussillon & du Languedoc, qui seront amenés au
Havre, Honfleur, ou à Rouen, pour la destination de Paris, de
la moitié des Droits de double subvention, & de ceux des grandes Entrées, à la charge par les Marchands & Conducteurs, de
prendre dans les Bureaux du Havre, Honfleur ou de Rouen,
avec l'Acquit du payement des Droits, un Acquit à Caution,
pour assurer la destination desdits Vins dans ladite Ville de
Paris.

Du 22 Novembre 1740.

Arrest du Conseil, qui déboute le nommé Antoine Gauthier,
Laboureur, demeurant à Maisoncelle, de l'opposition par lui
formée à l'Arrest du Conseil du 28 Juin 1740, par lequel une
Sentence du Juge des Traittes de Chaumont du 26 Avril précédent a été cassée, pour avoir fait main-levée de trente-cinq Bi-
chets d'Avoine saisis le 20 Février de la même année, par les
Employez des Fermes de la Brigade de Chaumont, que ledit
Gauthier conduisoit à la Cense de Luscrin, frontiére de Lorraine, nonobstant la défense de faire sortir des Grains, & le refus
à lui fait de lui délivrer un Acquit à Caution, à l'effet du tranf-
port desdites Avoines; ordonne l'exécution dudit Arrest qui en
a prononcé la confiscation, & condamné ledit Gauthier en l'a-
mende.

Du 22 Novembre 1740.

Arrest du Conseil, qui reléve le Sieur Pierre Borlier, Mar-
chand-Banquier à Paris, de l'Interdiction prononcée contre lui,
par l'Arrest du 5 Juillet 1740, portant confiscation de sept Piéces
ces

ces d'Etoffes des Indes, d'une Chaife de pofte & deux Chevaux
fur lui faifis le 7 Novembre 1739. aux Entrées de Paris; & en
conféquence lui permet de continuer à faire le Commerce & la
Banque, autorifés par les Ordonnances & Réglemens, comme
auparavant ledit Arreft; & ordonne qu'il fera fait mention du
préfent Arreft par-tout où befoin fera.

Du 22 Novembre 1740.

Arreft du Confeil, qui fait défenfes aux Maîtres Toilliers &
Paffementiers de la Ville de Rouen, de faire faire des Siamoifes à St. Georges & aux environs, & dans tout le Rouennois;
& aux Fabriquans-Ouvriers d'en fabriquer dans lefdits Lieux,
à peine contre lefdits Toilliers & Paffementiers de 300 livres
d'amende, confifcation des Siamoifes & des matiéres fervant à
leur fabrication, & de prifon contre lefdits Fabriquans & Ouvriers.

Du 22 Novembre 1740.

Arreft du Confeil, qui ordonne qu'à l'avenir les Droits à la
fortie de la Flandre fur l'Amidon deftiné pour l'Etranger, feront
payés fur le pied de cinq livres du cent péfant, & ce, nonobftant
ce qui eft porté par le Tarif de 1671, auquel il eft dérogé pour
ce regard feulement.

Du 22 Novembre 1740.

Arreft du Confeil, qui interdit le Sieur Mautray, Lieutenant
de la Jurifdiction des Traittes de Chalon fur Saone, des Fonctions de fa Charge, jufqu'à ce qu'il en foit autrement ordonné,
pour n'avoir pas tenu dans lefdites Fonctions une conduite conforme aux Ordonnances & Réglemens.

Du 29 Novembre 1740.

Arreft du Confeil, qui déboute le fieur Lambert Lagace,
Entrepreneur des Ouvrages des Fortifications de Valencien-

nes, de l'oppoſition par lui formée à l'Arreſt du Conſeil du 6 Septembre 1740, par lequel Sa Majeſté a permis aux Prieur, Vicaire & Religieux de la Chartreuſe de Montregnaud-lès-Noyon, de continuer à faire creuſer à une demie lieuë de circuit de l'ouverture, la Mine de Charbon de Terre qu'ils ont découverte ſur un Fonds à eux appartenant, ſis au Terroir de Ville-Paroiſſe diſtante d'un demi quart de lieuë de leur Maiſon, à la charge par leſdits Religieux de commencer l'exploitation de ladite Mine dans le courant de ſix mois du jour dudit Arreſt, & en outre aux autres conditions énoncées en icelui; en conſéquence, ordonne que ledit Arreſt ſera exécuté ſelon ſa forme & teneur.

Du 29 Novembre 1740

Arreſt du Conſeil, qui ordonne que par le Sieur Barentin, Intendant de la Généralité de la Rochelle, il ſera procédé pour & au nom de Sa Majeſté, à l'acquiſition de la Maiſon ſervant de Bureau des Fermes à Charente, appartenante aux Héritiers du feu ſieur de Mezé, moyennant le prix & ſomme de 10000 livres, franche & quitte de tous frais généralement quelconques, laquelle ſomme, du conſentement de la Dame Elizabeth Goumier de la Gacheriere, Veuve du ſieur Honoré Robon d'Heriſſon de Luſſam, Héritiére dudit ſieur de Mezé, ſera miſe par Jacques Forceville, Adjudicataire des Fermes générales, entre les mains du Directeur des Fermes à la Rochelle, pour y reſter en dépôt juſqu'à la perfection du Decret volontaire que ledit Forceville ſera tenu de faire faire dans un an, à compter du jour de l'acquiſition, ou juſqu'à ce que la délivrance de ladite ſomme ait été ordonnée par Juſtice, ou conſentie par tous les Héritiers dudit ſieur de Mezé, de laquelle ſomme de 10000 livres il ſera tenu compte audit Forceville ſur le prix de ſon Bail, en rapportant par lui, copies collationnées, tant dudit Arreſt, que du Contrat d'acquiſition, l'Ordonnance dudit Sieur Intendant, & une Quittance de ladite Dame de Luſſam ou des perſonnes en faveur de qui la délivrance de ladite ſomme aura été ordonnée par Juſtice, ou conſentie par les Héritiers dudit ſieur de Mezé.

Du 3 Décembre 1740.

Arreſt du Conſeil, qui ordonne, par grace, & ſans tirer à conſéquence, que dans l'année 1741, les Vins & Eaux-de-vie du crû de la Province de Languedoc, qui ſortiront pour l'Etranger par les Ports de Cette, Agde, la Nouvelle & Aigueſmortes, ſeront exempts du tiers des Droits de ſortie & de Fret.

Du 3 Décembre 1740.

Arreſt du Conſeil, qui ſans avoir égard à une Sentence du Maître des Ports de Marſeille ni à un Arreſt de la Cour des Aydes d'Aix du 28 Juin 1740, en ce qu'ils prononcent la confiſcation, comme Marchandiſes de contrebande d'une Balle, contenant 450 Piéces de Bours & cinq coupons d'Indienne venans du Levant, par la voye de Livourne, ſaiſies à Marſeille le 10 Août 1739. par les Employés des Fermes, ſur le Capitaine Guillaume Cornier, & en 500 livres d'amende; ordonne que leſdites Marchandiſes lui ſeront rendues & reſtituées, en payant le Droit de vingt pour cent deſdites Marchandiſes, & l'amende de 1000 livres, pour n'avoir pas fait ſa déclaration deſdites Marchandiſes, & remis ſon Manifeſte au Bureau du Poids & Caſſe, conformément à l'Arreſt du Conſeil & Lettres Patentes des 14 & 20 Janvier 1724.

Du 5 Décembre 1740.

Arreſt du Conſeil, qui ſur une conteſtation pendante en l'Amirauté du Havre, entre le nommé Blacheres, fils aîné, Négociant à Caen, le nommé Limoſin, correſpondant dudit Blacheres, le ſieur de Bray, Capitaine, & le nommé Taſtel, Pilote du Navire la Providence, à l'occaſion d'une partie d'Indiennes & de Tabac, que ledit ſieur de Bray s'étoit obligé par un Acte d'affrettement, d'aller charger à Rotterdam, pour le compte dudit Blacheres, & que ledit de Bray a prétendu avoir jettées à la Mer, comme Marchandiſes prohibées, pour ſur la

dite conteſtation, circonſtances & dépendances, être par Sa
Majeſté, ſur le Rapport du Sr. Controlleur Général des Finances, ordonné ce qu'il appartiendra ; fait défenſes aux Officiers
de l'Amirauté du Havre & à tous autres Juges d'en connoître,
& aux Parties de ſe pourvoir, pour raiſon de ce, ailleurs qu'au
Conſeil, à peine de nullité, caſſation de Procédures & Jugemens, 3000 livres d'amende & de tous dépens, dommages &
intérêts.

Du 6 Décembre 1740.

Arreſt du Conſeil, qui ordonne que le ſieur de Barillon, chargé de la Recette générale du Droit de demi pour cent qui ſe
perçoit ſur les Marchandiſes venant des Iſles & Colonies Françoiſes de l'Amérique, remettra au ſieur Paris de Montmartel,
des fonds du produit dudit Droit de demi pour cent de l'année
1736, la ſomme de 8217 livres 17 ſ. 1 den. pour rembourſe-
ment de pareille ſomme, du payement de laquelle il s'eſt chargé pour acquitter les Lettres de change tirées ſur lui par les
ſieurs Alexis & Aimé Regny, laquelle ſomme de huit mille
deux cent dix-ſept livres dix-ſept ſols un denier, ſera paſſée &
allouée, ſans difficulté, dans la dépenſe du compte que ledit
ſieur de Barillon rendra au Conſeil, de ſa geſtion de ladite année
1736, en rapportant par lui une expédition dudit Arreſt,
leſdites Lettres de change acquittées, & la Quittance du ſieur
Paris de Montmartel de ladite ſomme de 8217 liv. 17 ſ. 1 den.

Du 6 Décembre 1740.

Arreſt du Conſeil, qui accorde à Noël Chavillot, Bourgeois
de Paris & Compagnie, le Privilége excluſif pendant l'eſpace
de douze années, à commencer au mois de Mars 1741. d'en-
ſemencer & cultiver du Riz dans toute l'étendue du Royaume ;
leur permet de faire toutes les opérations requiſes & néceſſaires,
pour rendre le Riz, provenant dudit établiſſement, propre aux
uſages de la vie, à condition par ledit Chavillot & Compagnie
de ne faire leſdites ſemence & culture, que dans les Terres qui
ſeront à la diſtance de deux lieuës au moins des Villes murées

& dont ils auront acquis la propriété ou l'ufufruit de gré à gré des Propriétaires d'icelles, ou qu'ils auront affermées, avec la condition d'y pouvoir femer du Riz ; à la charge en outre par ledit Chavillot & Compagnie, d'enfemencer en Riz pendant l'année 1741. au moins 500. Arpens de terre, 2000. Arpens pendant l'année 1742, 3000. pendant l'année 1743, 5000. pendant l'année 1744, & la même quantité de 5000. Arpens, au moins, pendant les autres années dudit Privilége, ce qu'ils feront tenus de juftifier par des Certificats des Sieurs Intendans des Provinces où ils feront lefdites femences, qu'ils remettront au premier Janvier de chaque année au Sr. Controlleur Général des Finances ; & qu'ils ne pourront vendre ledit Riz provenant de leurs cultures que 3 fols la livre, pris dans leurs Greniers & Magafins, le tout à peine d'être déchûs dudit Privilége. Fait défenfes à toutes perfonnes, de quelque qualité & condition qu'elles foient, d'enfemencer & cultiver du Riz, pendant la durée dudit Privilége, à peine de confifcation, tant des Beftiaux & Uftenfiles qui auront fervi à ladite culture, que de la recolte qui en fera provenue, & de tous dépens, dommages & intérêts, fans néanmoins que ledit Privilége puiffe interrompre l'entrée & le débit des Riz dans le Royaume, ni porter préjudice au Commerce qui s'en fait.

Du 6 Décembre 1740.

Arreft du Confeil, qui accorde à Gabriël Juftamont de Delifle, Henry-Antoine Houdin, Nicolas Houdin de St. Aubin & Compagnie, le Privilége exclufif pendant l'efpace de 30. années, pour la conftruction, dans toute l'étendue du Royaume, des Moulins doubles ou à doubles moulages, propres à moudre du Bled & autres Grains ; fait défenfes à toutes perfonnes d'en conftruire ou faire conftruire de femblables ni de les imiter ou contrefaire, à peine de confifcation, & de tous dépens, dommages & intérêts ; à la charge par lefdits Delifle & Houdin & Compagnie d'exploiter ledit Privilége dans le courant de la premiere année d'icelui, à peine d'en être déchûs, & ordonne que le Déffin dudit Moulin demeurera annexé à la minute dudit Arreft.

Du 13 Décembre 1740.

* Arrest du Conseil, qui ordonne que la Tour étant sur les Remparts de la Ville de Reims, & qui a précédemment servi de Prison pour les Prisonniers de Guerre, servira dorésnavant de Prison pour y renfermer les Prisonniers qui seront arrêtés de l'ordre du sieur Colleau, Commissaire du Conseil, pour juger en dernier ressort le Procès aux Contrebandiers, comme aussi tous autres Prisonniers qui seront arrêtés par ordre de Justice, si besoin est, à l'effet dequoi ledit sieur Colleau commettra personne suffisante pour en avoir la garde en qualité de Geollier, auquel il fera prêter tel serment en pareil cas requis, & lui enjoindra de se conformer aux Réglemens rendus au sujet de la Police des Prisons Royales; & ordonne aussi que ceux qui jouissent de ladite Tour en seront dépossedés, sauf à eux à représenter les Titres en vertu desquels ils en jouissent, pour y être statué ainsi qu'il appartiendra.

Du 13 Décembre 1740.

Arrest du Conseil, qui commet le sieur Nicolas-Pierre Colleau, Lieutenant Général Criminel au Châtelet, Bailliage & Siége Présidial de Melun, & Président de la Commission du Conseil établie à Reims, pour instruire & juger définitivement & en dernier ressort, les Procès aux auteurs, complices, fauteurs, adhérens & participes des fraudes de Tabac, rebellion, spoliation, violences & autres faits résultans du Procès-verbal dressé par trois Commis de la Brigade à cheval de Becordel le 18 Octobre 1740, circonstances & dépendances; évoque & renvoye par-devant ledit sieur Colleau toutes les procédures qui pourroient avoir été ci-devant commencées pour raison de ce, en quelque Jurisdiction que ce soit, pour être le tout par lui jugé souverainement & en dernier ressort, avec le nombre de Gradués requis par l'Ordonnance, & lui attribue à cet effet toute Cour, Jurisdiction & connoissance: privativement à tous autres Juges.

Du 13 Décembre 1740.

Arreſt du Conſeil, qui ordonne que tous Capitaines de Navires François ou Etrangers remontans à Caen, ſeront tenus de ſouffrir à leur premier abord & mouillage ſur les côtes de la Riviére Dorne, l'appoſition des Plombs & Cachets de la Ferme ſur les Ecoutilles de leurs Navires; que les Capitaines & Maîtres d'Aleges ou de Barques, faiſant leurs chargemens à Oyſtreham pour Caen, ſeront pareillement tenus de ſouffrir ladite appoſition de Plombs & Cachets, & que tous leſdirs Capitaines & Maîtres de Navires Etrangers ou François, ſoit d'Aleges ou de Barques, feront ſur le Regiſtre du Commis de la Ferme, au lieu où ladite appoſition ſera faite, leur ſoumiſſion de repréſenter à leur arrivée à Caen, le même nombre deſdits Plombs & Cachets qui y auront été appoſés, ſains & entiers, à peine de confiſcation des Navires, Aleges & autres Bâtimens qui ſe trouveront remontans la Riviére, chargés de Marchandiſes, ſans que les Ecoutilles ſoient ſcellées, où dont les Plombs & Cachets ſeront rompus, & de 3000 livres d'amende.

Du 20 Décembre 1740.

* Arreſt du Conſeil, qui fait défenſes au Sieur Thevenot du Vivier, Entrepreneur des Verreries d'Orléans & de Foyaux-Loges, & à tous autres de fabriquer des bouteilles & carafons de verre, autrement que de la contenance ou jauge, & du poids preſcrits par la Déclaration du 8 Mars 1735. ſous les peines y portées.

Du 20 Décembre 1740.

* Lettres Patentes du Roi & Réglement pour la fabrique, les longueurs, largeurs & marques des différentes ſortes de Toiles únies & ouvrées dans la Généralité de Caën, *regiſtrées au Parlement de Rouen le 12 Janvier 1741.* contenant deux cens cinquante-ſix articles, dont le 2 5ᵉ. porte que les Fabri-

quans, Tisserands & Ouvriers qui travailleront ou feront travailler pour leur compte, même les Marchands qui feront travailler les Ouvriers à façon, auront un Coin ou Marque sur
laquelle seront gravées la premiere lettre de leur nom & leur
surnom, ainsi que le nom du lieu de leur demeure, en entier & sans abreviation, & d'en appliquer l'empreinte avec
de l'huile & du noir de fumée à la tête & à la queuë de chaque piéce des différentes sortes de Toiles unies & ouvrées
comprises audit Réglement, qu'ils auront fabriquées ou fait
fabriquer, laquelle Marque sera mise sur lesdites Toiles au
sortir du Métier, & avant qu'elles puissent être présentées à
la Visite ; comme aussi de mettre à côté de ladite marque,
de même avec de l'huile & du noir de fumée, le nombre de
fils dont chaque piéce sera composée, & l'aunage qu'elle
contiendra, le tout à peine de confiscation, & de 30 livres
d'amende pour chaque piéce.

L'art. 216. défend aux Fabriquans, Tisserands & Ouvriers
de se servir de la Marque d'un autre Fabriquant ni de la contrefaire, ni de mettre des noms supposés au lieu du leur à la
tête ni à la queuë d'aucunes piéces de Toiles qu'ils auront
fabriquées ou fait fabriquer, à peine de confiscation, de 300
livres d'amende, de déchéance de Maîtrise & d'interdiction
de Commerce pour toujours.

L'art. 217. prescrit la façon de plier les Toiles, sçavoir celles
unies destinées à faire des serviettes, par plis égaux chacun de
la longueur de chaque serviette, & toutes les autres sortes de
Toiles unies & ouvrées, par plis égaux d'une aune chacun,
mesure de Paris, & que lesdites piéces se trouvent pliées de
façon, que les deux bouts sur lesquels la Marque du Fabriquant sera empreinte, & sur lesquels la Marque de Visite devra être appliquée, se trouvent en dehors, & forment le premier & le dernier pli desdites piéces, à peine de confiscation, & de 30 livres d'amende pour chaque piéce de Toile.

L'art. 219. ordonne que les Toiles seront au sortir du Métier, & avant que de pouvoir être exposées en vente ni vendues, portées par les Fabriquans, Tisserands & Ouvriers, au
Bureau le plus prochain du lieu de leur demeure, pour y être
vûes & visitées par les Gardes-Jurés Fabriquans en exercice,

&

& fi elles font conformes au Réglement, par eux marquées à la tête & à la queuë de chaque piéce de la Marque du Bureau où elles auront été vifitées, qui fera appliquée avec de l'huile & du noir de fumée, le tout à peine de confifcation defdites Toiles, & de 30 livres d'amende par chaque piéce.

L'art. 227. ordonne que les Coins ou Marques deftinés à marquer les Toiles dans les Bureaux où elles feront vifitées, contiendront le nom de la Ville ou lieu où le Bureau fera établi, & la date de l'année, avec une légende, qui indiquera la qualité de la Toile, lefquels Coins feront renouvellés le 2 Janvier de chaque année.

L'art. 230. porte qu'il fera tenu dans chaque Bureau de Vifite & Marque, par les Gardes-Jurés, un Regiftre en papier non timbré, fur lequel feront enregiftrées toutes les piéces de Toiles qui auront été vifitées & marquées.

L'art. 231. défend de vendre & acheter aucune piéce de Toile fans avoir été vifitées & marquées, à peine de confifcation, & de 50 livres d'amende.

L'art. 233. veut que dans les lieux où il n'y a ni Maîtrife ni Jurande, les Fabriquans & Tifferands faffent enregiftrer leurs noms & demeures au Greffe de la Jurifdiction des Manufactures dont ils reffortiront, & ce, fur un Regiftre qui fera tenu par le Greffier en papier non timbré.

Les art. 239. & 240. obligent les Auneurs de Toiles de marquer l'aunage aux deux bouts de chaque piéce de Toile, de leur Marque particuliere, contenant leur nom & furnom, avec défenfes de marquer l'aunage, ni de mettre leur Marque particuliere fur les piéces de Toiles qui n'auront pas la Marque de Vifite, le tout à peine de 50 livres d'amende, & de deftitution.

L'art. 244. affujettit les Auneurs à tenir un Regiftre en papier non timbré, & d'y enregiftrer l'aunage de chaque piéce de Toile qu'ils auneront, à peine de 50 livres d'amende.

L'art. 249. enjoint aux Curandiers ou Blanchiffeurs à marquer aux deux bouts de chaque piéce de Toile qu'ils auront blanchies, avant qu'elles puiffent être rendues à ceux qui les auront données à blanchir, à peine de 20 livres d'amende.

L'art. 251. veut que les Curandiers ou Blanchiffeurs tien-

D

nent un Regiſtre en papier non timbré, ſur lequel ils enregiſtreront toutes les Toiles qu'ils blanchiront, & les noms de
ceux à qui elles appartiennent.

L'article 253. applique les amendes qui ſeront prononcées
pour raiſon des contraventions audit Réglement; ſçavoir, un
tiers au Roy, un tiers aux Gardes-Jurés, & l'autre tiers aux
pauvres.

Du 20 Décembre 1740.

Arreſt du Conſeil, qui caſſe & annulle une Sentence des Juges de l'Amirauté de Vannes du 22 Octobre 1740, pour avoir
fait main-levée au nommé Luc Magué, Maître de la Barque
l'Unique-Eſther, du lieu de la Flotte en l'Iſle de Rhé, de la ſaiſie faite ſur lui le 22 Juillet précédent, par les Employés des
Fermes au Port-Louis, de ladite Barque & de 270 paquets de
bois Feuillard ou Cercles à relier des Fûtailles, chargés en icelle,
& qu'il vouloit faire paſſer à l'Etranger, nonobſtant les défenſes
portées par les Arrêts du Conſeil des 18 Aouſt & 15 Décembre
1722, de faire ſortir des Bois du Royaume; confiſque leſdits
270. paquets de bois Feuillard au profit de Jacques Forceville,
Adjudicataire des Fermes générales, & condamne ledit Magué
en 300 livres d'amende & aux dépens.

Du 20 Décembre 1740.

Arreſt du Conſeil, qui ordonne l'exécution de ceux des 17
May, 30 Aouſt & 11 Octobre 1740, rendus au ſujet des violences & voyes de fait commiſes envers les Employés des Fermes de la Brigade ambulante de Troyes, dans les Villages de
Coclois & d'Avant le 9 Mars précédent, à l'occaſion de la
capture par eux faite d'un Particulier, portant du Tabac de fraude : & en conſéquence, que par le Sieur de Farcy, Conſeiller
au Châtelet, & les Commiſſaires ci-devant nommés par leſdits
Arrêts, il ſera ſtatué ſur l'oppoſition formée au Greffe de la
Commiſſion, par le Sieur Marquis des Reaux, accuſé d'avoir
favoriſé leſdites violences, ainſi qu'il appartiendra, par un ou
pluſieurs Jugemens définitifs & en dernier reſſort, le tout ſans
retardation du Jugement définitif du Procès, auquel il ſera in-

ceſſamment procédé ſur les informations & autres procédures
faites en la Ville de Troyes, tant par ledit Sieur de Farcy, que
par le Sieur de Montault, par lui à cet effet Subdelégué, en
exécution deſdits trois Arrêts, & ledit Procès jugé en dernier
reſſort par ledit Sieur de Farcy & les Commiſſaires ci-devant
nommés, auſquels en tant que beſoin ſeroit, leur attribue de
nouveau toute Cour, Juriſdiction & connoiſſance, privativement à tous autres Juges.

Du 20 Decembre 1740.

Arreſt du Conſeil, qui ordonne que par Experts qui ſeront
commis par le Sieur de Marville, Lieutenant Général de Police, vérification ſera faite des Plombs appoſés ſur 86. piéces de
Mouſſeline, ſaiſies chez les nommés Merat & Dubourg, Marchands, rue Aubry-le-Boucher, par Procès-verbal des Employés des Fermes du 12 Juillet 1740, & ce, en la préſence
de Jacques Forceville, Adjudicataire des Fermes générales, &
deſdits Merat & Dubourg, ou eux dûement appellés, leſquels
ſeront tenus de repréſenter auſdits Experts leurs Livres-jour-
naux, pour prouver l'achat par eux fait deſdites Mouſſelines,
dont du tout ſera dreſſé Procès-verbal par leſdits Experts, à l'effet de conſtater la vérité ou la fauſſeté deſdits Plombs; pour ledit Procès-verbal vû & rapporté, être par Sa Majeſté ordonné
ce qu'il appartiendra.

Du 27 Décembre 1740.

* Arreſt du Conſeil, qui permet pendant un an aux Négocians des différens Ports du Royaume où il ſe fait des armemens
pour les Colonies Françoiſes, d'aller charger des chairs ſalées
aux Iſles du Cap-verd, pour les conduire en droiture aux Iſles
du Vent, à condition par leſdits Négocians de prendre au Cap-
verd un Certificat en bonne forme, de la qualité & quantité des
Marchandiſes qu'ils y auront embarquées, & de juſtifier de leur
débarquement aux Iſles du Vent, ainſi & de la même maniére
qu'il a été ordonné, ou qu'il ſe pratique pour les Marchandiſes
qui ſont chargées en France pour leſdites Iſles du Vent, &

fous les peines établies à ce fujet, contre ceux qui ne juftifie-
ront pas dudit débarquement en la forme ci-deffus; & à la charge par lefdits Négocians de fe conformer aux formalités pref-
crites par les Arrêts rendus pour le commerce des chairs falées
d'Irlande.

Du 27 Décembre 1740.

Arreft du Confeil, qui ordonne que toutes les conteftations
& Procès qui furviendront, pour raifon des Traittes & Gabelles, dans l'étendue du reffort de la Jurifdiction de Pontorfon,
feront portées devant les Officiers des Traittes & Quart-Bouil-
lon d'Avranches, pour être par eux jugées en premiere Inftance, conformément aux Ordonnances & Réglemens fur ce intervenus; leur attribuant à cet effet toute Cour, Jurifdiction &
connoiffance, fauf l'appel de leurs Jugemens à la Cour fupé-
rieure du Reffort, jufqu'à ce qu'il y ait des Officiers établis dans
ladite Jurifdiction de Pontorfon.

Du 27 Décembre 1740.

Arreft du Confeil, qui évoque à icelui l'appel interjetté par
plufieurs Voituriers, d'une Sentence de la Jurifdiction des
Traittes de Montaigu du 6 Octobre 1740, qui a prononcé la
confifcation d'une partie de Bois deftinée pour le fervice de la
Marine, & faifis le 5 du même mois par les Employés de la Brigade de Gefté, faute par les Voituriers d'en avoir fait déclaration & pris un Acquit à caution au Bureau des Fermes de ladite Ville de Gefté, ainfi que l'appel interjetté par le Fermier,
d'une Ordonnance de M. l'Intendant de Tours du 8 Novembre fuivant, qui a fait main-levée defdits Bois faifis, eu égard à
leur deftination; pour fur ledit appel, être par Sa Majefté, au
Rapport du Sieur Controlleur Général des Finances, fait droit
aux Parties, ainfi qu'il appartiendra, & défend aux Parties de
fe pourvoir, pour raifon de ce, ailleurs qu'audit Confeil, à peine de nullité, caffation de procédures, & de tous dépens, dommages & intérêts.

Du 27 Décembre 1740.

Arrest du Conseil, qui ayant égard à la Requête des sieurs Misson, Martin & Compagnie, Intéressés en l'exploitation des Mines de Charbon de terre de Fiennes & d'Ardinghen en Boulonnois; ordonne que lesdits Charbons jouiront de la même exemption des Droits de Traittes foraines, que celle accordée par les Arrêts des 27 Juin 1672, 12 Septembre 1690. & 23 Juin 1739. pour les Charbons des Mines d'Auvergne, de Nivernois & de Bourbonnois.

Du 27 Décembre 1740.

Arrest du Conseil, qui ordonne une imposition annuelle de la somme de 3000 livres sur les Habitans contribuables du Comté de Bourgogne, pour être employée aux frais de plantation de cinq Pépiniéres de Meuriers blancs, destinés à élever des Vers à Soye, dans les Villes de Besançon, Lons le Saunier, Dole, Gray & Vézoul, & pour payer les gages des Jardiniers qui seront chargés de l'entretien desdits Meuriers.

Du 27 Décembre 1740.

Arrest du Conseil, qui confisque 12 piéces de Drap blanc, saisies sur les sieurs Lambert & Nicolas le Febvre, pere & fils, Maîtres Drapiers, & Joseph Dupont, Fabriquant à Sedan, pour avoir fabriqué lesdites Etoffes, avec des Laines inférieures à celles prescrites par les Réglemens, les condamne en 20 liv. d'amende pour chacune piéce, & pour avoir été trouvé chez lesdits Lefebvre, des Lames prohibées par l'Arrêt du Conseil du 19 Septembre 1718, les condamne, conformément audit Arrêt en 100 liv. d'amende.

Du 27 Décembre 1740.

Arrest du Conseil, qui confisque 18 piéces de Drap noir, saisies chez le sieur Jean Cornelis, Fabriquant, & l'un des Jurés-Gardes de la Draperie à Sedan, pour les avoir par lui fabriqués en contravention aux Réglemens, & le condamne en 20 livres d'amende pour chaque piéce ; ordonne qu'elles feront coupées de trois en trois aunes & remifes à l'Hôpital de Sedan ; & pour avoir été trouvé chez ledit Cornelis des Lames prohibées par l'Arrêt du Conseil du 19 Septembre 1718, le condamne en 100 livres d'amende, & le déclare déchû de fa Maîtrife & Fabrique, avec défenfe d'exercer aucun Commerce de Draperie à Sedan ; déclare pareillement Jean Péchenard & Pierre le Bacle, auffi Jurés-Gardes de la Draperie, déchûs de leur qualité de Jurés-Gardes de la Draperie de Sedan, & incapables d'affifter dans aucune affemblée du Corps de la Draperie, pour la rebellion & trouble par eux faits dans le Bureau de Vifite de ladite Ville de Sedan, conjointement avec ledit fieur Cornelis.

Du 27 Décembre 1740.

* Arreft du Conseil, qui confifque deux piéces d'Espagnolette & huit piéces de Tiretaine, faifies à la Foire de S. Denis 1740, fur les nommés Foly & Langlois, Commiffionnaires à la Halle aux Draps de Paris ; Thevar, Lefebvre & Cornu, Marchands à Beauvais, condamne lefdits Thevar, Lefebvre & Cornu en 10 livres d'amende pour chaque piéce de Tiretaine, & lefdits Foly & Langlois en 20 livres d'amende, auffi pour chaque piéce d'Espagnolette, peur s'être trouvées trop étroites, & lefdites Tiretaines blanchies à la Craye & chargées avec excès de cet ingrédient.

Du 27 Décembre 1740.

* Arreft du Conseil, qui confifque au profit des pauvres, quinze piéces d'Etoffe de Velours de Gueux, faifies fur le fieur le Faucheur, Marchand Mercier à Paris, & le condamne en 10 livres d'amende pour chacune piéce, attendu que lefdites Etoffes n'avoient aucunes marques de Fabrique ni du Bureau de vifite établi à Lyon, lieu de la prétendue fabrication defdites Etoffes.

Du 31 Décembre 1740

* Ordonnance du Roy, portant que les Capitaines, Maîtres
& Patrons des Bâtimens deftinés pour les Ports de Portugal,
feront tenus d'inférer dans leurs Connoiffemens, l'obligation
de payer le Droit que Sa Majefté a attribué à la Nation Fran-
çoife établie à Lisbonne, par celle du 24 Décembre 1740,
fous la dénomination de Droit de St. Louis, confiftant en un 8e.
pour cent fur la valeur des Marchandifes que chargeront ou
déchargeront dans les Ports de Portugal, les Bâtimens portant
Pavillon de France, foit qu'elles foient adreffées à des François
ou à des Etrangers.

Du 5 Janvier 1741.

* Jugement en dernier reffort, rendu par les Commiffaires du
Confeil établis à Reims, pour inftruire & juger fouverainement & en dernier reffort, les Procès criminels des Fauxfau-
niers & Contrebandiers; qui condamne les Habitans de la
Communauté du Village de Rupt en Verdunois, en 100 livres
d'amende envers le Fermier, pour la rebellion par eux commi-
fe contre les Employés des Fermes, avec défenfes de récidiver fous plus grandes peines; déclare le nommé Pierre Pierron,
en qualité de Maire dudit lieu, indigne & incapable d'exercer
davantage les fonctions de Maire ni aucune autre publique, &
le condamne en 100 livres de dommages & intérêts au profit
du Fermier, pour avoir connu & vû l'émeute, fans fe mettre en
devoir de la faire ceffer & refufé affiftance aux Employés : condamne pareillement le nommé Burlureaux, auteur principal de
la Rébellion, au Carcan, en un banniffement de trois années,
en 500 livres d'amende, 50 livres de dommages intérêts, &
aux dépens du Procès, folidairement avec lefdits Habitans,
Burlureaux & Pierron.

Du 5 Janvier 1741.

* Ordonnance du Roy, en explication de la Déclaration du

21 Septembre 1729, portant que les Gens de Mer ne pourront par la suite être élûs ni nommés d'office Gardes-Jurés des Pêcheurs, qu'ils n'ayent quarante ans accomplis, *contenant six Articles.*

Du 10 Janvier 1741.

*Arrest du Conseil, qui ordonne la confiscation de cinq piéces ou demi-piéces de Peluche noire, de la Fabrique d'Amiens, & d'une piéce d'Etamine du Mans, pour avoir été teintes en contravention des Réglemens; & condamne les Marchands, sur lesquels elles ont été saisies, chacun en cinq cens livres d'amende.

Du 10 Janvier 1741.

Arrest du Conseil, qui suspend l'effet de la Commission accordée par celui du premier Mars 1740. au sieur le Monnier, pour travailler sous la direction du sieur Hellot, aux Expériences convenables, sur toutes les Teintures, à l'instruction des Teinturiers & à faire exécuter dans les Provinces le Réglement du 15 Janvier 1737. pour les Teintures; au moyen dequoi les 2000 livres d'honoraires à lui accordés par ledit Arrêt du premier Mars 1740, & qui devoient lui être payés par l'Adjudicataire des Fermes générales, ne le seront que jusqu'au dernier Décembre de ladite année 1740.

Du 15 Janvier 1741.

* Arrêt du Conseil, qui ordonne que ceux qui exploitent actuellement, ou prétendent avoir droit d'exploiter des Mines & Minieres, remettront ès mains des Sieurs Intendans copie des Titres qui leur ont été accordés, pour par lesdits Sieurs Intendans être envoyés au Conseil avec des Mémoires circonstanciés sur l'utilité & avantage qui peuvent résulter de pareils établissemens.

Du 17 Janvier 1741.

Arrêt du Conseil, qui commet M. l'Intendant de la Province de Languedoc pour instruire & juger souverainement & en dernier Ressort, en appellant avec lui le nombre d'Officiers ou Gradués requis par l'Ordonnance, le Procès au nommé Jean Tinel de Montpellier, arrêté & détenu au Fort de Saint Hypolite, pour avoir imité les signatures du Directeur des Fermes générales à Montpellier & autres, & extorqué plusieurs sommes de différens Receveurs, Controlleurs & autres Employés, sur de faux Billets ou de fausses Lettres.

Du 18 Janvier 1741.

* Cahier présenté au Roi par les Archevêques & Evêques, & autres Ecclésiastiques, assemblés par permission de Sa Majesté en la Ville de Paris en l'année 1740. contenant les articles qui concernent la Jurisdiction Ecclésiastique, qu'ils supplient très-humblement Sa Majesté de vouloir leur accorder, *contenant neuf articles*, dans lesquels il n'y en a aucun qui intéresse les Droits des Fermes.

Du 24 Janvier 1741.

* Arrêt du Conseil, qui ordonne que les Vins de Guyenne, Provence & de Catalogne, qui seront amenés au Havre, Honfleur ou à Rouen, pour la destination de la Ville de Paris, seront exemts jusqu'au premier Septembre 1741. de la moitié, tant des Droits de Tarif de 1664. que des Droits de double Subvention, & de ceux des grandes Entrées ; à la charge par les Marchands & Conducteurs de prendre dans les Bureaux du Havre, Honfleur & de Rouen, avec l'Acquit du payement des Droits, un Acquit à Caution, pour assûrer la destination desdits Vins dans ladite Ville de Paris ; laquelle exemption demeurera également prorogée pour les Vins du Languedoc & du Roussillon jusqu'audit jour premier Septembre 1741.

Du 24 Janvier 1741.

* Arrêt contradictoire du Parlement de Paris, qui deboute le Sieur le Monnier, Fermier Général, le Sieur de Pontbriand, & autres Créanciers du Sieur de Vaucouleur, Fermier des Etats de Bretagne, de leur demande, tendante à ce que sur la saisie & arrêt fait entre les mains du Sieur du Coüedic, Caissier, sur ce qui pouvoit être dû audit Sieur de Vaucouleur à cause de ladite Ferme, ledit Sieur du Couedic fût tenu de rapporter les piéces justificatives des comptes par lui rendus aux Intéressés dans ladite Ferme, & qu'il avoit communiqués pour justifier son affirmation, & condamne lesdits Créanciers aux dépens.

Du 24 Janvier 1741.

Arrêt du Conseil, qui permet au Sieur Boilleve, Rafineur de Sucre à Orléans, de continuer l'établissement par lui commencé d'une Rafinerie de Sucre dans la rue du Colombier de la Ville d'Orléans; & ce nonobstant les oppositions formées ou à former audit Etablissement, tant par les Religieux Minimes de ladite Ville que par l'Adjudicataire des Fermes, sous prétexte d'incendie ou autres préjudices ou incommodités, dont Sa Majesté fait mainlevée, à la charge par ledit Sieur Boilleve de se conformer dans la construction des Fourneaux, Etuves & Bâtimens de ladite Rafinerie, au plan qui a été dressé du tout, & à la soumission passée par son fondé de Procuration le 18 Décembre 1740.

Du 24 Janvier 1741.

Arrêt du Conseil, qui défend au Sieur Martin pere de s'immiscer directement ni indirectement, sous quelque prétexte que ce soit, dans l'administration ou la construction des Moulins, Foulons, Battoirs & Artifices que le Sieur François Martin fils pourra faire ou faire faire dans la Province de Dauphiné, en vertu de la permission qui lui en a été accordée par Arrest du Conseil & Lettres Patentes des 3 Septembre 1737.

26 Mai & 13 Septembre 1739. ni dans l'ufufruit & jouiffance
du bénéfice que ledit Sieur Martin fils pourra retirer de la conftruction defdits Artifices, à peine de tous dépens, dommages
& intérêts : permet audit Sieur Martin d'emprunter les fommes
dont il aura befoin pour ladite conftruction, & de tout ce qui fera
fait en conféquence, & de paffer pour cet effet tous Contrats,
Obligations & autres Actes, lefquels fortiront leur plein &
entier effet, ainfi & de la même maniere que s'ils étoient paffés
par un pere de famille, & ce fuivant la difpofition du Droit
Romain, qui décide que ce qui procéde de la grace & de la
libéralité du Souverain eft exemt des effets de la puiffance pa-
ternelle, & regardé comme un pécule caftreux, dont le pere
ne peut avoir ni l'adminiftration ni l'ufufruit, & qu'un enfant
à qui une pareille libéralité eft faite, eft en droit d'en difpofer de
la maniere qu'il veut, tant en propriété qu'en ufufruit, foit par
contrat ou autrement, & qu'il eft par conféquent en droit d'emprunter valablement, comme le peuvent faire ceux qui ont
acquis leur pécule dans l'Art Militaire.

Du 31 Janvier 1741.

* Arreft du Confeil, qui ordonne l'exécution de celui du 9
Janvier 1717. concernant les Huiffiers & Sergens ; en conféquence, caffe les faifies faites par le nommé Galiffot, Huiffier
en la Chambre des Comptes de Paris, entre les mains des Sous-
fermiers des Provinces & Généralités de Paris, Tours,
Bourges, Moulins, Bretagne & Belle-Ifle, des fommes, deniers & fermages qu'ils doivent ou devront à Jacques Forceville, Adjudicataire des Fermes générales, pour fûreté d'une
fomme de 800 livres, dont on prétend ledit Forceville être
tenu comme garant & refponfable du fait de fes Commis ;
interdit ledit Galiffot des fonctions de fondit Office d'Huiffier,
& le condamne en 3000 livres d'amende au profit dudit Forceville.

Du 31 Janvier 1741.

* Arreft du Confeil, qui permet l'Entrée dans le Royaume
du Sel de verre venant d'Angleterre, en payant le Droit

fixé par le Tarif de 1664. & défend aux Marchands Fayanciers, & à tous autres, d'employer ledit Sel de verre à autre usage qu'à la composition de l'Email des fayances, à peine de confiscation & de 3000 livres d'amende.

Du 31 Janvier 1741.

Arrest du Conseil, par lequel le Roi évoque à soi & à son Conseil l'appel interjetté par Jacques Forceville, Adjudicataire des Fermes générales, d'une Sentence des Juges des Gabelles de Langres, du 24 Décembre 1740. qui sur une inscription de faux formée par le nommé Jean Aubertot contre un Procès-verbal de saisie faite sur lui en campagne, de trente-sept livres huit onces de Faux Tabac, ont déclaré les Employés des Fermes des Brigades ambulantes de Domarien & de Longeau, qui ont rendu ledit Procès-verbal, incapables de faire aucunes fonctions dans lesdites Fermes ; les ont condamné en 10 livres d'amende envers le Roi, & en 800 livres de dommages & intérêts envers ledit Aubertot, & aux dépens, pour sur ledit appel, circonstances & dépendances, & au Rapport de M. le Controlleur Général des Finances, être par Sa Majesté fait droit aux Parties, ainsi qu'il appartiendra ; à l'effet de quoi ordonne que les minutes des informations, & autres procédures faites pour raison de ce par lesdits Juges, seront envoyées audit Sieur Controlleur Général des Finances, à ce faire tous Greffiers & Dépositaires contraints, & fait défenses aux Parties de se pourvoir sur ledit appel ailleurs qu'au Conseil, à peine de nullité, cassation de procédures & Jugemens, 3000 livres d'amende, & de tous dépens, dommages & intérêts.

Du 31 Janvier 1741.

Arrest du Conseil, qui commet le Sieur Intendant de la Rochelle pour prononcer sur les saisies faites par les Employés des Fermes les 13 & 14 dudit mois de Janvier, au domicile du nommé Etienne Durand, du Village de Rivedoux, en l'Isle de Rhé, d'un débris de feuillages de Tabac d'environ une livre, d'une Manoque du poids de trois ou quatre onces,

& autres uftenciles fervant à la fabrication du Tabac de fraude, circonftances & dépendances, fauf l'appel au Confeil,
attribuant à cet effet audit Sieur Intendant toute Cour & Jurifdiction, icelle interdifant à toutes fes Cours & autres Juges,
avec défenfes aux Parties de fe pourvoir ailleurs que pardevant
ledit Sieur Intendant, à peine de nullité, caffation de procédures, & de tous dépens, dommages & intérêts.

Du 31 Janvier 1741.

Arreft du Confeil, qui ordonne que le Sieur de Barillon,
chargé de la Recette générale du Droit de demi pour cent qui
fe perçoit fur les Marchandifes venant des Ifles & Colonies
Françoifes de l'Amerique, remettra inceffamment au Sieur
Paris de Montmartel, des fonds du produit dudit Droit de demi
pour cent, la fomme de 10344 livres 4 fols 3 deniers, pour
remboursement de pareille fomme, du payement de laquelle
il s'eft chargé, pour acquitter une Lettre de change tirée fur
lui par les Sieurs Alexis & Aimé Regny, pour emplettes par
eux faites à Genes en foyes & uftenciles propres à la fabrique
des Velours & des Damas, le tout envoyé en France pour
l'utilité du Commerce, laquelle fomme de 10344 livres 4 fols
3 deniers fera paffée & allouée fans difficulté dans la dépenfe
des comptes dudit Sieur Barillon, en rapportant par lui l'expédition dudit Arreft, ladite Lettre de change acquittée, &
la quittance dudit Sieur Paris de Montmartel de ladite fomme.

Du 31 Janvier 1741.

Arreft du Confeil, qui commet le Sieur Levet, Préfident
de la Commiffion du Confeil à Valence, pour juger les Contrebandiers dans la Province de Dauphiné & autres, pour inftruire & juger fouverainement & en dernier Reffort, en appellant avec lui le nombre d'Officiers ou Gradués requis par
l'Ordonnance, le Procès au nommé Jean de Lhomme, dit
Grate Peire, tant pour raifon de la contrebande dont il eft prévenu, qu'à l'occafion des vols de beftiaux & de bled dont il
eft accufé; enfemble à fes Complices, Fauteurs, Participes ou

Adhérans defdits faits, circonftances & dépendances; évoque
& renvoye pardevant ledit Sr. Levet toutes les procédures qui
pourroient avoir été faites pour raifon de ce en quelques Ju-
rifdictions que ce foit, pour être le tout par lui jugé définitivement & en dernier Reffort, lui attribuant à cet effet toute
Cour, Jurifdiction & connoiffance, icelle interdit à toutes fes
Cours & autres Juges : permet audit Sieur Levet de fubdélé-
guer pour rendre les Jugemens à l'extraordinaire, & de commettre pour faire les fonctions de Procureur du Roi en la pré-
fente Commiffion, tels Officiers ou Gradués qu'il voudra choi-
fir ; lui permet pareillement, & aux Subdélégués qu'il pourra
commettre, de rendre feuls tous les Jugemens d'inftruction &
à l'extraordinaire qu'il conviendra ; ordonne en outre que les
minutes des charges, informations ou autres procédures, fi
aucunes ont été faites à ce fujet, feront inceffamment remifes
au Greffe de ladite Commiffion.

Du 31 Janvier 1741.

Arreft du Confeil, qui caffe & annulle une Sentence du
Lieutenant Particulier de l'Amirauté de Saint Malo, du 6 Août
1740. pour avoir rejetté un Procès-verbal de faifie faite par les
Employés des Fermes de ladite Ville, d'environ cent aunes
d'Indienne, fur les nommées Jeanne de Sainte Croix, Marie de
Sainte Croix, & Marie Maugé, filles de l'Ifle de Ré, ordonné
leur liberté des Prifons, & renvoyé les Parties hors de Cour &
de Procès, fans aucune raifon qui puiffe détruire le Procès-verbal ; lui défend de rendre de pareilles Sentences, avec injonction de fe conformer à l'avenir dans les Jugemens qu'il rendra,
fur le fait du port & ufage des Indiennes, & autres Etoffes prohibées, aux Ordonnances, Arrêts & Réglemens rendus fur ce
fujet, à peine d'en répondre en fon propre & privé nom, &
de tous dépens, dommages & intérêts.

Février 1741.

Edit portant établiffement d'une nouvelle Compagnie Royale d'Affrique, pour jouir à perpétuité des priviléges, franchifes

& prérogatives dont ont joui ou dû jouir les précédentes Compagnies, avec la jouissance des Places du Cap Negre, Bastion de France & lieux en dépendans ; fixe le fodns de ladite Compagnie à 1200000 livres, pourquoi il sera délivré 1200 Actions de 1000 livres chacune, qui porteront intérêts à 6 pour cent ; lui accorde la faculté d'envoyer à l'Etranger, sans permission, les Bleds qu'elle fera venir des Pays de sa concession ; celle de tirer des Places qu'elle trouvera à propos, tant du dedans que du déhors du Royaume, les piastres nécessaires pour son commerce ; lui accorde pareillement la jouissance de dix-sept Magasins, & des salles au-dessus, qui sont dans l'Arsenal de Marseille, & qui ne servent à aucun usage pour le service du Roi. *Registré au Parlement d'Aix le 23 Mars* 1741. Code Noir. page 420.

Du 6 Février 1741.

* Jugement souverain de la Commission du Conseil établie à Reims, qui condamne Pierre Camoin, du lieu d'Alocq en Provence, à être pendu, pour crime de contrebande, avec attroupement à port d'armes, & rebellion aux Employés des Fermes.

Du 7 Février 1741.

* Arrest du Conseil, qui permet pendant un an, à compter de la date d'icelui, aux Négocians qui font le commerce des Isles & Colonies Françoises de l'Amerique, de faire venir de Dannemarck, dans les Ports designés par les Lettres Patentes de 1717. & autres Réglemens depuis intervenus, les Chairs salées, Beures & Suifs qu'ils destineront pour lesdites Isles & Colonies, sans payer aucuns Droits d'Entrée, à la charge que lesdites Marchandises & Denrées seront mises à leur arrivée dans les Magasins d'Entrepôts, de même que le Bœuf salé, conformément à l'art. XI. desdites Patentes du Mois d'Avril 1717.

Du 10 Février 1741.

* Ordonnance du Roi, concernant la Police des Milices Gardes-Côtes dans la Capitainerie de Marseille.

Du 21 Février 1741.

* Arreſt du Conſeil, qui fait défenſes de ſortir du Royaume, pour l'Etranger, aucun Lard & autres Salaiſons, à peine de confiſcation, & de 3000 livres d'amende pour chaque contravention.

Du 21 Février 1741.

Arreſt du Conſeil, qui commet le Sieur de Serilly, Intendant des Provinces de Navarre, Bearn, & Généralité d'Auch, pour au lieu du Sieur de Baloſre, ſubrogé au feu Sieur de Pommereu, procéder, ſuivant les derniers erremens, à l'exécution des Arrêts du Conſeil des 16 Décembre 1732. & 14 Juin 1735. qui ont commis ſucceſſivement leſdits Sieurs Intendans pour inſtruire & juger le Procès, tant aux nommés Tafernabury, dit Ethury, & Bernard Bentabery, qu'aux autres auteurs & complices du commerce de Contrebande, & des faits mentionnés en un Procès-verbal de rebellion faite dans la Paroiſſe de Saint Juſt en Baſſe Navarre aux Employés des Fermes à Leſcomby, du 23 Avril 1732. & notamment au nommé Jean Doy, complice de ladite rebellion, condamné à mort par contumace, & détenu depuis dans les Priſons de Bayonne.

Du 21 Février 1741.

Arreſt du Conſeil, qui ordonne que par le Sr. Intendant en la Généralité de Champagne, il ſera procédé à l'Adjudication au rabais & moins diſant en la maniére accoutumée, des Réparations à faire, ſuivant le Dévis du Sr. de la Force, Ingenieur du Roy en ladite Province, à pluſieurs Barraques ſervant
de

de Corps-de-garde aux Employés des Fermes en ladite Généralité, qui ont été confidérablement endommagées par les ge-
lées & les dégels de l'année 1740, du montant defquelles Réparations les Entrepreneurs feront payés par Jacques Forceville, Adjudicataire des Fermes génerales-unies, auquel il en
fera tenu compte fur le prix de fon Bail.

Du 21 *Février* 1741.

Arreft du Confeil, qui ordonne que par un Expert qui fera
commis par le Sr. de Marville, Lieutenant Géneral de Police,
vérification fera faite en préfence des nommés la Farge & fa
femme, Revendeufe à la Toilette à Paris, & des fieurs Hibert
& Rollin, Marchands Merciers auffi à Paris, ou eux duement
appellés, de plufieurs Piéces & Coupons de Mouffeline, Mouchoirs & autres Etoffes des Indes, fur eux faifies par Procès-
verbaux des 10 Novembre & 19 Décembre 1740, pour les
Procès-verbaux de ladite vérification, vûs & rapportés à Sa Majefté, être par Elle ordonné ce qu'il appartiendra.

Du 21 *Février* 1741.

Arreft du Confeil, qui ordonne que les Peluches, façon d'U-
trecht, de la Fabrique de Jean-François Corroyer, Manufacturier à Lille, fubrogé au lieu & place de la Veuve le Clerc
fa tante, de même que celles provenant de la Fabrique d'Euf-
tache Pottier, autre Manufacturier dans ladite Ville de Lille,
ne payeront aux Bureaux d'Entrée des cinq groffes Fermes,
que 10 fols par Piéce de dix aunes, au lieu des Droits fixés
par le Tarif de 1664, à condition que lefdites Peluches feront
marquées d'un Plomb, qui juftifie qu'elles auront été fabriquées dans lefdites Manufactures, dont une Empreinte fera
dépofée au Greffe de l'Intendance, & une autre au Bureau de
la Direction des Fermes à Lille, où lefdits Corroyer & Pottier
feront tenus de prendre des Acquits à caution qui leur feront
délivrés fans frais, pour venir acquitter les Droits au premier
Bureau d'Entrée des cinq groffes Fermes.

Du 28 Février 1741.

Arrêt du Conseil, qui commet le Sr. Levet, Commiſſaire du Conseil à Valence, pour inſtruire & juger ſouverainement & en dernier reſſort, en appellant avec lui le nombre d'Officiers ou Gradués requis par l'Ordonnance, le Procès au nommé Nicolas Corotte, tant pour raiſon de la rébellion faite aux Employés des Fermes de la Brigade de Pagny en Bourgogne, dans le Village de Champblanc, qu'à l'occaſion de ſon évaſion des Priſons de la Ville de Dijon, enſemble à ſes Complices, Fauteurs, Participes ou Adhérans de ladite évaſion, circonſtances & dépendances; évoque & renvoye pardevant ledit Sr. Levet toutes les Procedures qui peuvent avoir été commencées pour raiſon de ce en quelque Juriſdiction que ce ſoit, pour être le tout par lui jugé en dernier reſſort, lui attribuant à cet effet toute Cour, Juriſdiction & connoiſſance, icelle interdiſant à toutes ſes Cours & autres Juges. Permet audit Sr. Levet de ſubdéléguer pour l'inſtruction & pour les Jugemens à l'extraordinaire, & de commettre pour faire les fonctions de Procureur du Roy en ladite Commiſſion, tels Officiers ou Gradués qu'il voudra choiſir; lui permet pareillement & aux Subdélégués qu'il pourra commettre, de rendre ſeuls tous les Jugemens d'inſtruction & à l'extraordinaire qu'il conviendra. Ordonne en outre que les minutes des charges, informations & autres procedures faites à ce ſujet, ſeront inceſſamment remiſes au Greffe de ladite Commiſſion; à ce faire tous Greffiers & Dépoſitaires contraints.

Du 28 Février 1741.

Arrêt du Conseil, qui ordonne que quatre Quittances de 666666 liv. 13 ſols 4 den. chacune, expédiées par le Sr. Paris de Montmartel, Garde du Tréſor Royal, ſur la Ferme du Tabac, ſeront déchargées du Controlle & à lui rendues comme nulles, pour valeur deſquelles il ſera tenu d'expédier une autre Quittance à la décharge de Jacques Forceville, Adjudicataire des Fermes générales-unies, ſur le prix de ſon Bail, commencé le premier Octobre 1738, de la somme de deux millions six cens soixante-six mille six cens soixante-six livres treize sols quatre deniers, à quoi montent lesdites quatre Quittances, moyennant quoi ledit Sr. de Montmartel en sera bien & valablement déchargé.

Du 3 Mars 1741.

* Lettres Patentes du Roy sur Arrêts du Conseil des 16 Août 1740, & 7 Février 1741, qui ordonnent que conformément à l'Edit du mois d'Août 1669, portant Réglement pour l'hypotéque de Sa Majesté sur les biens des Officiers comptables, aux Articles IV. & V. du Titre commun pour toutes les Fermes, de l'Ordonnance de 1681. à la Déclaration du 4 Juin 1737. rendue en faveur des Receveurs géneraux des Finances, & à ce qui se pratique à l'égard des Deniers des Fermes génerales, la Communauté des Conseillers du Roy Inspecteurs sur les Vins, aura la préférence sur les Biens & Effets appartenans au Sr. Guillemardet, pere, ci-devant Receveur des Entrées de Paris au Port S. Paul, & qu'en cas de contestations entre ses Créanciers & ladite Communauté, elles soient jugées conformément audit Arrêt du 16 Août 1740, à l'Edit de 1669. & à la Déclaration du 4 Juin 1737. *Regiſtrées en la Cour des Aydes le 27 Mars 1741.*

Du 6 Mars 1741.

* Jugement souverain de la Commission du Conseil établie à Valence, qui condamne Nicolas Giſlain, Marchand à Lyon, en trois mille livres d'amende, avec interdiction de Commerce, pour avoir fait la Contrebande en Indiennes & autres Etoffes prohibées, & le nommé André Pila, Cordonnier de ladite Ville & sa femme, en treize cent livres d'amende, pour avoir fait la Contrebande en Indienne & Tabac, & confisque les Etoffes des Indes & Tabac sur eux saisis.

Du 8 Mars 1741.

*Jugement souverain de la Commission du Conseil établie à Valence, qui condamne François Valette, Marchand de Tabac à Salins en Franche-Comté, en cinq cent livres d'amende, pour avoir contrevenu au Réglement du 11 Décembre 1736, pour la vente & distribution du Tabac dans ladite Province.

Du 8 Mars 1741.

*Jugement souverain de la Commission du Conseil établie à Valence, qui condamne Lambert Sompsée, Marchand à Arbois en Franche-Comté, en cinq cent livres d'amende, pour avoir contrevenu au Réglement du 11 Décembre 1736. pour la vente & distribution du Tabac dans ladite Province.

Du 10. Mars 1741.

*Arrêt de la Cour des Aydes, qui confirme une Sentence du Juge des Traittes d'Abbeville, du 14 Octobre 1740, qui ordonne la confiscation des Marchandises de Mercerie, appartenant au nommé le Sage, destinées pour Saint Quentin, suivant un Passavant pris au Bureau de Roüen; lesquelles Marchandises ont été rencontrées sur la route d'Abbeville à Auxy-le Chasteau, à l'entrée des quatre lieuës des limites de la Ferme, & saisies, faute par ledit le Sage d'avoir pris Acquit à caution au Bureau d'Abbeville, conformément à l'Article XV. du Titre VI. de l'Ordonnance de 1687.

Nota. Cet Arrest juge que les Marchandises, roulant avec un Passavant expédié dans un Bureau de l'intérieur des cinq Grosses Fermes, ne peuvent entrer dans les quatre lieuës des Limites, sans être accompagnées d'un Acquit à Caution pris dans le premier Bureau limitrophe, & avant que d'entrer dans lesdites quatre lieuës.

Du 11 *Mars* 1741.

*Tarif des Droits qui doivent être levés sur les Marchandises & Denrées du pays Etranger, entrant en Franche-Comté, & de ceux de sortie sur les Marchandises & Denrées sortant du Royaume par les Bureaux de ladite Province. Arrêté par M. de Vanolles, Intendant le 11 Mars 1741.

Du 14 *Mars* 1741.

Arrest du Conseil, qui releve le Sieur Galissot, Huissier en la Chambre des Comptes de Paris, de l'Interdiction contre lui prononcée par l'Arrest du Conseil du 31 Janvier précédent, & le décharge de l'amende de 3000 liv. à laquelle il a été condamné par le même Arrest, pour avoir signifié une Sentence du Grenier à Sel de Langres du 24 Décembre 1740, qui condamnoit Jacques Forceville, Adjudicataire des Fermes génerales, en 800 liv. de dommages & intérêts envers le nommé Jean Auberlot, & avoir fait des saisies & arrêrs sur ledit Forceville entre les mains de plusieurs de ses Sous - Fermiers, sans au préalable avoir remis & laissé pendant huit jours ès mains du Receveur général des Fermes à Paris, copie de ladite Sentence & du Commandement fait en conséquence ; & lui enjoint de se conformer à l'avenir dans l'exercice de sa Charge, aux Arrêts du Conseil, sous les peines y portées.

Du 14 *Mars* 1741.

Arrest du Conseil & Lettres Patentes, qui fixent à 1000 liv. les Droits d'Enregistrement à la Chambre des Comptes de Dijon, du Bail des Fermes générales-unies, fait à Jacques Forceville, le 16 Septembre 1738.

Du 14 *Mars* 1741.

Arrest du Conseil, qui modére à la somme de cent livres les m endes prononcées par deux Arrêts dudit Conseil du 27 Décembre 1740. contre chacun des nommés Jean Cornelis fils, Lambert & Nicolas le Fevre, & Joseph Dupont Fabriquans à Sedan, pour avoir fabriqué des Draps avec des laines défectueufes & défendues ; ordonne que lefdits Draps, quoique coupés de trois en trois aunes, leur feront rendus ; rétablit ledit Cornelis fils, dans fa Maîtrife & Fabrique dont il étoit déchû, à la charge par lui de fe conformer à l'avenir aux Réglemens concernant ladite Fabrique; ordonne que ledit Cornelis fils, demeurera néanmoins interdit de la qualité de Juré-Garde de ladite Draperie, & ne pourra affifter dans aucune des affemblées dudit Corps, jufqu'à ce qu'autrement par Sa Majefté en ait été ordonné.

Du 14 Mars 1741.

* Arreft du Confeil, qui fait défenfes à tous Teinturiers, Apprêteurs & autres, de coller ou gommer après la teinture, aucuns Camelots ou Baracans ; & à tous Marchands de plier ni faire plier en deux, fur la largeur, aucune piéce de ces fortes d'Etoffes.

Du 14 Mars 1741.

Arreft du Confeil, qui évoque & renvoye pardevant les Commiffaires du Bureau du Commerce, une faifie faite à la requête des Maîtres & Gardes des Marchands Epiciers à Paris, d'une Caiffe de Rhubarbe, chez le Sieur Embry, Négociant de ladite Ville; pour fur l'avis defdits Commiffaires, être par Sa Majefté ordonné ce qu'il appartiendra : défend aux Parties de fe pourvoir ailleurs à peine de nullité, caffation de procédures & Jugemens, 3000 livres d'amende & de tous dépens, dommages & intérêts, & par provifion, ordonne que ladite caiffe fera remife audit Sieur Embry, fous caution de la repréfenter, s'il eft ainfi ordonné.

Du 21 Mars 1741.

Arreft du Confeil, qui commet le Sieur Intendant & Com-

miſſaire départi en Franche-Comté, pour inſtruire & juger ſouverainement, & en dernier Reſſort, en appellant avec lui le
nombre d'Officiers ou Gradués requis par l'Ordonnance, le
Procès au nommé Denis Guyon, Marchand à Beſançon, pour
fait de contrebande d'Etoffes prohibées, enſemble à ſes
complices, fauteurs, participes ou adhérans de ladite contrebande, circonſtances & dépendances; évoque & renvoye pardevant ledit Sieur Intendant les procédures qui pourroient
avoir été commencées à ce ſujet en quelque Cour & Juriſdiction que ce ſoit, pour être le tout par lui jugé en dernier
Reſſort, lui attribuant à cet effet toute Cour, Juriſdiction &
connoiſſance, icelle interdiſant à toutes ſes Cours & autres
Juges : permet audit Sieur Intendant de ſubdéléguer pour l'inſtruction & pour rendre les Jugemens à l'extraordinaire, & de
commettre pour faire les fonctions de Procureur du Roi en
ladite Commiſſion, tels Officiers ou Gradués qu'il voudra
choiſir; lui permet pareillement, & aux Subdélégués qu'il
pourra commettre, de rendre ſeuls tous les Jugemens d'inſtruction & à l'extraordinaire qu'il conviendra : ordonne en outre que les minutes des charges, informations & autres procédures, ſi aucunes ont été faites pour raiſon de ce, en quelque Juriſdiction que ce puiſſe être, ſeront inceſſamment remiſes au Greffe de la Commiſſion, à ce faire tous Greffiers
& Dépoſitaires contraints.

Du 21 Mars 1741.

Arreſt du Conſeil, qui commet M. l'Intendant de Poitiers
pour juger en dernier Reſſort le Procès aux Auteurs & Complices des rebellions, violences & voyes de fait exercées
contre les Employés des Fermes des Brigades de Beauvoir
ſur Mer, & de la Claye, & mentionnées dans leurs Procès-
verbaux des 13 & 24 Février précédens, à l'occaſion de la
ſaiſie par eux faite de douze barriques de vin Nantois trouvées dans le Cellier du nommé Pierre Eſtoubleau, Marchand,
demeurant près la Chouette, Paroiſſe de Notre-Dame de
Mont, où il les avoit fait venir en fraude des Droits d'Entrées, circonſtances & dépendances.

Du 21 Mars 1741.

Arrest du Conseil, qui évoque une Instance pendante à la Cour des Aydes de Paris entre Jacques Forceville, Adjudicataire des Fermes générales, & le nommé Jacques Henriot, Marchand, demeurant à Châtillon sur Seine, à l'occasion des Droits de Sortie de douze muids & une feuillette de vin, venus pour le Curé du Village de Thuilliers, frontiere de Lorraine, & de la fausseté de la décharge de l'Acquit à caution pris pour le transport, pour sur ladite Instance, circonstances & dépendances, & au Rapport du Sieur Controlleur Général des Finances, être par Sa Majesté fait droit aux Parties ainsi qu'il appartiendra ; leur fait défenses de procéder, pour raison de ce, ailleurs qu'au Conseil, à peine de nullité, cassation de procédures & Jugemens, 3000 livres d'amende, & de tous dépens, dommages & intérêts.

Du 21 Mars 1741.

* Arrêt définitif du Grand Conseil du Roi, qui déclare nul, injurieux, tortionnaire & déraisonnable le Decret de prise de corps decerné par le Prévôt de la Maréchaussée de Caën & les Officiers du Présidial de ladite Ville, contre le Sieur Choüet de Vaumorel, Controlleur Général des Fermes du Roi au Département de Cherbourg, faussement accusé de crime de faux dans un Procès-verbal par lui redigé d'une rebellion faite aux Employés des Fermes le 24 Octobre 1738. par les Habitans de la Ville de Cherbourg, à l'occasion de la capture faite par lesdits Habitans du nommé Mathieu André, dit sans Quartier, Soldat du Régiment de Perigord, Compagnie de Chamillac, arrêté avec environ trois livres de faux Tabac, & tout ce qui s'en est ensuivi ; décharge ledit sieur Chouet de Vaumorel des accusations intentées contre lui : ordonne que les écroües faits de sa personne dans les Prisons de Valogne, Bayeux & Caën, seront rayés & biffés, &c.

Du

Du 25 Mars 1741.

* Arreſt du Conſeil, qui fixe à 8 ſols 6 deniers par quintal les Droits qui ſeront perçus à l'avenir ſur les Savons blancs ou marbrés, venant de Marſeille ou des autres Villes du Royaume, ſoit en grands, ſoit en petits pains, tant au Bureau de Septemes, que dans ceux de la Doüane de Lyon, au lieu de ceux de ladite Doüane, réglés par le Tarif du 27 Octobre 1632.

Du 27 Mars 1741.

* Arreſt du Conſeil, qui ordonne que les fils de poil de chévre deſtinés à faire des boutons, boutonnieres d'habits, ceintures, & autres pareils ouvrages, ſeront retors, purs & ſans mélange, ſans qu'il puiſſe y être employé aucuns fils de Flandre, & autres pareilles matieres, *contenant dix articles.*

Du 28 Mars 1741.

Arreſt du Conſeil, qui ſans avoir égard à trois Sentences du Bailliage de Bar, des 11, 20 & 25 Juin 1739. ni aux appels interjettés d'icelles par les nommés François Fenaux, Laboureur au Village de Vaubecourt, chez lequel il a été trouvé & ſaiſi ſix ballots de Tabac de fraude, peſant 600 liv. & Claude Parent, Voiturier, ſur lequel il a pareillement été ſaiſi 2521 livres de Tabac de contrebande, deſquels appels ils ſont deboutés, déclare leſdits Tabacs confiſqués au profit de Philipe le Mire, Adjudicataire des Fermes de Lorraine, & condamne leſdits Fenaux & Parent en 1000 d'amende chacun, & aux dépens faits audit Bailliage de Bar, & ce nonobſtant les moyens de nullité qu'ils prétendoient faire réſulter du défaut d'enregiſtrement du Bail du Fermier, au Bailliage de Bar & de ce que ledit Parent avoit été mis aux fers dans la Priſon.

Du 28 Mars 1741.

Arreſt du Conſeil, qui autoriſe le ſieur de Barillon, Rece-

veur Général du Droit de demi pour cent qui se perçoit au
profit du Roi sur les Marchandises venant des Isles & Colonies Françoises de l'Amerique, à prêter aux sieurs Levin,
François le Maire, & Louis le Seure, Propriétaires de la Manufacture de Bouflers, une somme de 15000 livres, pour être
employée à l'établissement, dans ladite Manufacture, d'une
Teinturerie, où les Etoffes qui se fabriquent à Beauvais pourront être teintes à un prix beaucoup plus modique que celui
qu'exigent les Teinturiers de Beauvais.

Du 28 Mars 1741.

* Arrest du Conseil, qui ordonne l'exécution de celui du 16
Décembre 1738. & que conformément à icelui, & à la Décision du Conseil du 17 Mars 1739. la Chambre du Commerce
du Levant établie à Marseille fera percevoir les Droit d'Entrée
de 35 sols par quintal, établis par Arrest du 17 Décembre 1737.
sur les Huiles de la Côte d'Italie, connuë sous le nom de la
Riviere de Genes, venant directement dans les Ports des
cinq grosses Fermes, ou qui viendront de Marseille dans lesdits Ports, faute de rapporter des Acquits de la Foraine de
Provence, dûs à la sortie de cette Province sur les Huiles du
Cru & des Droits de la Ferme des Huiles.

Du 4 Avril 1741.

Arrest du Conseil, qui ordonne l'envoi des motifs de celui
du Parlement de Dijon, du 10 Mars 1740. par lequel la
veuve Mongeot, Cabaretiere à Dijon, a été déchargée, en
qualité de caution du nommé Pochard, du payement du qua-
truple des Droits de Sortie de vingt-un poinçons de Vin &
une feuillette d'Eau-de-vie passés en Lorraine, & faussement
déclarés pour le lieu de Thuilliers, situé dans les quatre lieuës
des limites de la Ferme, & ce, sous prétexte que la fausseté
du Certificat de déchargement n'a pas été vérifiée ou consta-
tée dans les six mois du jour de l'Acquit à caution, conformément à l'Arrest du 14 Mars 1722. quoique les procédures,
pour parvenir à établir la fausseté du Certificat de décharge-

ment, eussent été commencées avant les six mois, pour lesdits motifs vûs & examinés, être par Sa Majesté fait droit aux Parties, ainsi qu'il appartiendra.

Du 4 Avril 1741.

Arrest du Conseil, qui évoque & renvoye pardevant le Sieur Intendant de la Généralité d'Amiens, la connoissance d'une saisie faite à Boulogne le 17 Mars précédent de 1166 livres de Thé, déposé en fraude des Droits, dans deux Magasins, appartenans au sieur Charles Balantigne, Ecossois de Nation, résidant en ladite Ville, & de 913 livres du même Thé trouvé à bord du Navire le Christophe Rehard de Flessinque, Capitaine Oliphan, ainsi que du Vaisseau agrès & apparaux, pour par ledit sieur Intendant instruire, jusqu'à Jugement définitif exclusivement, le Procès aux Auteurs, Complices, Fauteurs, Participes & Adhérans de ladite fraude : permet audit sieur Intendant de subdéléguer pour l'instruction, & pour rendre les Jugemens à l'extraordinaire, & de commettre, pour faire les fonctions de Procureur du Roi en ladite Commission, tels Officiers ou Gradués qu'il voudra choisir, &c.

Du 4 Avril 1741.

Arrest du Conseil, qui évoque une Instance pendante par appel en la Cour des Aydes de Normandie, entre Jacques Forceville, Adjudicataire des Fermes générales, & le sieur Bioche, Négociant de la Ville de Rouen, à l'occasion d'une saisie faite par les Employés des Fermes de ladite Ville le 27 Octobre 1740. de deux balles de fil déclaré de chanvre, & que le Fermier prétendoit être fil de lin ; ordonne que toutes les piéces concernant cette affaire, & les échantillons des Marchandises saisies, seront incessamment envoyées au Greffe du Conseil, avec défenses aux Parties de procéder devant d'autres Cours & Juges, à peine de nullité.

Du 9 Avril 1741.

Arreſt du Conſeil, qui commet le Sieur Colleau, Commiſſaire du Conſeil à Reims, pour inſtruire & juger ſouverainement & en dernier Reſſort, en appellant avec lui le
nombre d'Officiers ou Gradués requis par l'Ordonnance, le
Procès aux nommés Jean-Baptiſte Auvray, Richard le Noir,
Michel Mary & Louis Emouf, ſe diſant Marchands Forains
de Normandie, pour raiſon des ſaiſies ſur eux faites de Mouſſelines marquées de faux plombs ; enſemble à leurs complices,
fauteurs, participes ou adhérans ; évoque & envoye pardevant
ledit Sieur Colleau toutes les procédures qui pourroient avoir
été commencées pour raiſon de ce en quelque Juriſdiction
que ce ſoit, &c.

Du 11 Avril 1741.

Arreſt du Conſeil ſur la Requête de Jacques Forceville, Adjudicataire des Fermes générales unies, tendante à la caſſation
de deux Arreſtés de la Cour des Aydes de Rouen, du 18 Janvier précédent, par l'un deſquels une Sentence du Juge des
Traittes du Havre, du 3 Août 1740. qui a accordé mainlevée
au ſieur Limozin, Négociant au Havre, de 600 bouteilles de
Vin d'Eſpagne, 300 bouteilles de Frontignan, & 300 bouteilles
de Vin de Champagne, ſaiſies ſur le Navire le Phenix, à la deſtination des Iſles, & ſubſtituées à la place de Vins de Bordeaux,
que ledit Limozin avoit déclaré envoyer, a été confirmée ; &
par le ſecond Arreſt, une autre Sentence du 19 Juin 1740.
qui avoit prononcé la confiſcation de cinq barriques de Vin de
Bourdeaux, qui ne s'éroient plus trouvées dans le Magazin
d'Entrepôt, appartenans audit ſieur Limozin, a été infirmée,
nonobſtant la diſpoſition de l'Arreſt du 6 Mai 1738. portant
Réglement pour l'Entrepôt des Marchandiſes deſtinées pour le
Commerce des Iſles, qui prononce la confiſcation des Marchandiſes qui ne ſe trouveront plus dans les Entrepôts, lorſqu'il
ne ſera pas juſtifié qu'elles auront été embarquées pour les Iſles :
ordonne que les motifs deſdits Arreſts du 18 Janvier 1741. ſe-

ront envoyés au Greffe du Conseil, pour lesdits motifs vûs &
examinés, être ordonné ce qu'il appartiendra, toutes chofes,
jufqu'à ce, demeurant en état.

Du 18 Avr.l 1741.

Arreſt du Conſeil, qui deboute Luc Magné, Maître de la
Barque l'Unique Eſther, de l'oppoſition par lui formée à l'Arreſt
du Conſeil du 20 Décembre 1740. par lequel il a été condamné en 300 livres d'amende, & aux dépens, pour fauſſe déclaration dans la quantité de cercles ou feuillards, qu'il vouloir
faire paſſer à l'Etranger en contravention aux Arreſts des 18
Août & 15 Décembre 1722. qui défendent la ſortie des Bois
hors du Royaume ; & néanmoins par grace, & ſans tirer à
conſéquence, modére l'amende prenoncée par ledit Arreſt à la
ſomme de 50 livres.

Du 18 Avril 1741.

Arreſt du Conſeil, qui commet le Sieur Farcy, Conſeiller
au Châtelet de Paris, pour inſtruire & juger ſouverainement
& en dernier Reſſort, en appellant avec lui le nombre d'Officiers ou Gradués requis par l'Ordonnance, le Procès aux nommés Jean-Baptiſte de Vienne, Marchand ſur la place au Ca-
teau Cambreſis, Bourſier, Marchand de Fil & Dentelle, &
Nicolas Manier, Aubergiſte & Maréchal, demeurans audit
lieu, Fauxbourg de Cambray ; pour raiſon de la ſaiſie faite le
10 Juin 1740. par les Employés du Bureau de la Douane de
Peronne, ſur les nommés Jean-Joſeph & Adrien Chaſteau
freres, Voituriers de profeſſion, demeurans au Village de Man-
de, près S. Amand, d'un chariot chargé de prétendue Fayance, venant de la Manufacture de la nommée Doré, établie
audit lieu de Saint Amand, & adreſſée aux ſieurs Alexandre,
Tricart & Leclerc, Marchands Fayanciers à Paris, au lieu de
laquelle Fayance il s'eſt trouvé ſeulement quelques aſſiettes,
le ſurplus n'étant que des cercles de Fayance faits en bordures
d'aſſiettes, & qui rangées les unes ſur les autres, contenoient
& couvroient 1297 livres 8 onces de Tabac de fraude, enſem-

ble aux complices, fauteurs, participes ou adhérans de ladite contrebande, circonstances & dépendances ; évoque & renvoye pardevant ledit Sieur de Farcy les procédures qui pourroient avoir été commencées à ce sujet en quelque Jurisdiction que ce soit, pour être le tout par lui jugé souverainement & en dernier Ressort, lui attribuant à cet effet toute Jurisdiction & connoissance, icelle interdisant à toutes ses Cours & autres Juges.

Du 18 Avril 1741.

Arrest du Conseil, qui subroge le sieur Henry Humel au privilége accordé par autre Arrest du 24 Février 1739. à Etienne Genet pour quinze années, d'établir dans le Royaume, à l'exception de la Ville de Marseille, des Métiers propres à fabriquer à la fois plusieurs piéces de Rubans, soit de laine, de fil, de fleuret, de soye, ou autres espèces, tant en Ruban uni qu'en façonné, des Passemens & des Galons de toute espèce, avec faculté d'établir des Magasins pour la vente & le débit desdites Marchandises.

Du 18 Avril 1741.

Arrest du Conseil, qui commet Monsieur l'Intendant de Franche-Comté pour instruire & juger souverainement & en dernier Ressort, en appellant avec lui le nombre d'Officiers ou Gradués requis par l'Ordonnance, le Procès au nommé Parguez, Marchand à Pontarlier, pour raison de l'introduction qu'il a fait faire dans le Royaume de cent seize aunes de Droguet d'Angleterre, & cinquante-cinq piéces de Toiles de coton, façon de Rouen, & saisies par Procès-verbal des Commis du Bureau des Fermes de Pontarlier du 12 Novembre 1739. sur le nommé Goguilly, Voiturier à Pontarlier, pourquoi il a été condamné en 3000 livres d'amende, circonstances & dépendances ; évoque & renvoye pardevant ledit Sieur Intendant toutes les procédures qui pourroient avoir été commencées à ce sujet en quelque Jurisdiction que ce soit, pour être le tout par lui jugé en dernier Ressort, lui attribuant à cet effet toute Cour, Jurisdiction & connoissance, icelle interdisant à toutes ses Cours & autres Juges, &c.

Du 18 Avril 1741.

Arreſt du Conſeil, par lequel Sa Majeſté, ſans avoir égard à une Ordonnance du Sieur Intendant & Commiſſaire départi en Flandres, du 17 Octobre 1740. qui a fait mainlevée à la Demoiſelle Langhe des Mouſſelines-Tarnantannes, Toiles peintes, Mouchoirs & autres Marchandiſes ſaiſies dans la maiſon des nommés Marin & de Hierre, Maîtres Tonneliers à Lille, & mentionnées au Procès-verbal des Employés de la Brigade des Fermes de ladite Ville, du 12 Septembre 1740. confiſque leſdites Marchandiſes au profit de l'Adjudicataire des Fermes; ordonne que ladite Demoiſelle de Langhe, qui a réclamé leſdites Marchandiſes, ſera tenuë de les remettre au Fermier, ou à ſes Commis & Prépoſés, dans la huitaine, ſinon, & à faute de ce faire, la condamne à en payer la valeur, & en 3000 livres d'amende.

Du 18 Avril 1741.

Arreſt du Conſeil, qui commet M. l'Intendant & Commiſſaire départi en la Généralité d'Auch & Pau, pour inſtruire & juger ſouverainement & en dernier Reſſort, en appellant avec lui le nombre d'Officiers ou Gradués requis par l'Ordonnance, le Procès aux nommés Pommiers & Caſtels, Capitaine & Lieutenant de la Brigade de Saint Martin de Seigneux; Lafitte, Capitaine de la Brigade du Pont Luron; Dupuy & Caſtans, Capitaine & Garde de la Brigade de Mouſſerolles; & aux nommés le Menu & Dufaut, Gardes de celle du Saint Eſprit, pour prévarications dans les fonctions de leurs Emplois, en favoriſant la fraude du Tabac, en livrant le paſſage aux Contrebandiers moyennant des retributions dont ils convenoient avec eux; enſemble à leurs complices, fauteurs, participes ou adhérans; évoque & renvoye pardevant ledit Sieur Intendant toutes les procédures qui peuvent avoir été commencées pour raiſon de ce, en quelque Juriſdiction que ce ſoit, pour être le tout par lui jugé en dernier Reſſort, lui attribuant à cet effet toute Cour, Juriſdiction & connoiſſance, icelle interdiſant à toutes ſes Cours & autres Juges.

Du 18 Avril 1741.

* Jugement souverain de la Commission du Conseil établie à Valence, qui condamne Jean Vehyer-Vienne, du lieu d'Orcieres en Dauphiné, & Jean Morin, dit la Balaine, du lieu de Bat en Basset, Diocèse Dupuy, en cinq années de Galeres pour avoir fait la contrebande en Tabac avec attroupement au-dessus du nombre de cinq, & sans armes & chacun en 1000 liv. d'amende.

Du 20 Avril 1741.

* Jugement souverain de la Commission du Conseil établie à Valence, qui condamne Joseph Caillat, dit Martin, du lieu de Ramasse en Bresse, en cinq années de Galeres, & Joseph Gagnon du même lieu, en trois années pour les cas de contrebande en Tabac & Fauxsaunage résultans du Procès, & les condamne; sçavoir, ledit Caillat, dit Martin en 1000 liv. d'amende, & ledit Gagnon en 500 liv. aussi d'amende.

Du 21 Avril 1741.

* Jugement souverain de la Commission du Conseil établie à Valence, qui condamne Amable Alibert, connu aussi sous le nom de Joseph, dit le Blondin, du lieu de Saint Poyen, Diocèse Dupy, en neuf années de Galeres, pour les cas de contrebande en Tabac, excès & violences par lui commis, & résultans du Procès, & en 1000 liv. d'amende.

Du 25 Avril 1741.

Arrest du Conseil, qui réforme une Ordonnance de M. l'Intendant de Picardie, Artois, Boulonnois & pays conquis, pour avoir fait main-levée d'une caisse remplie de Potterie de Fayance d'Angleterre, saisie sur le Sieur Durot, Marchand à Lillo, par Procès-verbal des Employés de la Doüane de Peronne, le 12 Novembre 1740, confisque ladite Poterie, consistant en Gobelets, petits Pots, Couvercles & Sous coupes, & condamne ledit Sieur Durot en 3000 livres d'amende envers l'Adjudicataire des Fermes.

Du 25 Avril 1741.

* Convention préliminaire de Commerce & de Navigation, entre le Roy & le Roy de Suéde, *contenant cinq Articles*, dont le premier accorde aux Sujets du Roy la permission de naviger dans tous les Ports de Suéde, d'y introduire toutes Marchandises non défendues par les Loix du Pays, en payant les mêmes Droits que payent les Suédois, à l'exception néanmoins du Privilége de Franchise & demie-Franchise, affecté aux Navires Suédois; & le second Article accorde la même faculté aux Suédois, avec l'exemption du Droit de Fret, ainsi qu'en jouissent les Villes anseatiques, à l'instar desquelles les Suédois seront traités en France.

Du 27 Avril 1741.

* Jugement souverain de la Commission établie à Valence, qui condamne Jean Aubert, dit Beaupoil, du lieu de Remoules en Provence, aux Galeres perpétuelles, François Roux, dit l'Archange, du lieu de Boue, aussi en Provence, en neuf années, Jean Brunet, Voiturier du même lieu, Eizeas Chaudon dudit lieu de Remoules, Esprit Autard, de Lisle dans le Comtat, & Ange Audibert, du lieu d'Oppede aussi en Comtat, chacun en cinq années de Galeres, pour les cas de contrebande en Tabac, & autres résultans du Procès, & les nommés Jean & André Aubergier, freres, ci-devant Pontonniers du Port de Manosque sur la Durance, solidairement en mille livres pour tous dommages, intérêts & dépens, pour les cas de faveur prêtée aux Contrebandiers.

Du 27 Avril 1741.

* Délibération des Intéressés au Bail de Jacques Forceville, Adjudicataire des Fermes générales-unies, sur la suite des saisies d'Indiennes & autres Marchandises de contrebande.

H

Du premier May 1741.

Arreſt contradictoire du Conſeil, qui déboute le nommé Charles Allard & Jeanne Garnier ſa femme, Propriétaires d'une Carriére à Ardoiſe, appellée la Paperie, près Angers, de leur demande, tendante à ce que les Entrepreneurs auſquels ils ont loué ladite Carriére, ſoient tenus de leur livrer à titre de droit de Foreſtage le vingt-huitiéme millier d'Ardoiſes fabriquées dans ladite Carriére; & ordonne l'exécution de l'Arrêt du 25 Octobre 1740, ſeront de Réglement pour l'exploitation des Carriéres à Ardoiſes.

Du premier May 1741.

*Arreſt du Conſeil, qui en interprétant celui du 7 Septembre 1727; ordonne que les Verres à boire de Verre blanc criſtalin, venant de l'Etranger, acquitteront les Droits à l'enrrée du Royaume, à raiſon de trente livres du cent péſant, comme les autres ouvrages de Verre blanc dénommés audit Arrêt; & qu'il n'y aura que les Verres à boire communs, qui ne payeront que dix livres du cent péſant; & cependant ordonne, par grace, & ſans tirer à conſéquence, qu'une caiſſe de Verres à boire criſtalins, venant de Hambourg, ſaiſis à Roüen le 23 Septembre 1740. ſur le Sieur David, Négociant de ladite Ville, lui ſera rendue en payant les Droits, à raiſon de 30 livres du cent péſant, conformément audit Arrêt du 7 Septembre 1727.

Du 2 May 1741.

*Jugement ſouverain de la Commiſſion du Conſeil établie à Valence, qui condamne Pierre Vehier-Vienne, du lieu d'Orcieres en Dauphiné, en cinq années de Galeres, pour avoir fait la contrebande en Tabac, avec attroupement au-deſſus du nombre de cinq, & ſans armes & en 1000 livres d'amende.

Du 2 May 1741.

*Jugement ſouverain, rendu par le Sieur Levet, Commiſfaire du Conſeil à Valence, qui condamne Gabriël Carle, dit Bernard, de la Paroiſſe de Retournard, Province de Velay, aux Galeres pour neuf années, & en 1000 livres d'amende pour les cas de contrebande en Tabac, excès & violences réſultans du Procès.

Du 2 May 1741.

Arrêt du Conſeil, qui commet le Sieur Colleau, Commiſſaire du Conſeil, établi à Reims, pour inſtruire & juger ſouverainement & en dernier reſſort, en appellant avec lui le nombre d'Officiers ou Gradués requis par l'Ordonnance, le Procès aux nommés Louis Baſtier, Trompette des Gardes du Corps, & Savigny, dit Saint Jean, Cabaretier à Montdidier, pour raiſon de la contrebande en Tabac ſur eux ſaiſi & mentionné aux Procès-verbaux des Employés de la Brigade des Fermes à Beauvais, du 17 Avril précédent, circonſtances & dépendances, évoque & renvoye par-devant ledit Sieur Colleau, les procédures qui peuvent avoir été commencées à ce ſujet, pour être le tout par lui jugé en dernier reſſort ; lui attribuant à cet effet toute Cour, Juriſdiction & connoiſſance, icelle interdiſant à toutes ſes Cours & autres Juges, &c.

Du 3 May 1741.

* Jugement ſouverain, rendu par le Sieur Levet, Commiſſaire du Conſeil, établi à Valence, qui condamne Jacques Bertrand, dit Blondin, du lieu d'Orcieres en Dauphiné, en cinq années de Galeres & en 1000 livres d'amende, pour avoir fait la contrebande en Tabac, avec attroupement au-deſſus du nombre de cinq, & ſans armes.

Du 4 May 1741.

* Jugement ſouverain, rendu par le Sieur Levet, Commiſſaire du Conſeil à Valence, qui condamne Joſeph Perret, dit Scaramouche, du lieu de Luys en Bugey, en cinq années de Galeres & en 1000 livres d'amende, pour fait de contrebande

en Tabac, avec attroupement au-deſſus du nombre de cinq
& ſans armes.

Du 4 May 1741.

* Jugement ſouverain, rendu par le Sieur Levet, Commiſſaire du Conſeil à Valence, qui condamne Claude Deſportes,
dit l'Avocat, du lieu de Court en Beaujollois, Pierre Aucourt,
du lieu de Grandris, auſſi en Beaujollois, & François David,
du lieu de St. Germain en Franche-Comté, en neuf & cinq
années de Galeres, & chacun en 1000 liv. d'amende pour fait
de contrebande en Tabac avec attroupemeut au-deſſus du
nombre de cinq, & ſans armes.

Du 6 May 1741.

* Jugement de la Commiſſion du Conſeil établie à Valence,
qui condamne Jean Vayſſe, dit Brignolle, Petit Jean & le
Dragon, à être rompus vifs, pour contrebande de Tabac, meurtres, aſſaſſinats, vols, excès & violences mentionnés au Procès.

Du 6 May 1741.

Arreſt de la Cour des Monnoyes, qui défend à toutes perſonnes, autres qu'aux Maîtres & Marchands, Tireurs, Fileurs, &
Ecacheurs d'Or & d'Argent, de s'immiſſer en ladite Profeſſion;
comme auſſi à tous Marchands qui feront venir ou apporteront
des pays Etrangers de l'Or ou de l'Argent-trait, rond ou battu,
filé ou non filé, de mêler le fin avec le faux ſur les mêmes bobines, ni d'expoſer en vente leſdites Marchandiſes ſans avoir
été viſitées par les Jurés-Gardes de ladite Communauté; défend
pareillement de fabriquer, employer, vendre & débiter de l'Or
& de l'Argent faux, filé ſur de la Soye, ou du fin filé ſur fil, &
de mêler l'un avec l'autre dans quelque ſorte d'ouvrages que ce
ſoit, à peine de confiſcation d'iceux au profit de ladite Communauté, & de 1000 livres d'amende contre chacun des contrevenans.

Du 7 May 1741:

*Arrest du Conseil, qui ordonne qu'à l'exception des Grains, dont le Roi a fait faire les achats & aprovisionnemens, que les Marchands-Voituriers par Eau continueront d'amener dans la Ville de Paris, avec tel nombre de Relais & Chevaux, frais qui seront nécessaires, il en sera usé comme avant l'Arrest du Conseil du 3 Janvier précedent, pour les Voitures de toutes les autres espéces de Marchandises de Roüen à Paris, & ce, sans préjudice des Priviléges accordés à cet égard.

Du 7 May 1741.

*Arrest du Conseil, qui déclare bonne & valable une saisie de quatre-vingt-six Piéces de Mousseline, & d'une Piéce de Toile blanche, faite par les Commis des Fermes sur les Sieurs Merard & du Bourg, Marchands à Paris; ordonne qu'elles demeureront acquises & confisquées au profit de l'Adjudicataire géneral des Fermes, pour s'être trouvées marquées de faux Plombs imitans ceux de la Compagnie des Indes; condamne ledit Merard en 3000 livres d'amende, & aux dépens, & le déclare déchû pour toujours de la qualité de Marchand.

Du 7 May 1741.

*Arrest du Conseil, qui ordonne la confiscation de quatre Piéces de Serge teintes en noir, par le nommé François du Bellay fils, Maître Teinturier du Grand & bon Teint, faute de s'être trouvées revêtues du Plomb de Teinture, & de cinquante douzaines de Bas teints du Petit-Teint, par Jean-Charles Gronot, aussi Maître Teinturier du Grand & bon Teint; les condamne chacun en cinq cens livres d'amende.

Du 8 May 1741.

*Jugement souverain de la Commission du Conseil établie à Valence, qui condamne François Romieu, dit la Truitte &

l'Huguenot, du lieu de Brive, près la Ville du Puy en Velay, aux Galeres perpétuelles pour contrebande de Tabac, & autres cas réfultans du Procès, & en 1000 livres d'amende.

Du 9 Mai 1741.

Arreſt du Conſeil, portant que la ſomme de 40000 livres, que le Roi a bien voulu accorder annuellement pendant cinq années à la Compagnie Royale d'Affrique, établie par Edit du mois de Février précédent, pour aider ladite Compagnie à payer le Dividende de ſes actions, ſeront payés par la Chambre du Commerce de Marſeille, au payement de laquelle ſomme ladite Chambre employera par préférence le produit du nouveau Droit de 35 ſols par quintal, impoſé par Arreſt du 17 Décembre 1537. ſur les Huiles de la Côte d'Italie, connue ſous le nom de la Riviere de Genne, qui ſeront introduites dans le Royaume par les Ports des cinq groſſes Fermes.

Du 9 Mai 1741.

Jugement Souverain de la Commiſſion du Conſeil établie à Valence, qui condamne Etienne Roſtagnat, du lieu de Saverges, Paroiſſe de Corbelin en Dauphiné, en neuf années de Galere, pour les cas de contrebande en Tabac, faux Saunage, vols, & autres mentionnés au Procès, & en 1000 livres d'amende.

Du 9 Mai 1741.

* Jugement Souverain de la Commiſſion établie à Valence, qui condamne Jean-Jacques Delhomme, dit Gratapaire, du lieu de Nogieres, Paroiſſe de Saigne en Vivarez, aux Galeres perpétuelles, pour les cas de contrebande en Tabac, vols nocturnes de beſtiaux, & autres mentionnés au Procès, & en 1000 livres d'amende.

Du 12 Mai 1741.

‡ Jugement Souverain de la Commiſſion du Conſeil établie

à Valence, qui condamne Etienne-Vincent Pillon, dit la Sa-
batte, du lieu de Saint Jean de Bournay en Dauphiné, &
Leonard Nicoud, dit aussi Antoine, & le Bleu, de la Paroisse
de Madrier, Province de Poitou, en cinq années de Galeres,
pour les cas de contrebande en Tabac, résultans du Procès,
& chacun en 1000 livres d'amende.

Du 15 Mai 1741.

* Jugement Souverain de la Commission du Conseil établie
à Valence, qui condamne Jean Ribollet, dit Jean Pichon &
Courte-oreille, du lieu de Saint Jean-Roure en Vivarez, aux
Galeres perpétuelles, pour les cas de contrebande en Tabac,
résultans du Procès, & en 1000 livres d'amende.

Du 16 Mai 1741.

Arrest du Conseil, qui commet le Sieur d'Argenson, Intendant de la Généralité de Paris, pour faire l'adjudication des
réparations à faire aux Bâtimens de la Manufacture de Tapisse-
ries de Beauvais, évaluées à 11520 livres, du prix desquelles
réparations les Entrepreneurs seront payés sur les Ordonnances dudit Sieur Intendant par Jacques Forceville, Adjudicataire des Fermes générales, auquel il en sera tenu compte
sur le prix de son Bail.

Du 16 Mai 1741.

Arrest du Conseil, qui ordonne que le Sieur Amaury, chargé depuis le mois de Décembre 1732. de la suite de l'établissement de la Manufacture des Etoffes de fil & coton au petit
Château de Rouen, payera au Trésorier de l'Octroi de ladite
Ville une somme de 13306 livres 15 sols 10 deniers, à laquelle
il a évalué les effets trouvés dans ladite Manufacture au premier Mars 1741. y compris 6000 livres, qui lui ont été four-
nies sur le produit dudit Octroi, au moyen duquel payement
le Roi lui abandonne tous les effets qui sont dans ladite Manufacture, avec la faculté de continuer, si bon lui semble,

de faire fabriquer pour fon compte des Etoffes de fil & coton, dans ledit Château, à la charge de payer annuellement au Capitaine d'icelui une fomme de 200 livres.

Du 16 Mai 1741.

* Jugement Souverain de la Commiffion du Confeil établie à Valence, qui condamne François-Jofeph Cretin, Marchand à Arbois en Franche-Comté, en mille livres d'amende, pour avoir vendu des quantités confidérables de Tabacs à des Contrebandiers, & de leur en avoir fait la livraifon de nuit, & hors de fon Magafin ordinaire.

Du 18 Mai 1741.

Arreft contradictoire du Parlement de Bretagne, rendu fur les conclufions de M. le Procureur Général du Roi, qui décide plufieurs queftions.

1°. *Dans la forme* : Que les contradictions qui fe trouvent fur certains faits rapportés dans un Procès-verbal, & reconnus dans le recolement & confrontation aux Accufés, ne font pas des moyens pour l'annuller.

2°. Que les Procès-verbaux peuvent être écrits par des mains étrangeres, & autres que celles des Employés qui ont parlé & figné aux Procès-verbaux.

3°. *Au fonds* : Que les nommés le Rouic & Jouannic, qui avoient favorifé l'évafion du nommé le Sauffe, arrêté, faifi d'un rolle de Tabac de fraude fur un grand chemin, font tenus folidairement de l'amende encourue par ce Fraudeur, ainfi que des dépens de leur Procès.

Du 21 Mai 1741.

* Arreft du Confeil, qui nomme Mrs. d'Ormeffon, Confeiller d'Etat, Intendant des Finances, d'Argenfon, Confeiller d'Etat, Intendant de la Généralité de Paris, de Vathan, Maître des Requêtes, Prévôt des Marchands, & Feydeau de Marville, Maître des Requêtes & Lieutenant Général de Police,

pour

pour examiner & arrêter les comptes de tous ceux qui ont été chargés de l'achat, conduite & vente des Grains & Farines que le Roi a fait venir de l'Etranger & des Provinces du dedans du Royaume.

Du 21 Mai 1741.

* Arrest du Conseil, qui permet aux Armateurs pour les Isles & Colonies Françoises, de charger des Sels en Bretagne, ou dans les autres Ports où il est d'usage d'en tirer, pour être employés au Cap Verd, à la salaison des bestiaux & chairs destinés pour lesdites Isles, sans payer aucuns Droits, & ce pendant le tems que la permission accordée par l'Arrest du 27 Décembre 1740. d'aller charger des chairs salées au Cap Verd, pour les transporter aux Isles, aura lieu, en observant les formalités prescrites par ledit Arrêt.

Du 22 Mai 1741.

Arrest du Conseil, portant qu'à commencer du premier Janvier 1741. l'Inspecteur des Toiles de la Généralité de Lyon jouira de 400 livres d'augmentation d'Appointemens, pour, avec les 1800 livres dont il jouissoit auparavant, faire la somme de 2200 livres, laquelle somme de 2200 livres sera levée par augmentation au marc la livre de la Taille, sçavoir, 1800 livres sur l'Election de Villefranche, 200 livres sur celle de Lyon, & 200 livres sur celle de Roanne.

Du 23 Mai 1741.

Arrest du Conseil, qui évoque & renvoye pardevant le Sieur Colleau, Commissaire du Conseil à Reims, une saisie faite à la porte de la Conférence à Paris, de deux Chaises de poste remplies d'Indiennes, dans l'une desquelles il y avoit deux hommes, escortés par trois Cavaliers armés, dont l'un est le nommé Vaillant, dit la Croix, Chef d'une bande de Contrebandiers; ensemble les procédures qui peuvent avoir été faites à cette occasion, pour être par ledit Sr Colleau, en appellant avec lui le nombre d'Officiers ou Gradués requis par l'Ordonnance, le

Procès inftruit & jugé fouverainement & en dernier Reffort audit Vaillant, dit la Croix, & à fes complices, tant de ladite contrebande que du meurtre commis le 16 Janvier précédent dans le Village de Beauzé en Verdunois, aux perfonnes de deux Employés des Fermes, circonftances & dépendances, lui attribuant à cet effet toute Cour, Jurifdiction & connoiffance, icelle interdifant à toutes fes Cours & autres Juges.

Du 23 Mai 1741.

Arreft du Confeil, qui évoque & renvoye pardevant le Sieur Colleau, Commiffaire du Confeil à Reims, toutes les procédures faites par le Juge des Traittes Foraines de Sedan, à l'occafion du meurtre commis la nuit du 5 au 6 Juillet 1735. en la perfonne du nommé Alexandre Riviere, Employé des Fermes, par une bande de Contrebandiers armés, connue fous le nom de la Bande de la Grandville, circonftances & dépendances, pour être par lui, en appellant le nombre d'Officiers ou Gradués requis par l'Ordonnance, le procès inftruit, & jugé fouverainement & en dernier Reffort, au nommé Jean Sivet, arrêté avec du faux Tabac, & à fes complices, fauteurs, participes ou adhérans, tant dudit meurtre que de la contrebande dont il eft prévenu, & être le tout par lui jugé en dernier Reffort, lui attribuant à cet effet toute Cour, Jurifdiction & connoiffance, icelle interdifant à toutes fes Cours & autres Juges.

Du 30 Mai 1741.

Arreft du Confeil, qui accorde au fieur Louis la Bauche le privilége d'établir dans la Ville de Sedan une Manufacture, pour y faire fabriquer des Draps de toutes fortes, à l'exception des Draps fins de la premiere qualité, connus communément fous les noms de Draps de Paignon & de Rouffeau, fans être affujetti en aucune maniere aux charges de la Communauté des Maîtres Drapiers de ladite Ville, ni aux Vifites, tant fous la Hallé qu'autres, qui fe font par les Maîtres Jurés de ladite Communauté; exempte ledit Sr la Bauche des Droits attribués aufdits Jurés & à l'Auneur; lui enjoint feulement de fouffrir les feules

Visites de l'Inspecteur des Manufactures ; lui enjoint de garder en ses mains les Marques dont les Draps de sa Manufacture seront plombés ; l'exemte pareillement des contributions, & de toutes charges publiques de la Ville ; ordonne que la maison où il établira ladite Manufacture, & celle de sa teinture, seront exemtes de logemens de Gens de Guerres ; & son principal Contremaître, son Teinturier & son Foulon, de Guet, Garde, subvention, & autres charges publiques ; & défend à toutes personnes de troubler ledit sieur la Bauche dans l'exploitation de ladite Manufacture, à peine de 1000 livres d'amende, & de tous dépens, dommages & intérêts.

Du 30 Mai 1741.

Arrest du Conseil, qui deboute les sieurs Jacques & Joseph Massiac freres, Intéressés & Directeurs des Manufactures Royales des Draps destinés pour le Commerce du Levant, établies aux lieux de la Terrasse & d'Aubrires en Languedoc, de l'appel par eux interjetté d'une Ordonnance du Sieur Intendant de ladite Province, du 5 Décembre 1739. rendue entre eux & le sieur Jean Marcassus, Ecuyer, ancien Capitoul de Toulouse, Entrepreneur desdites Manufactures, par laquelle Ordonnance lesdits sieurs Massiac ont été condamnés en différentes amendes, pour plusieurs contravention & irrégularités par eux commises dans l'intérieur desdites Manufactures.

Du 30 Mai 1741.

Arrest du Conseil sur la Requête de Jacques Forceville, Adjudicataire des Fermes générales, tendante à la cassation d'un Arrest de la Cour des Aydes du 28 Avril précédent, par lequel, en infirmant une Sentence des Elus de Doullans, du 13 Octobre 1740. qui avoit prononcé la confiscation de six cens vingt-cinq livres de Tabac de fraude saisi sur les nommés Benoît Bresla, dit Vadebonccœur, Pierre Maurisset, dit Pierrot, & Antoine Picot, par Procès-verbal des Employés des Fermes de la Brigade à cheval établie au Village du Hem, du 20 Août de ladite année 1740. ladite Cour a non-seulement reçû

Appellans lefdits Fraudeurs, fans qu'ils euffent configné la fomme de 300 livres, à compte de l'amende de 1000 livres, à laquelle chacun avoit été condamné par ladite Sentence, mais encore a ordonné l'élargiffement de leurs perfonnes, fous prétexte qu'ils étoient domiciliés, quoiqu'ils euffent été arrêtés à plus de deux lieuës de leur domicile, fitué en Artois, & renvoyé les Parties en l'Election d'Amiens, pour procéder fur une infcription de faux contre le Procès-verbal, quoiqu'elle n'eût été formée que huit jours après l'affignation, au lieu qu'elle eût dû l'être le quatriéme jour : ordonne que ladite Requête fera communiquée aufdits Brefla & Mauriffet, feuls arrêtés lors de la capture, pour y fournir de réponfes dans les délais de l'Ordonnance ; finon, & à faute de ce faire, il fera par Sa Majefté fait droit, ainfi qu'il appartiendra, toutes chofes, jufqu'à ce, demeurant en état.

Du 30 Mai 1741.

Arreft du Confeil, qui permet aux fieurs de Boullemer & Fillemin de tirer annuellement 3000 voyes de Charbon de terre des Mines de Roche en Forêt, à condition de les faire conduire à Villeneuve Saint Georges, pour l'aprovifionnement de Paris, & de ne les vendre audit Villeneuve Saint Georges que fur le pied de 32 livres la voye, pefant deux mille trois à quatre cens livres ; & autorife lefdits fieurs Boullemer & Fillemin à faire l'ouverture defdites Mines de Roche par tout où befoin fera, pour en tirer lefdits Charbons, en indemnifant les Propriétaires des terrains de gré à gré, finon à dire d'Experts, qui feront convenus ou nommés d'office pardevant le Sieur Intendant de Lyon.

Du 31 Mai 1741.

Arreft du Confeil, qui permet au fieur Dronier du Villard, Confeiller au Parlement de Befançon, d'établir une Forge & un Fourneau, propres à fabriquer du fer, au lieu d'Efcombes, fitué fur le ruiffeau appellé la Ranillote, & les Bâtimens néceffaires pour l'exploitation defdits Forge & Fourneau, à la charge par ledit fieur Dronier, fuivant fes offres, de ne fe fervir pour leur ufage d'autre bois que de ceux qui lui appartiennent, à peine d'amende arbitraire, & de confiscation de ceux qui pourroient se trouver dans lesdits Forge & Fourneau provenans d'autre Bois.

Nota. Cet Arrest n'accorde aucun privilége ni exemption de Droits.

Du premier Juin 1741.

Arrest du Conseil, qui par grace, & sans tirer à conséquence, releve le nommé Doré & sa femme, Entrepreneur de la Manufacture de Fayance établie à Saint Amant, des défenses à eux faites par celui du 19 Juillet 1740. de continuer à faire fabriquer dans ladite Manufacture, ni ailleurs, aucunes sortes d'ouvrages de Fayance, pour avoir fait charger sur un chariot cinq caisses de prétendue Fayance, & qui n'étoit que des cercles de Fayance faits en bordures d'Assiettes, qui formoient des vuides remplis de Tabac de fraude, pourquoi ils ont été condamnés en 1000 livres d'amende par ledit Arrest de 1740. & leur permet de continuer à fabriquer ou faire fabriquer des Ouvrages de Fayance dans leurdite Manufacture, comme avant les défenses portées par ledit Arrest.

Du 6 Juin 1741.

Arrest du Conseil, qui ordonne que par le Sieur de Viarme, Intendant de la Province de Bretagne, il sera incessamment procédé à l'Adjudication au rabais & moins disant, en la maniere ordinaire, d'un Mur de clôture de douze pieds de hauteur à faire au Verger situé derriere la Manufacture du Tabac à Morlaix, à la place d'une haye qui y étoit, & ce pour plus grande sûreté de ladite Manufacture, conformément au Devis du Sieur Blondel, Architecte, du prix de laquelle Adjudication l'Adjudicataire sera payé sur les Ordonnances dudit Sieur Intendant par Jacques Forceville, Adjudicataire des Fermes générales unies, auquel il en sera tenu compte sur le prix de son Bail.

Du 6 Juin 1741.

* Arreſt du Conſeil, qui ordonne qu'à compter du jour de la publication d'icelui, & conformément à celui du 6 Septembre 1701. il ſera perçû 30 ſols ſur chaque baril de Charbon de terre du poids de 250 livres, poids de marc, venant d'Angleterre, d'Ecoſſe & d'Irlande, & entrant par Saint Vallery, Dunkerque, Boulogne, Calais, & autres Entrées de la Picardie & de la Flandre, & des Directions des Fermes d'Amiens & de Lille.

Du 7 Juin 1741.

* Arreſt du Conſeil, qui fait très-expreſſes inhibitions & défenſes à tous Particuliers, de quelque qualité & condition qu'ils ſoient, de faire ſortir hors du Royaume aucuns Beſtiaux de toute eſpèce, à peine de confiſcation, de 3000 livres d'amende, & autres peines portées par les Arreſts du Conſeil des 16 Juin 1711. 15 Mars 1712. 19 Janvier 1715. 30 Avril 1716. & 17 Juin 1717. à l'exception des Beſtiaux du Pays de Gex, dont la ſortie eſt permiſe par l'Arreſt du Conſeil du 4 Janvier 1718. des Bœufs & Vaches qui pourront paſſer de la Flandre Françoiſe dans les Châtellenies d'Ypres, Furnes & Furnembak, en payant les Droits du Tarif de 1671. conformément à l'Arreſt du 5 Septembre 1713.

Du 13 Juin 1741.

Arreſt du Conſeil, qui commet M. l'Intendant de la Généralité de Poitiers pour procéder à l'Ajudication au rabais & moins diſant, en la manière accoutumée, des Ouvrages & Réparations à faire à deux Maiſons ſervant de Bureaux des Fermes au Bourg de Moulines & à la Grande Motte, conformément aux Devis qui en ont été dreſſés par les nommés Morliere, Maître Charpentier, & le Bois, Maître Maçon, les 22 & 27 Mai précédens, du prix deſquels Ouvrages l'Entrepreneur ſera payé ſur les Ordonnances dudit Sieur Commiſſaire au fur & à meſure, ou après la reception d'iceux, par Jacques Forceville,

Adjudicataire des Fermes générales unies , auquel il en sera
tenu compte sur le prix de son Bail , en rapportant l'expédition ou copie collationnée dudit Arrest , les Devis estimatifs,
les Procès-verbaux d'adjudication & de reception desdits Ouvrages , les Ordonnances dudit Sieur Commissaire départi , &
les Quittances de l'Entrepreneur sur ce suffisans.

Du 13 Juin 1741.

Arrest du Conseil , qui en casse un de la Cour des Aydes de
Bordeaux , du 12 Mai 1739. pour avoir condamné le sieur
Avimenay , Employé des Fermes dans ladite Ville , aux Galeres à perpétuité , & aux dépens , sous prétexte qu'il avoit tiré
un coup de fusil lors d'une rebellion faite par les Ecoliers de
ladite Ville de Bordeaux le 27 Avril 1739. à la Porte des Sa-
linieres , dans laquelle quelques-uns des Rebeles ont été tués,
& plusieurs Employés blessés ; renvoye le Procès criminel jugé
par ledit Arrest du 12 Mai 1739. aux Requêtes de l'Hôtel ,
pour au Rapport du Sieur Maboul , Maître des Requêres , &
à la poursuite du Procureur Général ausdites Requêtes de
l'Hôtel , être par eux statué sur les appels de la Sentence du
Juge des Traittes de Bordeaux , du 9 Mai 1739. qui avoit prononcé la peine de mort contre ledit Avimenay , comme aussi
sur la validité des procédures criminelles sur lesquelles ladite
Sentence a été rendue , & sur ledit Procès criminel , circonstances & dépendances , ainsi qu'il appartiendra , leur attribuant
toute Cour , Jurisdiction & connoissance , & icelle interdisant
à toutes ses Cours & autres Juges : ordonne que les charges
& informations , & toutes les procédures envoyées au Greffe
du Conseil , en exécution de l'Arrest du 27 Octobre 1739. seront remises au Greffe des Requêtes de l'Hôtel ; à ce faire sera
le Greffier contraint , quoi faisant , déchargé.

Du 15 Juin 1741.

* Ordonnance de M. le Lieutenant Général de Police , qui
fait défenses tant aux Tondeurs des Gobelins ; qu'à tous autres
de la Ville & Fauxbourgs de Paris , sous peine d'amende &c.

d'interdiction de Maîtrise, d'humecter d'huile, ni d'aucune sorte de graisse, les piéces de Drap qui leur seront confiées pour les apprêter.

Du 17 Juin 1741.

* Jugement en dernier Ressort, rendu en la Ville de Troyes par Mrs. de Farcy, Vantroux, Boutet, de Montault, Boucher, Richelet, Vernay, Fosseyeux, Pitoin & de Villiers, Conseillers du Roi aux Châtelet & Siége Présidial de Paris, Commissaires du Conseil en cette partie, qui condamne les auteurs des voyes de fait & violences exercées le 9 Mars 1740. envers les Employés des Fermes de la Brigade ambulante de Troyes, étant en fonction de leurs Commissions dans les Villages de Cocloix & d'Avant, les uns aux Galeres, & les autres au Bannissement, & chacun en 500 livres d'amende, & autant de dommages intérêts.

Du 20 Juin 1741.

* Lettres Patentes du Roi & Réglement pour les longueurs, largeurs, apprêts & marques des Serges, Droguets, Baracans, Callemandes, & autres Etoffes qui se fabriquent en Picardie, à l'exception de la Ville d'Amiens, Registrées au Parlement le 7 Juillet 1741. contenant 86 Articles, dont le 50e. porte que les Fabriquans mettront sur le Métier avec un fil de lin, de chanvre ou de coton, au chef & à la queuë de chaque piéce des différentes sortes d'Etoffes qu'ils fabriqueront, la premiere lettre de leur nom, leur surnom, & le nom du lieu de leur demeure en entier & sans abreviation, & ajoûteront aussi à la tête & à la queuë de chaque piéce des Baracans blancs destinés à être teints, compris dans les articles 13. 14. & 15. deux petits entrebats de fil d'Epinay, à la distance d'un pouce l'un de l'autre, dans le milieu desquels sera tissu sur le Métier, en fil de lin, de chanvre ou de coton, le mot superfin pour les Baracans superfins, celui de fin pour les Baracans fins, & le mot commun pour les Baracans communs, le tout à peine de confiscation desdites Etoffes, & de 20 livres d'amende pour chaque piéce. L'art. 51 défend aux Fabriquans de mettre le nom d'un autre sur les Etoffes qu'ils fabriqueront,

ni

ni le mot *superfin* sur les Baracans fins ou communs, ni le mot
fin sur les Baracans communs, à peine de confiscation & de
300 livres d'amende, de déchéance de la Maîtrise, & d'interdiction de Commerce pour toujours. L'art 54. porte que toutes
les Etoffes comprises audit Réglement seront marquées au Bureau de Fabrique par les Gardes Jurés desdites Fabriques, après
avoir été visitées & trouvées conformes audit Réglement, du
Plomb du Bureau à chaque bout de la piéce, avec défenses
ausdits Fabriquans de faire appliquer sur leurs Etoffes d'autre
Plomb que celui du Bureau dont ils dépendent, le tout à peine
de confiscation, & de 20 livres d'amende pour chaque piéce
desdites Etoffes. L'art. 60. défend aux Fabriquans d'exposer
en vente, & à tous Marchands d'acheter aucunes, desdites
Etoffes, si elles n'ont à la tête & à la queuë les Marques & le
Plomb de Fabrique ordonnés par les articles 50. & 54. à peine
de 20 livres d'amende pour chaque piéce & pour chaque contravention. L'art. 67. permet aux Greffiers des Jurisdictions des
Manufactures de tenir un Registre en papier non timbré, pour
y transcrire les noms des Fabriquans & Ouvriers, ausquels il
sera délivré, par lesdits Greffiers, des Certificats aussi en papier
non timbré, contenant leurs noms, surnoms & demeures, lesquels Certificats seront visés par les Gardes-Jurés, à peine de
10 livres d'amende contre chaque Contrevenant. L'art. 68. défend à tous Marchands d'avoir dans leurs Maisons, Magasins
ou Boutiques, ni de vendre aucunes Etoffes comprises audit
Réglement, sans qu'elles ayent à la tête & à la queuë les Marques ordonnées ci-dessus, & les Plombs de Fabrique & de
Controlle, à peine de confiscation & de 20 livres d'amende
pour chaque contravention. L'art. 70. porte que dans chaque
Bureau de Fabrique & de Controlle, il y sera tenu par les Gardes-Jurés un Registre en papier non timbré, pour y enregistrer
les piéces d'Etoffes qui y seront visitées; & l'art. 83. ordonne
que dans les amendes, dont l'application n'est pas faite par les
art. dudit Réglement, il en appartiendra un tiers au Roi, un
tiers au profit des Gardes-Jurés, & l'autre tiers au profit des
Pauvres. *Nota.* Par les autres articles, la moitié des amendes
est adjugée au Roi.

Du 26 Juin 1741.

Arrest du Conseil, qui commet le sieur Vaucanson, Machiniste, pour travailler à faciliter & perfectionner les Fabriques ou Manufactures du Royaume, tant de Draps d'Argansins & Etoffes de soyes, qu'autres de quelque espèce qu'elles soient; ordonne qu'il remettra au Sieur Controlleur Général des Finances, & au Bureau du Commerce, des Mémoires contenant les moyens dont il entend se servir pour y parvenir; ordonne en outre, qu'à compter du premier Juillet 1741. il lui sera payé annuellement, par l'Adjudicataire des Fermes générales, la somme de 6000 livres à titre d'honoraires, en quatre payemens égaux, de quartier en quartier, & qu'il sera remboursé de ses frais de voyages par l'Adjudicataire desdites Fermes sur les Etats qu'il en donnera, approuvés dudit Sieur Controlleur Général des Finances, auquel Adjudicataire il en sera tenu compte sur le prix de son Bail.

Du 27 Juin 1741.

Arrest du Conseil, qui casse & annulle une Sentence des Officiers de l'Election de Reims, du 22 Décembre 1740. pour avoir renvoyé absous le nommé Pierre Couet, Cabaretier, & sa femme, du Village de Tramerey, chez qui il s'est trouvé huit carottes de faux Tabac, avec poids, balances, & condamné Jacques Forceville, Adjudicataire des Fermes générales unies, aux dépens; confisque le faux Tabac, poids & balances, au profit dudit Forceville, & condamne ledit Couet & sa femme solidairement en mille livres, & aux dépens.

Du 27 Juin 1741.

Arrest du Conseil, qui commet le Sieur Levet, Commissaire du Conseil à Valence, pour instruire & juger souverainement & en dernier Ressort, en appellant avec lui le nombre d'Officiers ou Gradués requis par l'Ordonnance, le Procès aux nommés Jean-Baptiste Bozonet, surnommé Mildieu,

& Pierre Rolland, Cabaretier à Saint Pierre de Beſſieux en Dauphiné, tant pour avoir par eux introduit, par le trou de l'évier, du Tabac de contrebande dans la maiſon d'un Habitant dudit lieu, qu'à l'occaſion de la contrebande dont ils ſont accuſés ; enſemble à leurs complices, fauteurs, participes ou adhérans deſdits faits, circonſtances & dépendances ; évoque & renvoye pardevant ledit Sieur Levet les procédures qui pourroient avoir été commencées pour raiſon de ce en quelque Juriſdiction que ce ſoit, circonſtances & dépendances, pour être le tout par lui jugé en dernier Reſſort, lui attribuant à cet effet toute Cour, Juriſdiction & connoiſſance, icelle interdiſant à toutes ſes Cours & autres Juges : permet audit Sieur Levet de ſubdéléguer pour l'inſtruction & pour rendre les Jugemens à l'extraordinaire, & de commettre pour faire les fonctions de Procureur du Roi en ladite Commiſſion, tels Officiers ou Gradués qu'il voudra choiſir ; lui permet pareillement, & aux Subdélégués qu'il pourra commettre, de rendre ſeuls tous les Jugemens d'inſtruction & à l'extraordinaire qu'il conviendra : ordonne en outre que les minutes des charges, informations & autres procédures, ſi aucunes ont été faites à cette occaſion, en quelque Juriſdiction que ce puiſſe être, ſeront inceſſamment remiſes au Greffe de ladite Commiſſion, à ce faire tous Greffiers contraints.

Du 27 Juin 1741.

Arreſt du Conſeil, qui ordonne que par le Garde du Tréſor Royal en exercice, Jacques Forceville, Adjudicataire des Fermes générales, ſera rembourſé de la ſomme de 2,7736 liv. 18 ſols 8 deniers, à quoi montent les payemens faits des deniers de la deuxiéme année de ſon Bail, pour ſupplément des Rentes des Paroiſſes de Paris, Verſailles, Marly & Saint Germain en Laye ; Indemnités des réductions faites des nouvelles Rentes deſdites Paroiſſes de Paris ſur les Aydes & Gabelles, & ſur les Tailles ; Remédes fournis par le ſieur Helvetius, & envois d'iceux dans les Provinces ; Ouvrages & réparations à l'Entrepôt des Sels à Pezenas, à celui du Parc, ſur la route de Geneve, Bureau des Traittes à Amiens, Corps de Garde au Poſte du Brault, Bureau à la Barriére de la Voyerie à Paris,

K ij

& Dépôts des Sels à Rouen, Droits accordés à la Ville de Lyon fur les Etoffes étrangeres, Péages fur les Sels deſtinés pour la Savoye, Gratification ou Augmentation des Salaires à la Communauté des Meſureurs au Grenier à Sel de Paris, Rentes fur les Dépôts des Sels à Rouen, Confection des Etats du Roi des petites Gabelles & autres, Marque des Etoffes étrangeres, & généralement toutes les Dépenſes mentionnées audit Arrêt ; à l'effet de quoi il ſera expédié audit Forceville une Ordonnance de comptant de ladite ſomme de 257736 livres 18 ſols 8 deniers fur le Garde du Tréſor Royal en exercice, lequel donnera en payement audit Forceville ſa Quittance comptable de ladite ſomme, ſur & en déduction du prix de la deuxiéme année de ſon Bail.

Du 11 *Juillet* 1741.

Arreſt du Conſeil, qui ordonne l'exécution de celui du 9 Janvier 1717. caſſe & annulle les Commandemens faits par Joſeph Creſpin, Huiſſier de la Cour des Aydes, à cinq des Cautions de Jacques Forceville, Adjudicataire des Fermes générales unies, pour le payement d'une ſomme de 1500 livres de dommages intérêts adjugés à pluſieurs Particuliers prévenus de fraudes, par Arreſt de ladite Cour, pour n'avoir pas remis & laiſſé au Receveur Général des Fermes, pendant huit jours, ledit Arreſt & les Commandemens, à l'effet d'être communiqués aux Cautions dudit Forceville, conformément audit Arreſt du 9 Janvier 1717. ordonne que ladite ſomme ſera reſtituée, à ce faire ledit Creſpin contraint par corps, l'interdit des fonctions de ſon Office d'Huiſſier, & le condamne en 3000 livres d'amende au profit dudit Forceville.

Du 11 *Juillet* 1741.

Arreſt du Conſeil, qui ordonne l'impoſition ſur les Habitans taillables de la Généralité d'Auch, pendant l'année 1742. d'une ſomme de 8055 livres 4 ſols 10 deniers, à laquelle monte la dépenſe faite & à faire pour l'établiſſement d'une Pepiniere de Mûriers, afin de faciliter les moyens d'élever des Vers à ſoye,

& mettre les Habitans de ladite Généralité à portée de s'occu-
per du Commerce de Soyerie.

Du 11 Juillet 1741.

Arrest du Conseil, qui commet le Sieur Intendant de la Généralité de Rouen, pour instruire & juger souverainement &
en dernier Ressort, en appellant avec lui le nombre d'Officiers
ou Gradués requis par l'Ordonnance, une Instance évoquée
du Siége de l'Amirauté du Havre par autre Arrest du 5 Décembre 1740. ensemble pour instruire & juger le Procès aux
nommés de Bray, Capitaine du Navire la Providence, qui
s'étoit obligé d'aller charger des Indiennes & du Tabac à Ro-
terdam pour les conduire au Havre ; Blacher, pour lequel
étoient destinées lesdites Marchandises ; Tesset, Pilote dudit
Navire, & Lemozin, Correspondant dudit Blacher.

Du 18 Juillet 1741.

Arrest du Conseil, qui deboute le nommé Duclos, Marchand, du lieu de Mirande, de l'appel par lui interjetté de deux
Ordonnances du Sieur de Serilly, Intendant en la Généralité
d'Auch, des 29 Décembre 1740. & 4 Janvier 1741. qui ont
prononcé au profit de Jacques Forceville, Adjudicataire des
Fermes générales unies, la confiscation de cent trente-sept
Porcs, saisis par les Employés des Fermes au lieu d'Avons,
dans la Valée d'Aspe, le 24 Décembre 1740. & condamne
en outre ledit Duclos en l'amende de 3000 livres, & ordonne
l'exécution desdites Ordonnances.

Du 18 Juillet 1741.

Arrest du Conseil sur la Requête de Jacques Forceville,
Adjudicataire des Fermes unies & du Tabac, tendante à la
cassation d'un Arrest de la Cour des Aydes du 17 Juin précédent, pour avoir renvoyé absous, & prononcé 300 livres de
dommages intérêts contre ledit Forceville, en faveur des nommés Jean Delastre, André Buxeon, Antoine Mathieu, dit

Campion, François Pierre, dit la Pierre, & Noël Dupleſſis Contrebandiers en Tabac, de la Province d'Artois, convaincus de rebellion & mauvais traitemens exercés contre les Employés des Fermes de la Brigade de la Recouſſe, qui avoient été condamnés en la peine de mort par Jugement des Officiers de la Juriſdiction des Fermes à Heſdin, du 4 Février de ladite année, pour ladite rebellion & excès par eux commis envers leſdits Employés; ordonne que ladite Requête ſera communiquée auſdits Contrebandiers, pour y fournir de réponſes dans les délais de l'Ordonnance, toutes choſes demeurant en état, & que les charges, informations & procédures ſur leſquelles eſt intervenuë ladite Sentence de la Juriſdictiondes Fermes à Heſdin ledit jour 4 Février 1741. ſeront envoyées à M. le Controlleur Général des Finances, à ce faire tous Greffiers contraints.

Des 8 Septembre 1739. 10 Mai & 17 Décembre 1740. 27 Juillet 1741. & 13 Avril 1743.

CAYER DE PIE'CES.

Concernant les Enclaves de Picardie, Artois, Boulonnois, &c.

Sçavoir,

Arreſt du Conſeil du 8 Septembre 1739. qui renvoye pardevant Meſſieurs les Commiſſaires du Conſeil pour les Affaires des Gabelles, cinq groſſes Fermes, Tailles, & autres affaires de Finance, une Inſtance pendante entre les Fermiers Généraux des Fermes unies de France, & les Sous-Fermiers des Aydes de la Généralité d'Amiens, d'une part, & les Etats de la Province d'Artois, d'autre part, & les Seigneurs & Habitans des Paroiſſes de Verton, Brimeux, Merlimont, Groſſlier, Saint Aubin, Berck, Waban, Wailly, l'Epinoy, la Cenſe de Beaucamp, Noyelle, & autres Paroiſſes enclaves de Picardie en Artois, & d'Artois en Picardie, pour raiſon des priviléges & prétentions reſpectives des Parties.

Autre du 10 Mai 1740. qui renvoye pardevant Meſſieurs

Fagon, Dormeſſon, de Gaumont, de Baudry, le Pelletier de
la Houſſaye, Trudaine & Orry de Fulvy, pour au Rapport de
M. Choppin d'Arnouville, Maître des Requêtes, être ſtatué
définitivement ſur l'Inſtance énoncée dans l'Arreſt du 8 Septembre 1739. dont l'extrait eſt ci-deſſus.

Ordonnance de Meſſieurs les Commiſſaires du Conſeil, du
17 Décembre 1740. pour l'enregiſtrement au Bureau de la
Commiſſion de l'Arreſt du Conſeil du 10 Mai précédent.

Jugement de Meſſieurs les Commiſſaires du Conſeil, du 27
Juillet 1741. qui régle & déſigne les Paroiſſes qui doivent faire
partie des Provinces de Picardie & d'Artois.

Arreſt du Conſeil & Lettres Patentes du 13 Avril 1743. qui
réforment quelques diſpoſitions du Jugement énoncé ci-deſſus,
régle & déſigne définitivement les Paroiſſes enclavées en Picardie & Artois, qui feront à l'avenir partie de chacune de ces
deux Provinces.

Août 1741. ☙

* Lettres Patentes du Roi, portant confirmation, & en tant
que beſoin nouvelle érection de la Terre de Mauregard en
Marquiſat, en faveur du Sieur Euſtache-François le Couſturier,
Préſident en la cinquiéme Chambre des Enquêtes du Parlement
de Paris, Préſident au Grand Conſeil, & Maître des Requêtes,
& de ſes enfans & deſcendans mâles nés & à naître en légitime mariage, avec confirmation de deux Foires & d'un Marché
établis dans le lieu du Meſnil-Madame-Rance, dépendant dudit Marquiſat, pour être leſdites deux Foires tenues deux fois
l'année & deux jours de ſuite, ſçavoir l'une le 5 Juillet, &
l'autre le 10 Septembre, & le Marché le Mardi de chaque ſe-
maine, avec les mêmes droits, avantages, libertés, franchiſes
& priviléges accordés pour les autres lieux d'établiſſement de
Foires & Marchés.

Du premier Août 1741.

Arreſt du Conſeil, qui permet au Sieur Bertrand-Baptiſte-René du Gueſclin, Aumonier du Roi, & Abbé de l'Abbaye de Notre-Dame de Cheuley en Franche-Comté, de faire paſſer annuellement en Lorraine ſix cens milliers de Fontes du Fourneau appellé de Bley, dépendant de ſon Abbaye, en exemption des Droits de Sortie portés par l'Ordonnance de 1680. & autres Réglemens, & notamment de ceux fixés par l'Arreſt du Conſeil du 2 Avril 1701.

Du premier Août 1741.

Arreſt du Conſeil, qui par grace, & ſans tirer à conſéquence, fait mainlevée au nommé François Durand, Marchand à la Rochelle, de l'interdiction de tout Commerce, prononcée contre lui par Ordonnance de M. Barentin, Intendant & Commiſſaire départi en la Généralité de la Rochelle, du 28 Juillet 1739. pour raiſon d'une ſaiſie faite chez lui de trois piéces de groſſe Flanelle ou Molton, Fabrique d'Angleterre, compoſant enſemble 296 aunes un quart, trois piéces de Calmande, même Fabrique, contenant 93 aunes un quart, & 8 aunes de Toile peinte, dont la confiſcation a été prononcée par la même Ordonnance, avec 3000 livres d'amende.

Du premier Août 1741.

Arreſt du Conſeil, qui commet le Sieur Colleau, Commiſſaire du Conſeil à Reims, pour inſtruire & juger ſouverainement & en dernier Reſſort, en appellant avec lui le nombre d'Officiers ou Gradués requis par l'Ordonnance, le Procès aux nommés Jean-Eſprit Barillon & Jacques Gaſſelin, Employés des Fermes de la Brigade de Blainville, aux domiciles deſquels il a été ſaiſi, par les Employés des Fermes de Coutance, ſçavoir, chez ledit Barillon 17 livres 8 onces de faux Tabac, & deux piéces d'Indiennes, contenant 29 aunes, & chez ledit Gaſſelin 60 livres de faux Tabac, qu'ils ont déclaré leur avoir

été

été donnés par le nommé Chevalier leur Capitaine, pour leur part d'une saisie par eux faite en ladite Paroisse de Blainville le 28 Mai 1741. lesquels deux Employés ont été constitués dans les Prisons de Coûtances, ainsi qu'il résulte du Procès-verbal de saisie & de capture du 9 Juin 1741. circonstances & dépendances; évoque & renvoye pardevant ledit Sieur Colleau toutes les procédures qui pourroient avoir été commencées, pour raison de ce, en quelque Jurisdiction que ce soit, pour être le tout par lui jugé en dernier Ressort, lui attribuant à cet effet toute Cour, Jurisdiction & connoissance, icelle interdisant à toutes ses Cours & autres Juges.

Du premier Août 1741.

Arrest du Conseil, qui accorde au Sieur de Buffon, de l'Académie des Sciences, & Intendant du Jardin des Plantes, le Privilége exclusif de faire exploiter pendant vingt année une Carriere de Marbre par lui découverte près la Ville de Montbard, au Duché de Bourgogne, à condition par lui, suivant ses offres, de ne pouvoir vendre les piéces de Marbre en bloc, qu'il fera tirer de ladite Carriére, plus de six livres le pied cube, avec défenses de le troubler dans ledit Privilége, à peine de confiscation, & de tous dépens, dommages & intérêts.

Du premier Août 1741.

Arrest du Conseil, qui commet le Sieur Intendant du Duché de Bourgogne pour juger, sauf l'appel au Conseil, tant les contestations entre le Sieur de Buffon, de l'Académie des Sciences, & Intendant du Jardin Royal des Plantes, Propriétaire du Privilége à lui accordé par Arrest du même jour, pour l'ouverture d'une Carriére de Marbre par lui découverte près Montbart, & les Propriétaires des terreins où est située ladite Carriére, que toutes celles qui pourront naître pour l'exploitation d'icelle, circonstances & dépendances.

Du premier Août 1741.

Arreſt du Conſeil, qui commet le Sieur Courdurier, Lieu-tenant de la Maréchauſſée à Toulouſe, pour, conjointement avec les Officiers du Préſidial de ladite Ville, & au nombre requis par l'Ordonnance, inſtruire & juger ſouverainement & en dernier Reſſort, pendant l'eſpace de trois années, le Pro-cès aux Coupables des déſordres, meurtres & aſſaſſinats com-mis, & de ceux qui pourront ſe commettre pendant ledit tems dans les lieux de Melos en Languedoc, & de Fos, ſitué dans le Département d'Auch.

Du premier Août 1741.

Arreſt du Conſeil, qui commet M. Chauvelin, Intendant & Commiſſaire départi en la Généralité d'Amiens, pour pro-céder à l'Adjudication, au rabais & moins diſant, des Ouvra-ges & Réparations à faire à la Maiſon ſervant de Bureau des Fermes à Peronne, conformément au Devis qui en a été dreſſé le 28 Mars 1741. par les nommés Sirſigourdin & Fogunpré, Maçon & Couvreur audit Peronne, montant à la ſomme de 1019. l. du prix deſquels Ouvrages & Réparations les Entrepre-neurs ſeront payés ſur les Ordonnances dudit Sieur Commiſ-ſaire départi au fur & à meſure, ou après la réception d'iceux, par Jacques Forceville, Adjudicataire des Fermes générales unies, auquel il en ſera tenu compte ſur le prix de ſon Bail, en rapportant l'expédition ou copie collationnée dudit Arreſt, le Devis eſtimatif, les Procès-verbaux d'adjudication & de ré-ception deſdits Ouvrages, les Ordonnances dudit Sieur Com-miſſaire départi, avec les Quittances des Entrepreneurs ſur ce ſuffiſant ; & qu'il ſera pareillement tenu compte audit Adjudi-cataire, ſur le prix de ſon Bail, de la ſomme de 491 liv. pour le montant des réparations faites à ladite Maiſon l'année pré-cédente, de l'ordre dudit Sieur Commiſſaire, en rapportant pareillement l'expédition ou copie collationnée dudit Arreſt, l'Ordonnance dudit Sieur Intendant, le Procès-verbal de ré-ception des Réparations, & les Quittances des Ouvriers ſur ce ſuffiſans.

Du 8 Août 1741.

Arrest du Conseil sur la Requête de Jacques Forceville, Adjudicataire général des Fermes, tendante à la cassation de deux Arrests de la Cour des Aydes de Bordeaux, des 25 Juin & 25 Juillet 1740. pour avoir, par le premier, reçû l'appel, après le délai prescrit par l'Ordonnance, d'une Sentence inter-locutoire du Juge des Traittes de ladite Ville, du 8 Juillet 1739. par laquelle il avoit été ordonné qu'il seroit fait preuve de la vente prétendue faite à la veuve Wolt, Marchande à Bordeaux, pendant le tems de la derniere Foire tenue en ladite Ville, de cent quarante-une balles de Papiers saisis au mois d'Octobre 1738. sur le nommé Lavergne, faute de déclaration & de payement des Droits ; & par le second, accordé main-levée desdites balles de Papier, & condamné le Fermier aux dépens, & en 3000 livres de dommages intérêts, sous prétexte que ladite vente avoit été faite en tems de Foire, dont ladite Cour n'a pas voulu admettre la preuve du contrai-re, demandée par le Fermier ; ordonne que ladite Requête sera communiquée à ladite veuve Wolt & autres Parties inté-ressées, pour y fournir de réponses dans les délais de l'Ordon-nance, sinon sera par Sa Majesté fait droit ainsi qu'il appartien-dra, toutes choses jusqu'à ce demeurant en état.

Du 8 Août 1741.

Arrest du Conseil, qui commet le Sieur de Saint Contest, Intendant & Commissaire départi dans la Province de Bour-gogne, pour au lieu & place du feu Sr de la Briffe, ci-devant Intendant de ladite Province, procéder, suivant les derniers erremens, à l'exécution de l'Arrest du Conseil du 17 Mars 1739. & à l'instruction & Jugement des Procès contre ceux qui ont été & seront accusés d'avoir volé, soustrait, vendu ou recelé des Laines, piéces & coupons d'Etoffes dans la Manu-facture Royale de Seignelay, Magasins, Ouvroirs, Cours & Jardins d'icelle, & contre leurs complices, lui attribuant à cet effet toute Cour, Jurisdiction & connoissance, icelle interdifant à toutes fes Cours & autres Juges, & ce pendant le refte des cinq années portées par ledit Arreft du 17 Mars 1739.

Du 8 Août 1741.

Arreft du Confeil fur la Requête de Nicolas Desboves, ci-devant Adjudicataire des Fermes, tendante à la caffation de deux Arrefts de la Cour des Aydes, des 16 Avril 1738. & premier Août 1741. pour avoir, par le premier, renvoyé devant les Juges de Dijon une faifie faite le 27 Août 1737. de trente-quatre Bœufs trouvés dans une Prairie de la Paroiffe de Neuvy, frontiére de Champagne, à un quart de lieuë de Brevanne en Lorraine, faute par le Propriétaire d'avoir pris un Acquit à caution, & ce dans la vûë de faire paffer lefdits Bœufs en Lorraine en fraude des Droits de Sortie, lefquels ont été réclamés par le nommé Monginot, Habitant dudit lieu de Brevanne ; & par le fecond defdits Arrefts, mis les Officiers de la Jurifdiction des Traittes de Chaumont, devant qui le Fermier s'étoit pourvû, hors de Cour & de Procès, fur l'opppofition par eux formée au premier, en ce qu'il les dépoüille de la connoiffance de cette faifie, quoiqu'ils foient dans une poffeffion immémoriale de connoître des conteftations qui regardent les Droits du Roi, dans l'endroit où la faifie en queftion a été faite ; ordonne que ladite Requête fera communiquée audit Monginot, pour y fournir de réponfes dans les délais de l'Ordonnance, finon fera par Sa Majefté fait droit ainfi qu'il appartiendra, toutes chofes jufqu'à ce demeurant en état.

Du 8 Août 1741.

Arreft du Confeil fur la Requête de Jacques Forceville, Adjudicataire général des Fermes unies & du Tabac, tendante à la caffation d'un Arreft de la Cour des Aydes du 10 Juin 1741. par lequel ladite Cour, après avoir reçû fix Particuliers, Habitans du Boulonnois, Appellans de la procédure qui s'inftruifoit contre eux par les Juges des Fermes à Hefdin, au fujet d'une faifie faite fur eux de 328 livres 8 onces de Tabac, par les Cavaliers de la Brigade des Fermes à Hefdin, & que ces

Particuliers venoient d'acheter d'Artois, & qu'ils conduisoient dans le Boulonnois pour l'y vendre en fraude, a infirmé la procédure commencée à Hesdin, évoqué le principal, & y faisant droit, a déchargé lesdits Particuliers de l'accusation de fraude & de rebellion par eux commises, fait mainlevée des Tabacs saisis, élargi des Prisons ceux desdits fraudeurs qui y avoient été constitués, donné mainlevée de l'amende par eux consignée pour être reçûs à s'inscrire en faux contre le Procès-verbal de leur capture, dont ils avoient été deboutés par les premiers Juges, & condamné le Fermier en 100 livres de dommages intérêts en faveur de chacun de trois des fraudeurs qui avoient été emprisonnés, & en tous les dépens; ordonne que ladite Requête de Forceville sera communiquée aux nommés Hennequin, Pocherolle, le Clerc pere & fils, & Consors desdits fraudeurs, pour y fournir de réponses dans les délais de l'Ordonnance, sinon sera fait droit ainsi qu'il appartiendra, toutes choses jusqu'à ce demeurant en état, & que les charges, informations, & autres procédures faites devant les Juges des Fermes à Hesdin, seront envoyées au Sieur Controlleur Général des Finances, à ce faire tous Greffiers & Dépositaires contraints, quoi faisant, ils en demeureront bien & valablement déchargés.

Du 8 Août 1741.

Arrest du Conseil sur la Requête de Jacques Forceville, Adjudicataire général des Fermes unies & du Tabac, tendante à la cassation d'un Arrest de la Cour des Aydes, du 14 Juillet précédent, pour avoir condamné le Fermier à rendre une amende de 300 livres, consignée par le nommé Desmarquais, pour être reçû Appellant d'une Sentence de la Jurisdiction des Fermes établie à Bapeaume, du 18 Avril 1741. par laquelle ledit Desmarquais, Domestique du nommé Berthe, prétendu Pourvoyeur du Village de Comble en Artois, a été condamné en la confiscation d'une voiture de Tabac, qu'il conduisoit dans les trois lieuës de l'Artois limitrophes à la Picardie, sans aucun Certificat d'où provenoit le Tabac, & en 1500 livres d'amende; ordonne que ladite Requête sera communiquée ausdits Desmarquais & Berthe, pour y fournir de réponses dans les délais de l'Ordonnance, sinon qu'il sera fait droit ainsi qu'il appartiendra, toutes choses jusqu'à ce demeurant en état.

Du 8 Août 1741.

Arrest du Conseil, qui évoque l'appel interjetté en la Cour des Aydes de Paris par les nommés Louis-François le Turc & Jean-Baptiste Canelle fils, prétendus Pourvoyeurs de Tabac pour les Paroisses de Martinpuis & Beaulancourt en Artois, d'une Sentence de la Jurisdiction des Fermes de Bapeaume, du 20 Mai précédent, par laquelle ils ont été condamnés solidairement chacun en 1500 livres d'amende, outre la confiscation de 370 livres de faux Tabac & de deux Chevaux sur eux saisis par les Employés des Fermes de la Brigade de Bécordel, dans les trois lieuës de la Provinces d'Artois limitrophes à celle de Picardie; ordonne que les Parties remettront leurs Requêtes & Piéces entre les mains de M. le Controlleur Général, pour sur son Rapport, leur être par Sa Majesté fait droit sur ledit appel, circonstances & dépendances, ainsi qu'il appartiendra : leur fait défenses de procéder ailleurs qu'au Conseil, à peine de nullité, cassation de procédures & Jugemens, 3000 livres d'amende, & de tous dépens, dommages & intérêts.

Du 9 Août 1741.

Arrest du Conseil, qui fait défenses à tous Habitans de la Généralité de Caën, de vendre aucuns Cidres & Poirés, même les fruits destinés à en faire, & à toutes personnes d'en acheter pour être transportés hors la Province de Normandie, à peine de confiscation, & de mille livres d'amende.

Du 11 Août 1741.

* Sentence de Police, qui condamne le nommé Lamoureux, Meunier à Petivaux, en mille livres d'amende, pour avoir fait commerce de Bled, nonobstant les défenses faites aux Meuniers par les Déclarations du Roi, Arrests du Parlement, & notamment par les Réglemens de Police des 28 Février 1728, & 28 Juin 1735.

Du 15 Août 1741.

" Arrest du Conseil, qui ordonne que conformément à celui
du 6 Septembre 1701. il sera perçû 30 sols sur chaque barril
de Charbon de terre du poids de 250 livres, poids de Marc,
venant d'Angleterre, d'Écosse & d'Irlande, & entrant par les
différens Ports de Normandie.

Du 15 Août 1741.

Arrest du Conseil, qui approuve le payement fait par Nicolas
Desboves, Adjudicataire des Fermes générales, au sieur Merou, ci-devant Entrepreneur de la Manufacture de Serges,
Couvertures & autres Etoffes, Fabrique d'Angleterre, établie
à Boufflers, de la somme de 2000 livres, pour la Gratification
à lui accordée pendant l'année entiere 1737. au moyen de
quoi la suppression de ladite Gratification, ordonnée par l'Arrêt du 4 Juin 1741. n'aura lieu que du premier Janvier 1738.
ordonne que ledit Desboves payera au Garde du Trésor Royal
les 1500 livres qu'il étoit tenu de payer audit Merou pendant
les neuf premiers mois de l'année 1738. qui restoient à expirer
de son Bail, dont il lui sera expédié une quittance comptable
par ledit Garde du Trésor Royal à sa décharge, laquelle lui
sera passée & allouée sans difficulté dans la dépense des ses Etats
au vrai & compte de ladite année 1738.

Du 20 Août 1741.

Arrest du Conseil, par lequel le Roi, sans avoir égard à deux
Arrests du Parlement de Metz, des 27 Juin & 22 Août 1740.
ordonne par provision que le Bureau établi au Ban de Suzemont par le Fermier général de Lorraine & Barrois y restera,
& que les Droits & Impositions continueront d'y être perçûs
& payés en la maniere accoutumée au Roi de Pologne,
Duc de Lorraine & de Bar, & que généralement tout ce
qui peut concerner ledit Ban de Suzemont sera remis & demeurera en l'état où il étoit avant les Arrests du Parlement de

Metz & de la Chambre des Comptes de Lorraine, des 27 Juin,
13 & 22 Août 1740. évoque la contestation formée par le Procureur Général du Parlement de Metz, au sujet de la Souve-
raineté du Roi sur ledit Ban de Suzemont, & ordonne que
ledit Sieur Procureur Général remettra ès mains de M. le Controlleur Général des Finances, les Mémoires, Titres & Papiers sur lesquels il pourra établir des prétentions de Souve-
raineté sur ledit Ban de Suzemont, pour être sur iceux statué
par Sa Majesté ce qu'il appartiendra.

Du 21 Août 1741.

Arrest du Parlement de Bretagne, qui fixe à cinq années la
peine des Galeres qui doit être prononcée contre les faux Ta-
batiers qui sont dans le cas d'encourir cette peine.

Nota. Cet Arrest a été rendu à l'occasion de la diversité des Jugemens des premiers Juges, dont les uns étoient dans l'usage de prononcer cette peine pour trois ans,
& les autres la prononçoient indéfiniment sans limiter de tems.

Du 21 Août 1741.

Arrest du Conseil, concernant l'emploi & le recouvrement
d'une somme de 77687 livres 18 sols 2 deniers destinée à l'acquisition de Soyes & Ustanciles à Gênes, par ordre du Roi,
pour commencer à Tours l'établissement d'une Fabrique de
Damas & de Velours, façon de Gênes.

Du 22 Août 1741.

Ordonnance de Monseigneur Nicolas Lercari, Référen-
daire de l'une & l'autre Signature de Notre Saint Pere le Pape,
Vice-Légat, & Gouverneur Général de la Ville & Légation
d'Avignon, & sur-Intendant Général des Armes de Sa Sainteté en cet Etat, qui ordonne que les Habitans du Comtat
d'Avignon, qui feront porter des Laines du bas Comtat au haut
Comtat, feront leurs déclarations desdites Laines, & pren-
dront des Acquits à caution, aux termes de l'Article IX. du
Concordat, dans les deux Bureaux ci-après, sçavoir, au Bu-

reau

reau de Suze pour les Laines qui feront portées à Vaulreas &
dans fon enclave, & que lefdits Acquits à caution feront vifés
par le Receveur du Bureau du Droit de Poids établi à Boufchet, lefquels Acquits ainfi vifés, le Receveur dudit Bureau
de Boufchet enregiftrera fur un Regiftre qui lui fera remis à cet
effet, & fe conformera à l'inftruction qui fera mife en tête, &
au Bureau de Tutelle, pour les Laines qui feront portées dans
les Communautés des Pilles, Aubres, Cyrolles & Valouze, &
en cas de contravention, lefdites Laines feront confifquées
avec les voitures, chevaux & mulets, & les Propriétaires ou
Conducteurs condamnés en l'amende de 100 livres, le tout
applicable, fçavoir un tiers au fifc de Sa Sainteté, un tiers aux
Saififfans, & un tiers à la Bourfe Commune du Droit de Poids.

Du 26 Août 1741.

* Jugement Souverain rendu par le Sieur Levet, Commif-
faire du Confeil établi à Valence, qui condamne Guillaume
Michel, Rentier du Mas Saint Hilaire, Paroiffe de Bouc en
Provence, & Vincent Callier, Laboureur, de la Paroiffe du
Puech, dans la même Province, en 1000 livres d'amende cha-
cun, pour avoir donné retraite à des Contrebandiers.

Du 27 Aouft 1741.

Arreft du Confeil, qui évoque une Inftance pendante en la
Cour des Aydes d'Aix, fur l'appel interjetté d'une Sentence
du Maître des Ports d'Arles, portant confifcation de cinq piéces d'Etoffes appellée Velours de Gueux, Fabrique de la veuve
Toupet de Lyon, expédiée en ladite Ville à l'adreffe des Sieurs
Berage & Compagnie, Négocians à Aix, & à la conduite des
nommés François Prudhomme & Defvalets, de Philippe Tu-
rel de Marfeille, & faifies par les Employés des Fermes au
Batteau de Noves, pour s'être trouvés fans aucune Marque
de Fabrique, ni de Vifite; déclare ladite faifie bonne & valable, & par grace, & fans tirer à conféquence, ordonne que
lefdites Etoffes feront rendues & reftituées aux fieurs Berage
& Compagnie, Marchands à Aix, de même que l'amende qui

peut avoir été par eux consignée à l'occasion de ladite saisie ;
à quoi faire tous Gardiens & Dépositaires seront contraints,
quoi faisant, ils en seront bien & valablement quittes & déchargés.

Du 29 Aoust 1741.

Arrest du Conseil, qui deboute le sieur Machelard, Maître
de Forge, demeurant à la Forge Gerard, & le nommé Jean-
Baptiste Tourlé son Facteur, de l'appel par eux interjetté d'une
Ordonnance du Sieur de Sechelles, Intendant en Haynault,
du 22 Octobre 1740. par laquelle ils ont été condamnés en la
confiscation de six Gueuses de fer, provenantes du Fourneau
de la Galoperie, terre conquise, & en 300 livres d'amende,
pour n'avoir pas conduit lesdites Gueuses à leur destination dans
le tems porté par l'Acquit à caution à eux délivré, & ce nonobstant la demande faite par lesdits Machelard & Tourlé,
tendante à être admis à prouver que lesdites Gueuses n'avoient
point été enlevées dudit Fourneau de la Galoperie, & ne pou-
voient par conséquent avoir été conduites, ni à leur destination, ni sorties en fraude des Droits des cinq grosses Fermes.

Du 29 Aoust 1741.

Arrest du Conseil, qui avant faire droit sur une Instance portée en la Sénéchaussée de Toulouse, entre le sieur de Tren-
qualye, Conseiller au Parlement de ladite Ville, & Jacques
Forceville, Adjudicataire des Fermes, au sujet de prétendues
dégradations faites aux Bâtimens de la Maison dudit sieur Tran-
qualye, joignant celle où est établie la Manufacture du Tabac,
renvoye les Parties pardevant le Sieur de Bernage, Intendant
& Commissaire départi en Languedoc, pour les entendre &
dresser Procès-verbal de leurs représentations, dires, requisi-
tions & prétentions respectives, & s'il y échet, faire dresser un
état des lieux dont il s'agit, par Experts dont lesdites Parties
conviendront devant ledit Sieur Intendant, sinon qui seront
par lui pris & nommés d'office, & en cas d'avis différens desdits Arbitres, par un tiers, qui sera aussi convenu ou nommé
d'office, pour lesdits Procès-verbaux vûs & rapportés à Sa Ma-

jesté, avec l'Avis dudit Sieur Intendant, être par Elle fait droit ausdites Parties ainsi qu'il appartiendra.

Du 29 Aoust 1741.

Arrest du Conseil, qui permer au Sieur Chauvelin, Intendant & Commissaire départi en Picardie & Artois, de subdéléguer tel Officier ou Gradué qu'il jugera à propos de choisir, pour en son absence ou autre empêchement, procéder à la vérification ordonnée par Arrest du Conseil du 16 Février 1740. de la vérité ou fausseté des signatures des décharges de vingt-cinq Acquits à caution, expédiées au Bureau d'Étaples pendant les années 1736. & 1737. aux nommés Quenet & Blaquet, de la quantité de 95 barrils & demi de Sel blanc, sur le cautionnement des sieurs Bloquet de Barjemein, Viart & veuve Greffier, pour le Procès-verbal de ladite vérification vû & rapporté, être fait droit aux Parties ainsi qu'il appartiendra.

Du 29 Aoust 1741.

* Arrest du Conseil, qui condamne le nommé Garicq, Maître Tondeur à Paris, en 100 livres d'amende, & prononce la confiscation faite sur lui d'une piéce de Reyden blanc, qu'il ensimoit avec de l'Ensimage du Flambac, nonobstant les défenses portées par les Réglemens.

Du 29 Aoust 1741.

Arrest du Conseil, qui commet le sieur de la Briffe, Intendant & Commissaire départi en la Généralité de Caën, pour au lieu & place du Sieur de Vaslan, ci-devant Intendant, reprendre & instruire les procédures qui peuvent avoir été commencées en l'Election de Coutances, & tout ce qui s'en étoit ensuivi, pour raison de la rebellion & expoliation faite aux Employés des Fermes de la Brigade de Pirou par plusieurs Particuliers des Paroisses de Mainville, le Bingard, & autres circonvoisines, du Ressort de l'Election de Coutances, de vingt-deux sacs remplis de faux Tabac, circonstances & dépendances, mentionnées au Procès-verbal des Employés de la Brigade de Pirou, du 17 Mai 1735. lui attribuant à cet effet toute Cour, Jurifdiction & connoiffance, icelle interdifant à toutes fes Cours & autres Juges.

Du 30 Aouft 1741.

*Ordonnance de M. le Comte d'Argenfon, Confeiller d'Etat, Intendant de Juftice, Police & Finances de la Généralité de Paris, qui fait très-expreffes inhibitions & défenfes à tous Huiffiers & Sergens, de faire aucune fignification d'Actes, Requêtes & Procédures, & de fes Ordonnances, ni de les mettre à exécution dans les affaires qui fe pourfuivent pardevant lui, foit comme Commiffaire départi dans la Généralité de Paris, foit comme commis par Arrefts du Confeil, & ce tant dans la Ville, Fauxbourgs & Banlieuë de Paris, qu'à la fuite des Confeils de Sa Majefté, à peine de nullité, d'interdiction, & de 300 livres d'amende portées par les Arrefts & Ordonnances y énoncés, & de tous dépens, dommages & intérêts.

Du 31 Aouft 1741.

* Jugement Souverain rendu par le Sieur Levet, Commiffaire du Confeil à Valence, qui condamne Jean Thivol, Pontonnier au Port de Champagne fur le Rhône, en 1000 livres d'amende, pour avoir favorifé & paffé des Contrebandiers.

Du 4 Septembre 1741.

* Jugement Souverain rendu par le Sieur Levet, Commiffaire du Confeil à Valence, qui condamne Jofeph Frené, du lieu de Sainte Colombe en Beaujollois, George Raffin, du lieu de Croizet, auffi en Beaujollois, en cinq années de Galeres; & Marie Perrier, femme de Pierre Marmet, du lieu de Varenne Saint Sauveur en Franche-Comté, à être fouettée, marquée d'une Fleur de lys, & au Banniffement pour trois ans des Provinces de l'étendue de la Commiffion, pour crime de contrebande en Tabac, avec attroupement au nombre de fept fans armes.

Du 5 Septembre 1741.

Arreſt du Conſeil entre M. Bergeret, Intéreſſé dans les Fermes générales du Bail de Carlier, & le Sieur Segoing, ordonne que les Parties remettront les piéces & mémoires de leurs prétentions entre les mains de M. le Controlleur Général, pour ſur ſon Rapport y être fait droit par le Roi.

Du 5 Septembre 1741.

Arreſt du Conſeil, qui ordonne que la Requête de M. le Riche de la Poupliniere, Fermier Général, ſera communiquée au Sieur le Riche de Chevigné ſon frere, au ſujet de l'intérêt que ledit Sieur de Chevigné prétend avoir dans la Ferme Générale, &c.

Du 5 Septembre 1741.

Arreſt du Conſeil, entre Charles Cordier, chargé de la Régie des Fermes générales unies, & le ſieur Claude-François Corbeau, ancien Receveur au Grenier à Sel de Saint Bonnet-le-Château, reliquataire d'une ſomme de 18767 livres 6 ſols, pour le payement de laquelle lui & le ſieur Verchere de la Batie, ſa caution, ont été empriſonnés. Par lequel Arreſt ledit ſieur Corbeau eſt debouté de ſes demandes, tendantes, 1°. A être déchargé des contraintes décernées tant contre lui que contre ſa caution, pour raiſon de ſon debet. 2°. Que le Fermier fût condamné à lui payer une ſomme de 73619 livres pour indemnités, déchets de Sel, frais d'emplacement & chereté des voitures, avec 30000 livres de dommages intérêts pour la prétendue indue & tiranique oppreſſion exercée contre lui. 3°. Qu'il lui ſoit reſtitué une ſomme de 4000 livres, dont le Fermier avoit bien voulu ſe contenter par tranſaction avec la caution, pour être déchargée de ſon cautionnement, ſe réſervant au ſurplus ledit ſieur Corbeau à ſe pourvoir en dommages intérêts pour trois ans & plus de détention de ſa perſonne dans les Priſons, & pour le recouvrement des Titres

de ſes Offices, Maiſons, fonds de Rentes, Billets, Obligations, Regiſtres, Comptes & Piéces qu'il ſuppoſe avoir été
perdus ou adhirés pendant le cours de la procédure exercée
tant contre lui que contre ſa caution.

Du 5 Septembre 1741.

Arreſt du Conſeil, qui ordonne que par le Sieur Barentin,
Intendant & Commiſſaire départi en la Généralité de la Rochelle, il ſera procédé à l'Adjudication au rabais & moins diſant, en la maniere accoutumée, des Ouvrages & Réparations
à faire à la maiſon ſervant de Bureau des Fermes à Charente,
conformément au Devis qui en a été dreſſé le 8 Juillet 1741.
montant à la ſomme de 22500 livres, du prix deſquels Ouvrages & Réparations les Entrepreneurs ſeront payés ſur les
Ordonnances dudit Sieur Intendant au fur & à meſure, ou
après la reception deſdits Ouvrages, par Jacques Forceville,
Adjudicataire des Fermes, auquel il en ſera tenu compte ſur le
prix de ſon Bail, en rapportant l'expédition ou copie collationnée dudit Arreſt, les Procès-verbaux d'Adjudication & de Reception deſdits Ouvrages, les Ordonnances dudit Sieur Commiſſaire départi, & les Quittances des Entrepreneurs ſur ce
ſuffiſans.

Du 5 Septembre 1741.

Arreſt du Conſeil, qui permet aux ſieurs Claude-François &
Jean-Claude du Boſt, freres, de conſtruire pendant trente années dans toute l'étendue du Royaume, ſur des terrains convenables, ou ſur les Riviéres navigables, aux endroits où il y a
des Moulins exiſtans, & où il peut y en avoir ſans gêner la navigation, des Moulins à Bleds ou Machines tournantes à l'ayde
du vent, des eaux coulantes & des courans de la Mer par le
principe de mouvement horiſontal par eux inventé, avec défenſes de les troubler dans l'exercice de ladite permiſſion, à peine de tous dépens, dommages & intérêts.

Du 6 Septembre 1741.

* Arreſt de la Cour des Aydes, qui infirme une Sentence de l'Election de Tonnerre du premier Mars 1741. confiſque trois onces & demie de faux Tabac ſaiſi au domicile de Jean Tayot, & le condamne ſolidairement avec ſa femme en 1000 livres d'amende, & aux dépens des Cauſes principale & d'appel.

Du 6 Septembre 1741.

* Arreſt de la Cour des Aydes, qui infirme une Sentence de l'Election de Tonnerre du 24 Septembre 1740. confiſque dix onces de faux Tabac ſaiſi au domicile de Jean Tayot, & le condamne ſolidairement avec ſa femme en 1000 livres d'a-mende, & aux dépens des Cauſes principale & d'appel.

Du 6 Septembre 1741.

* Jugement Souverain rendu par le ſieur Levet, Commiſ-ſaire du Conſeil à Valence, qui condamne André Bandet, dit Guerrier, du lieu de Saint Pierre d'Entremont en Dauphiné, en trois années de Galeres, pour avoir ſervi de Guide à une bande de Contrebandiers d'Auvergne.

Du 7 Septembre 1741.

* Jugement Souverain rendu par le Sieur Levet, Commiſ-ſaire du Conſeil à Valence, qui condamne Claude Jognet, Etienne Jognet, Noël Charnoux & Joſeph Charnoux, dit Cardinal, tous du lieu de Bolozon en Bugey, chacun en cinq années de Galeres & 1000 livres d'amende, pour crime de contrebande en Tabac, avec attroupement au-deſſus du nom-bre de cinq, & ſans armes.

Du 9 Septembre 1741.

* Jugement Souverain rendu par le Sieur Levet, Commiſ-

faire du Conſeil à Valence, qui condamne Claude Berthet, du lieu de Pierre en Bourgogne, & François Quenault, du lieu de Pleurs en Franche-Comté, aux Galeres pour cinq années, pour crime de contrebande en Tabac, avec attroupement au nombre de cinq, & ſans armes.

Du 9 Septembre 1741.

Jugement Souverain rendu par le Sieur Levet, Commiſſaire du Conſeil à Valence, qui condamne Lazare Criveau, du lieu de Collonge en Charollois, Henry Jacquet, du lieu de Martigny-le-Comte, auſſi en Charollois, & Louis Dauphin, du même lieu de Martigny, en cinq années de Galeres chacun, pour crime de contrebande, au nombre de cinq & ſans armes.

Du 11 Septembre 1741.

* Jugement Souverain rendu par le Sieur Levet, Commiſſaire du Conſeil à Valence, qui condamne Blaiſe Bernard & Pierre Fouques, Conducteurs ordinaires du Bac de Perthuits en Provence, en 1000 livres d'amende & aux dépens, pour avoir paſſé dans ledit Bac une bande de Contrebandiers ; & déclare Jean-Baptiſte Aubion, Fermier dudit Bac, garant de ladite amende.

Du 11 Septembre 1741.

* Jugement Souverain rendu par le Sieur Levet, Commiſſaire du Conſeil à Valence, qui condamne Joſeph Pellerier, dit le Grand Nez, du lieu de Pruſilly en Maconnois, en cinq années de Galeres, pour les cas de contrebande en Tabac réſultans du Procès.

Du 12 Septembre 1741.

Lettres Patentes adreſſées au Parlement de Bretagne, ſur l'Arreſt du Conſeil du 25 Janvier 1724. qui autoriſe les Capitaines Généraux des Fermes à faire des Viſites & Recherches de faux Tabac dans les Maiſons des Eccléſiaſtiques, Nobles,

Nobles , & autres Privilégiés, fans permiffion de Juge.

Nota. Ces Lettres Patentes font les mêmes que celles du 24 Mars 1727. expédiées fur ledit Arreft de 1724. enregiftrées en la Cour des Aydes de Paris le 5 Avril 1727.

Du 12 Septembre 1741.

Arreft du Confeil, qui permet aux Maire, Jurats, Syndic & Habitans de la Ville de Dax, de continuer pendant le tems de neuf années, à compter du premier Janvier 1742. & qui finiront à pareil jour de l'année 1751. la levée & perception, à titre d'Octroi, de la moitié, par augmentation, des Droits de Cize, qui fe levent au profit de l'Engagifte du Domaine, fuivant le Tarif qui en a été arrêté, pour être les deniers provenans dudit Droit employés, fans aucun divertiffement fur les Ordonnances du Sieur Intendant & Commiffaire départi en Navarre, Bearn & Généralité d'Auch, au payement du reftant des dettes de ladite Ville, liquidées par l'Arreft du Confeil du 5 Septembre 1728. & le furplus aux ouvrages & édifices publics qui feront jugés néceffaires pour la décoration de ladite Ville, & l'utilité des Habitans, fuivant les Plans, Devis & Adjudications qui en feront faits & approuvés par ledit Sieur Commiffaire départi, fans qu'il en puiffe être fait aucun autre emploi, fous quelque prétexte que ce foit, & à la charge par les Syndic & Adminiftrateurs de ladite Ville de compter des deniers provenans defdits Droits, ainfi que des autres revenus.

Du 12 Septembre 1741.

* Arreft du Confeil, qui évoque à icelui l'appel interjetté au Parlement de Paris par Jacques Deshayes, Voiturier par terre à Paris, d'une Sentence contradictoire rendue au Bailliage de l'Artillerie le 14 Août 1731. & ordonne l'exécution provifoire de ladite Sentence, qui prononce la confifcation de deux facs de Salpêtre brut, deux chevaux, charette & équipages faifis fur ledit Deshayes, Voiturier par terre à Paris, pour avoir voituré ledit Salpêtre fans Paffeport, ailleurs qu'aux Magafins de Sa Majefté, & nuitamment, & le condamne en 300 livres d'amende.

Du 12 Septembre 1741.

* Jugement Souverain rendu par le Sieur Levet, Commiſfaire du Conſeil à Valence, qui condamne Etienne Berthier, dit Fignoleur, du lieu de Dommeſſin en Savoye, aux Galeres pour neuf ans, pour les cas de contrebande en Tabac, réſultans du Procès.

Du 13 Septembre 1741.

* Jugement Souverain rendu par le Sieur Levet, Commiſfaire du Conſeil à Valence, qui condamne Jean Gaillard, dit Clara ou Clarau, du lieu du Cheyla en Vivarez, aux Galeres perpétuelles; & Jean Beydon, dit Pata, du lieu de Crozet, Paroiſſe de Mezillat en Vivarez, en trois années de Galeres, pour les cas de contrebande en Tabac, & autres réſultans du Procès.

Du 14 Septembre 1741.

* Arreſt du Conſeil portant Réglement, pour aſſurer l'arrivée à Paris, & aux lieux de leur deſtination, des Marchandiſes de Librairie, Eſtampes, & autres Imprimés venant de Rouen à Paris, *contenant treize articles*, dont le premier enjoint aux Voituriers venans de Rouen à Paris par Eau, à peine de 300 livres d'amende, conformément à l'Arreſt du Conſeil & Lettres Patentes des 29 Août & 14 Décembre 1682. de faire un Inventaire fidéle & exact, contenant les quantités, qualités, nombre, poids & meſures des Marchandiſes, & généralement de tout ce qui ſera chargé dans chacun de leurs Bâteaux; les noms, qualités & demeures de ceux qui feront les envois, de ceux à qui les Marchandiſes ſeront adreſſées, & pour le compte deſquels elles ſeront voiturées, lequel Inventaire leſdits Voituriers affirmeront véritable pardevant le Juge de la Vicomté de l'Eau à Rouen, qui ſera tenu de cotter & parapher, par premier & dernier, les feuillets dudit Inventaire, le tout ſans aucun frais. Le ſecond deſdits articles enjoint pareillement auſdits Voituriers d'ajoûter ſur leurs Inventaires toutes les Marchandiſes qu'ils pourront charger en route.

Du 14 Septembre 1741.

* Jugement Souverain rendu par le Sieur Levet, Commiſſaire du Conſeil à Valence, qui condamne Sebaſtien Deſliard, dit Gaſpard & la Croix, du lieu de Vertaizon en Auvergne, aux Galeres pour neuf années, pour les cas de faux Saunage & contrebande en Tabac, réſultans du Procès.

Du 15 Septembre 1741.

* Jugement Souverain rendu par le Sieur Levet, Commiſſaire du Conſeil à Valence, qui condamne Pierre Curtial, dit la Gelebre, du lieu de Saint Agreve en Vivarez, aux Galeres à perpétuité, pour le cas de contrebande en Tabac, & autres réſultans du Procès.

Du 16 Septembre 1741.

Arreſt du Conſeil, qui admet Mr. de Beaumont pour remplir la place de feu M. Delaporte du Pleſſis, dans le Bail des Fermes générales unies fait à Jacques Forceville, à commencer du premier Octobre ſuivant.

Du 18 Septembre 1741.

Arreſt du Conſeil, qui admet M. de Beaumont dans les Fermes générales de Lorraine & Barois, au lieu & place de feu M. Delaporte du Pleſſis.

Du 18 Septembre 1741.

* Arreſt du Conſeil en interprétation de celui du 27 Janvier 1739. porttant Réglement, tant pour la fabrication des différentes ſortes de Papiers dans le Royaume, que pour la largeur, hauteur & poids qu'ils doivent avoir, ſuivant le Tarif attaché ſous le contre-Scel dudit Arreſt, à peine de confiſcaion, tant des Papiers qui n'auroient pas les dimenſions, que des Rames

qui se trouveroient de poids différens de ceux fixés par ledit Tarif, *contenant dix Articles*

Du 18 Septembre 1741.

* Jugement Souverain rendu par le Sieur Levet, Commissaire du Conseil à Valence, qui condamne Jean Michaud, du lieu de Semoncelles en Franche - Comté, aux Galeres pour cinq ans, pour contrebande en Tabac, avec attroupement au nombre de cinq, & au-deſſus, sans armes.

Du 19 Septembre 1741.

Arreſt du Conseil, qui commet le Sieur Intendant & Commiſſaire départi en la Généralité de Bordeaux, pour inſtruire & juger souverainement & en dernier Reſſort, en appellant avec lui le nombre d'Officiers ou Gradués requis par l'Ordonnance, le Procès au nommé Guichard, Garde de la Brigade des Chartrons à Bordeaux, pour raiſon du vol par lui fait de trois sacs de Tabac de Virginie en feuille, peſant net 174 livres, qu'il avoit fait tirer d'une des Filadieres de la Ferme, d'un vaiſſeau arrivé pour le compte de l'Adjudicataire des Fermes, à la décharge duquel il avoit été établi la veille, ainſi qu'il eſt plus au long mentionné dans le Procès-verbal des Employés de la Brigade des Quays de ladite Ville de Bordeaux, du 29 Août 1741. enſemble à ſes complices, fauteurs, participes ou adhérans dudit vol, circonſtances & dépendances; évoque & renvoye pardevant ledit Sieur Commiſſaire départi, toutes les procédures qui pourroient avoir été commencées pour raiſon de ce en quelque Juriſdiction que ce ſoit, lui attribuant à cet effet toute Cour, Juriſdiction & connoiſſance, icelle interdiſant à toutes ſes Cours & autres Juges.

Du 20 Septembre 1741.

* Jugement Souverain rendu par le Sieur Levet, Commissaire du Conseil à Valence, qui condamne Pierre Argot, dit Rougier, du lieu de Saint Agreve en Vivarez, & Jean-Fran-

çois Marcou, connu aussi sous les noms de Reynier ou René, du lieu d'Uzès, Paroisse Saint Jean-Roure, aussi en Vivarez, aux Galeres perpétuelles, pour les cas de contrebande en Tabac résultans du Procès.

Du 25 Septembre 1741.

* Départemens de Messieurs les Fermiers Généraux, pour le service des Fermes Royales unies, pendant la quatriéme année du Bail de Me. Jacques Forceville.

Du 26 Septembre 1741.

Arrest du Conseil, qui casse une Ordonnance du Sieur Intendant de Bordeaux, du 22 Juin précédent, pour avoir fait mainlevée d'une saisie faite le 21 dudit mois de Juin par les Employés du Bureau de la Doüane de la même Ville, sur la veuve Metehell, Propriétaire de la Manufacture de Bouteilles établie dans ladite Ville, d'un tonneau de salicor ou cendre de Varech venue d'Angleterre en contravention à l'Arrest du 6 Septembre 1701. confisque ladite Marchandise, & condamne la veuve Metehell en 3000 livres d'amende.

Du 26 Septembre 1741.

Arrest du Conseil, qui casse une Sentence de la Jurisdiction des Traittes de Rouen du 4 Juillet 1741. pour avoir déchargé des Droits d'Entrée une partie de 193 livres pesant de Confitures venant des Isles Françoises de l'Amerique, adressée au sieur Vanderluyt, Négociant à Rouen, par la Dame Heraut, Marchande au Havre, sous prétexte de l'Arrest du Conseil du 21 Mai 1721. qui accorde le transit aux Marchandises du Cru & Fabrique du Canada, à l'exception seulement du Castor, quoique cet Arrest ne puisse avoir d'application aux Marchandises du Cru des autres Isles Françoises de l'Amerique ; ordonne l'exécution des Letrres Patentes du mois d'Avril 1717. concernant le Commerce des Isles, & condamne ledit Sieur Vanderluyt au payement des Droits sur lesdites Confitures, quoiqu'expédiées par Acquit de transit du Bureau du Havre.

Du 26 Septembre 1741.

* Arreſt du Conſeil, qui preſcrit les formalités à obſerver par les Négocians qui vont à la pêche de la Moruë à l'Iſle Royale, à leur retour des Iſles Françoiſes, pour jouir de l'exemption accordée par les Arrêts des 3 Mai 1723. & 17 Mars 1733. ſur les Moruës & Huiles provenant de ladite Pêche, *contenant huit articles.*

Du 30 Septembre 1741.

* Arreſt du Conſeil, qui permet aux Négocians & Armateurs des Ports autoriſés à faire le Commerce des Colonies de l'Amerique, d'armer & équiper leurs Vaiſſeaux pour la Côte de Guinée, après en avoir obtenu la permiſſion de la Compagnie des Indes, en ſe conformant aux Arreſts & Réglemens concernant le Commerce de ladite Côte.

F I N.

TABLE
DES
EDITS, DECLARATIONS,
ARRESTS ET REGLEMENS.

Rendus pendant la troisiéme année du Bail de M*.
Jacques Forceville.

Commencée le premier Octobre 1740. & finie le dernier Septembre
1741.

Concernant les Gabelles de France, Lyonnois, Dauphiné, Provence,
Languedoc, Roussillon, Auvergne, Salines de Moyenvick; Gabelles des
Evêchés de Metz, Toul & Verdun : Gabelles & Domaines de Franche-
Comté & d'Alsace, & Droits manuels.

Du 7 Octobre 1740.

ARREST de la Cour des Aydes, qui fixe par
provision, & jusqu'à ce qu'il en soit autrement
ordonné, les alimens des Prisonniers détenus pour dettes
civiles, à raison de sept sols par jour.

Gabelles. A

Du 8 Octobre 1740.

Arrest du Conseil, qui ordonne que la levée par doublement, jusqu'à concurrence de la somme de 50000 liv. des Droits de Petit-blanc établis sur les Sels de Peccais & de Peyriac, ordonnée par l'Arrest du Conseil & Lettres Patentes des 3 & 24 Septembre 1737. pour rembourser les Gens des trois Etats de la Province de Languedoc, des sommes que Sa Majesté leur a permis par ledit Arrest d'avancer, pour être employées aux réparations du Pont & Chaussées Saint-Esprit, sera continuée jusqu'à concurrence de pareille somme de 50000 liv. pour être ladite somme employée comme la premiere à rembourser en principal & intérêts, les avances faites & à faire par lesdits Etats pour lesdites réparations du Pont & Chaussées St. Esprit, suivant le Devis & Adjudication qui en ont été faits en exécution dudit Arrêt du 3 Septembre 1737, lesquels Droits, par continuation dudit doublement, seront levés & perçus, par les Receveurs du Droit de Petit-blanc, & remis au Trésorier des Etats, jusqu'à concurrence de ladite somme de 50000 liv. suivant la liquidation qui en sera faite tous les ans par les Commissaires de Sa Majesté & desdits Etats; après quoi ledit doublement demeurera éteint & supprimé, & seront ensuite les anciens Droits de Petit-blanc employés en la forme ordinaire; ordonne néanmoins que par le Sr. Marechal, Directeur des Fortifications en Languedoc, commis à cet effet, il sera fait une nouvelle visite & dressé Procès-verbal de la nécessité ou utilité des travaux restans à faire ausdits Pont & Chaussées St. Esprit, & du montant de la dépense desdits travaux, pour ledit Procès-verbal vû & rapporté, être ordonné ce qu'il appartiendra.

Du 11 Octobre 1740.

Arrest du Conseil, qui déboute les Maire & Echevins de la Ville de Mâcon de leur opposition à l'enregistrement en la Cour des Aydes de Paris, des Lettres Patentes du 24 Mars 1739. expédiées sur l'Arrêt du Conseil du 24 Juin 1738, qui ordonne l'établissement des Feuilles ou Bulletins des Gabelles dans ladite Ville de Mâcon, & ordonne qu'il sera passé outre à l'enregistrement desdites Lettres Patentes.

Du 25 Octobre 1740.

Arrêt du Conseil qui, avant faire droit sur la Requête de Jacques Forceville, Adjudicataire des Fermes Générales-Unies, tendante à ce que les Droits de Traittes foraines soient perçus sur les Foins & Avoines, Vivres & Ustenciles nécessaires pour la subsistance & approvisionnement de la Voiture des Sels pour la Savoye, & payés par le Sieur Allemand, Entrepreneur de ladite Voiture, & de même par ceux qui en seront chargés après lui, & que les contestations qui naîtront au sujet du payement desdits Droits seront portées devant les Juges qui ont droit d'en connoître, ordonne que ladite Requête sera communiquée audit Sieur Allemand pour y fournir de réponse dans les délais de l'Ordonnance, pour sa réponse vuë, ou à faute de ce faire, être par Sa Majesté ordonné ce qu'il appartiendra.

Du 8 Novembre 1740.

Arrest du Conseil, qui évoque une Instance d'appel en la Cour des Aydes de Rouen, d'une Sentence des Officiers des Gabelles de ladite Ville de Rouen du 26 Aoust 1740, rendue sur une saisie de 35000 liv. de Sel de Verre d'Angleterre, faite à Rouen sur le sieur Christophe Garvey, Négociant de ladite Ville de Rouen, pour contravention à l'Ordonnance des Gabelles & à l'Arrest du Conseil du 6 Septembre 1701, qui déclare prohibées toutes les Marchandises d'Angleterre, autres que celles y énoncées pour pouvoir entrer dans le Royaume ; & faisant droit sur ladite Instance, ordonne que l'Article XXVIII. du Titre XVII. de ladite Ordonnance de 1680, & l'Arrest du Conseil du 6 Septembre 1701, seront exécutés selon leur forme & teneur ; en conséquence confisque lesdites 35000 livres de Sel de Verre saisis sur ledit Christophe Garvey, & en ordonne le submergement en présence des Commis de Jacques Forceville, Adjudicataire des Fermes générales, préposés par lui à cet effet, lesquels seront tenus d'en dresser Procès-verbal ; pour icelui être remis par ledit Forceville au Sieur Controlleur Général des Finances ; & par grace, & sans tirer à conséquence, remet audit Christophe Garvey, l'amende de 3000 livres par lui encourue, pour sa contravention audit Arrest du Conseil du 6 Septembre 1701.

Du 8 Novembre 1740.

Arrest du Conseil, qui commet M. d'Argenson, Conseiller d'Etat, Intendant de la Généralité de Paris, pour procéder à l'Adjudication, au rabais & moins disant, en la maniere accoutumée & à un seul Adjudicataire, de toutes les réparations à faire au Grenier à Sel de Paris, nommé l'Evêché, suivant & conformément aux Devis qui en ont été dressés par les Srs. de Cotte & Gabriel, les 15 & 27 Octobre dernier, du prix desquelles réparations l'Adjudicataire d'icelles sera payé sur les Ordonnances dudit Sr. Intendant, au fur & à mesure, ou après la reception des Ouvrages, par les Cautions de Jacques Forceville, Adjudicataire des Fermes générales unies, ausquels il en sera tenu compte sur le prix de leur Bail, en rapportant l'expédition ou copie collationnée dudit Arrest, les Procès-verbaux d'Adjudication & de reception desdites réparations, les Ordonnances dudit Sr. Intendant & les Quittances de l'Entrepreneur sur ce suffisantes.

Du 8 Novembre 1740.

Arrest du Conseil, qui continue la levée & perception du doublement des droits du Petit-blanc établis sur les Sels de Peyriac, jusqu'à concurrence de la somme de 50000 liv. ordonnée par les Arrests & Lettres Patentes des 3 & 24 Septembre 1737, & ce, pour rembourser les Gens des trois Etats de la Province de Languedoc, des sommes que le Roy leur a permis d'avancer, pour être employées aux réparations du Pont & Chaussées Saint-Esprit, ainsi qu'au payement des intérêts des sommes empruntées & employées par lesdits Etats pour lesdites réparations.

[Du 22 Novembre 1740.

Arreſt du Conſeil, qui déboute les nommés Gabriel Routier & Pierre Soyer, Habitans de la Paroiſſe de Sarton en Artois, de l'oppoſition par eux formée à l'exécution de celui du 16
Février 1740, qui en a caſſé deux de la Cour des Aydes de
Paris des 5 Décembre 1738. & 15 Juillet 1739, pour avoir fait
main-levée auſdits Routier & Soyer de ſix minots de Sel & de
deux chevaux ſur eux ſaiſis & arrêtés dans les trois lieuës de
ladite Province limitrophes à celle de Picardie, & prononcé
l'élargiſſement de leurs perſonnes, avec 800 liv. de dommages intérêts contre le Fermier, ſous prétexte que le Sel étoit
deſtiné pour leur proviſion, quoique ſuivant l'Ordonnance ils
n'en puiſſent avoir chez eux que pour ſix mois, à raiſon de
100 liv. par an pour ſept perſonnes, ordonne l'exécution dudit
Arreſt du 16 Février 1740, confirmatif de la Sentence des Juges des Fermes de la Ville d'Heſdin du 26 Juin 1738, par laquelle leſdits Routier & Soyer ont été condamnés en la confiſcation du Sel & chevaux ſur eux ſaiſis & mentionnés dans
un Procès-verbal des Employés des Fermes des 21 & 22 dudit mois de Juin, & ſolidairement en 300 livres d'amende
chacun.

Du 22 Novembre 1740.

Arreſt du Conſeil, qui interdit le Sieur Petit-Jean, Préſident au Grenier à Sel de Langres, des Fonctions de ſa Charge, juſqu'à ce qu'il en ſoit autrement ordonné, pour avoir
tenu une conduite contraire au bien de la Régie des Fermes
du Roy.

Du 22 Novembre 1740.

* Arreſt du Conſeil, portant Réglement proviſoire au ſujet
des Droits dûs aux Tréſoriers de France & autres Officiers des
Bureaux des Finances pour l'inſtallation, reception & preſtation de Serment des Officiers qui ſont tenus de s'y faire inſtaller & recevoir, ou d'y prêter Serment pour l'enregiſtrement
des Proviſions de ceux qui ſont tenus de les y faire enregiſtrer

& pour plusieurs autres Droits prétendus par les Officiers des
Bureaux des Finances.

Du 6 Décembre 1740.

Arrest du Conseil, qui évoque une contestation pendante
au Bailliage de l'Evêché de Metz, entre les Châtelains de la
Châtellenie de la Garde, le Sieur de Saint Simon, Evêque de
Metz, & Jacques Forceville, Adjudicataire des Fermes générales, au sujet des dédommagemens prétendus par lesdits Châtelains à cause de la rupture du Barelage de l'Etang de la Garde causée par les Bois destinés pour la Saline de Moyenvick,
& de l'évasion du Poisson dudit Etang, pour sur icelle, circonstances & dépendances, & au Rapport du Sieur Controlleur Général des Finances, être par Sa Majesté fait droit aux
Parties, ainsi qu'il appartiendra ; leur fait défenses de se pourvoir, pour raison de ce, ailleurs qu'au Conseil, à peine de nullité, cassation de Procedure & Jugemens, & de tous dépens,
dommages & intérêts.

Du 6 Décembre 1740.

Arrest du Conseil, qui ordonne l'imposition sur les Habitans
de la Paroisse de Vic sur S. Chartier, de la somme de 147 liv.
3 s. 8 d. dont le nommé Jean Filloux, Collecteur en l'année
1738. s'est trouvé reliquataire sur l'Impôt du Sel de ladite année 1738, pour être ladite somme remise aux nommés Toussaint Picherot, Jean Peou, François Pearou & Charles Mart-
mat, principaux Habitans de ladite Paroisse, qui ont été condamnés à la payer au Receveur des Gabelles, par Sentence
des Officiers du Grenier à Sel de la Châtre du 5 May 1740.

Du 13 Décembre 1740.

Arrest du Conseil, qui ordonne que la Tour étant sur les
Remparts de la Ville de Reims, & qui a précédemment servi
pour les Prisonniers de Guerre, servira dorésnavant de
Prison pour y renfermer les Prisonniers qui seront arrêtés

de l'ordre du sieur Colleau, Commissaire du Conseil, pour juger en dernier ressort le Procès aux Contrebandiers, comme
tous autres Prisonniers qui seront arrêtés par ordre de Justice,
si besoin est, à l'effet dequoi ledit sieur Colleau commettra personne suffisante pour en avoir la garde en qualité de Geollier,
auquel il fera prêter tel serment en pareil cas requis, & lui enjoindra de se conformer aux Réglemens rendus au sujet de la
Police des Prisons Royales ; & ordonne aussi que ceux qui
jouissent de ladite Tour en seront dépossedés, sauf à eux à représenter les Titres en vertu desquels ils en jouissent, pour y
être statué ainsi qu'il appartiendra.

Du 20 Décembre 1740.

Arrest du Conseil, qui ordonne que par le sieur Viart de
Pimelle, Commissaire général pour la réformation & administration des Forests & autres Bois affectés aux Salines de Salins, ou les Officiers qu'il pourra commettre à cet effet, il sera
incessamment fait délivrance en la maniere accoutumée à Jacques Bruant, Adjudicataire de la fourniture des Bois desdites
Salines de Salins, de la quantité de cinq cent quatre Arbres,
pour être employés aux Bâtimens à faire, en exécution de
l'Arrêt du Conseil du 28 Février 1740, à la Saline de l'Etang
du Saloir, de laquelle quantité de cinq cent quatre Arbres, il
en sera pris 130. de cinq pieds & au-dessus, jusqu'à neuf à dix
pieds de tour dans la Forest de la Joux, Fûtaye de Sapins appartenant au Roy, & le surplus dans la Forest du Frosse, & ce,
suivant & conformément au Devis dressé desdits Bois, par
le sieur de Pautaine Géomettre, le 19 Septembre précédent.

Du 20 Décembre 1740.

Arrest du Conseil, qui commet le Prévost Général de la
Maréchaussée de Berry, pour instruire & juger souverainement & en dernier ressort, en appellant avec lui le nombre
d'Officiers ou Gradués requis par l'Ordonnance, le procès aux
Voituriers de la Forge de Crozons, près Clinsdessus, Election d'Issoudun, & à leurs Complices, Fauteurs, Participes ou

Adhérans, des dégâts, violences, meurtres & mauvais traitemens par eux commis & qu'ils pourront commettre dans les
Bleds & pâturages des Habitans des environs de ladite Forge,
circonstances & dépendances, ensemble à ceux desdits Voituriers & leurs Complices qui ont favorisé & favoriseront le Fauxsaunage, soit en louant des chevaux aux Fauxsauniers, leur
donnant retraite ou autrement, en quelque sorte ou maniere
que ce puisse être ; évoque & renvoye pardevant ledit sieur Prévost Général, toutes les procedures qui pourroient avoir été
commencées pour raison de ce, en quelques Jurisdictions que
ce puisse être, pour être le tout par lui jugé souverainement &
en dernier ressort, lui attribuant à cet effet toute Cour, Jurisdiction & connoissance, icelle interdisant à toutes ses Cours
& autres Juges ; permet audit Prévost Général de subdeleguer
pour l'instruction & pour rendre les Jugemens à l'extraordinaire,
& de commettre pour faire les fonctions de Procureur du Roi
en ladite Commission, tels Officiers ou Gradués qu'il voudra
choisir ; lui permet pareillement & aux Subdelegués qu'il pourra commettre, de rendre seuls tous les Jugemens d'instruction
& à l'extraordinaire qu'il conviendra ; ordonne en outre que les
minutes des charges, informations & autres procedures qui
peuvent avoir été faites à ce sujet, en quelques Cours & Jurisdictions que ce soit, seront incessamment remises au Greffe de
ladite Commission.

Du 27 Décembre 1740.

Arrest du Conseil, qui ordonne que toutes les contestations
& Procès qui surviendront, pour raison des Traittes & Gabelles, dans l'étendue du ressort de la Jurisdiction de Pontorson,
seront portées devant les Officiers des Traittes & Quart-Bouil-
lon d'Avranches, pour être par eux jugées en premiere Instance, conformément aux Ordonnances & Réglemens sur ce intervenus ; leur attribuant à cet effet toute Cour, Jurisdiction &
connoissance, sauf l'appel de leurs Jugemens à la Cour supé-
rieure du Ressort, jusqu'à ce qu'il y ait des Officiers établis dans
ladite Jurisdiction de Pontorson.

Du

TABLE

DES

EDITS, DECLARATIONS,

ARRESTS

ET REGLEMENS,

Rendus pendant la troisiéme année du Bail
de Mᵉ. JACQUES FORCEVILLE.

*Commencée le premier Octobre 1740. & finie le
dernier Septembre 1741.*

CONCERNANT LES GABELLES DE FRANCE,
Lyonnois, Dauphiné, Provence, Languedoc, Roussillon, Auvergne, Salines de Moyenvick ; Gabelles des
Evêchés de Metz, Toul & Verdun ; Gabelles & Domaines de Franche-Comté & d'Alsace, & Droits Manuels.

A PARIS;

Chez PIERRE PRAULT, Imprimeur des Fermes & Droitsdu Roy,
Quay de Gêvres, au Paradis.

M. DCC. XLVI.

Du 27 Décembre 1740.

rest du Conseil & Lettres Patentes, portant que la levée
sol par Minot de sel dans les Greniers des Gabelles de
nois , & de neuf deniers aussi par Minot dans ceux du
& bas Languedoc, Auvergne & Roüergue, établie par
t du 8 Novembre 1740. pour les réparations du Pont St.
& Chaussées en dépendantes, sera continuée pendant le
que ledit Arrêt de prorogation du 8 Novembre 1740.
dé à la Province de Languedoc subsistera.

gistrées en la Cour des Aydes de Paris le 10 Mars 1741.
celle de Clermont-Ferrand le 10 Avril 1741.
celle de Montpellier le 10 Mars 1741.
en celle de Montauban le 29 Avril 1741.

Du 27 Décembre 1740.

est du Conseil, qui ordonne l'imposition sur les Habi-
ujets à l'Impôt du Sel de la Paroisse de Maille-Laillé de
me de 433 liv. 17 s. 5 d. au marc la livre de l'Impôt du
dont les Collecteurs de l'année 1738. se sont trouvés re-
les après la discussion de leurs biens, pour être ladite
e remise aux nommés Antoine Midar, Jacques Romain,
e Roy & François Bouloiseau, principaux Habitans de
Paroisse, qui ont été condamnés au payement d'icelle,
entence des Officiers du Grenier à Sel de Sainte Maure,
uillet 1740.

Du 27 Décembre 1740.

est du Conseil, en faveur des Commandeurs & Chanoi-
éguliers de S. Antoine d'Aumoniere, frontière de Cham-
& de Franche-Comté, au sujet du Sel qu'ils ont la fa-
de prendre à la Saline de Salins pour leur provision.

Du 5 Janvier 1741.

* Jugement en dernier reffort, rendu par les Commiffaires d[u]
Roy établis à Reims , pour inftruire & juger fouverain[e]
ment & en dernier reffort , les Procès criminels des Fauxfa[u]
niers & Contrebandiers ; qui condamne les Habitans de [la]
Communauté du Village de Rupt en Verdunois, en 100 livr[es]
d'amende envers le Fermier, pour la rebellion par eux comm[i]
fe contre les Employés des Fermes, avec défenfes de récid[i]
ver fous plus grandes peines ; déclare le nommé Pierre Pierro[n]
en qualité de Maire dudit lieu, indigne & incapable d'exerc[er]
davantage les fonctions de Maire ni aucune autre publique, [&]
le condamne en 100 livres de dommages & intérêts au pro[fit]
du Fermier, pour avoir connu & vû l'émeute, fans fe mettre e[n]
devoir de la faire ceffer, & refufé affiftance aux Employés : co[n]
damne pareillement le nommé Burlureaux, auteur principal d[e]
la Rébellion, au Carcan, en un banniffement de trois année[s]
en 500 livres d'amende, 50 livres de dommages-intérêts , [&]
aux dépens du Procès , folidairement avec lefdits Habitans[,]
Burlureaux & Pierron.

Du 17 Janvier 1741.

Arrêt dù Confeil , qui commet M. l'Intendant de la Pr[o]
vince de Languedoc pour inftruire & juger fouveraineme[nt]
& en dernier Reffort , en appellant avec lui le nombre d'Off[i]
ciers ou Gradués requis par l'Ordonnance, le Procès au nom[]
mé Jean Tivel de Montpellier, arrêté & détenu au Fort d[e]
Saint Hypolite , pour avoir imité les fignatures du Directe[ur]
des Fermes générales à Montpellier & autres, & extorqu[é]
plufiéurs fommes de différens Receveurs, Controlleurs & au[]
tres Employés, fur de faux Billets ou de fauffes Lettres.

Du 18 Janvier 1741.

* Cahier préfenté au Roi par les Archevêques & Evêques[]
& autres Eccléfiaftiques , affemblés par permiffion de Sa Ma[jefté]

jesté en la Ville de Paris, en l'année 1740. contenant les articles qui concernent la Jurisdiction Ecclésiastique, qu'ils supplient très-humblement Sa Majesté de vouloir leur accorder, *contenant neuf articles*, dans lesquels il n'y en a aucun qui intéresse les Droits des Fermes.

Du 24 Janvier 1741.

* Arrêt contradictoire du Parlement de Paris, qui deboute le Sieur le Monnier, Fermier Général, le Sieur de Pontbriand, & autres Créanciers du Sieur de Vaucouleur, Fermier des Etats de Bretagne, de leur demande, tendante à ce que sur la saisie & arrêt faite entre les mains du Sieur du Coüedic, Caissier, sur ce qui pouvoit être dû audit Sieur de Vaucouleur à cause de ladite Ferme, ledit Sieur du Couedic fût tenu de rapporter les piéces justificatives des comptes par lui rendus aux Intéressés dans ladite Ferme, & qu'il avoit communiqués pour justifier son affirmation, & condamne lesdits Créanciers aux dépens.

Du 24 Janvier 1741.

Arrest du Conseil, sur la Requête de Me. Jacques Forceville, Adjudicataire des Fermes générales unies, tendante à la cassation de deux Arrêts de la Cour des Aydes de Paris des premier Avril & 9 Décembre 1740, par lesquels ladite Cour en infirmant une Sentence du Juge des Fermes à Hesdin du 17 Novembre 1738, qui avoit déclaré le nommé Antoine Droux, Fauxsaunier de la Province d'Artois, atteint & convaincu du crime de Fauxsaunage, & condamné en la confiscation d'environ quinze Minots de Sel blanc, avec la Charrette & les chevaux sur lui saisis en roulant dans les trois lieuës de la Province d'Artois, limitrophes au pays de Gabelle, & en 300 liv. d'amende; a renvoyé ledit Droux absous, lui a fait main-levée, tant de sa personne que de la Charrette, chevaux & Sels sur lui saisis, & a condamné le Fermier en 600 liv. de dommages & intérêts & en tous les dépens : ordonne que ladite Requête sera communiquée audit Droux pour y fournir de réponses dans le délai de l'Ordonnance, sinon & à faute de

B ij

ce faire, sera par Sa Majesté fait droit ainsi qu'il appartiendra ; toutes choses jusqu'à ce demeurant en état.

Du 24 Janvier 1741.

Arrest du Conseil, qui ordonne que M. le Procureur Général au Parlement de Bretagne, envoyera incessamment au Greffe du Conseil, les motifs de l'Arrêt de ladite Cour du 23 Juin 1740, par lequel le nommé Pierre Hamel, Habitant du Village de la Veronnais, Paroisse de Lovigné en Bretagne, & distant d'environ 50 à 60 pas de la Province de Normandie, convaincu de faire amas de Sel & de le vendre aux Fauxsauniers, ainsi que de la Rebelliion par lui excitée contre les Employés des Fermes de la Brigade de la Guillotiere le 20 Juillet 1738. lors de la saisie & capture faite chez lui d'environ 800 liv. de Faux-sel, & de plusieurs Fauxsauniers, pour lequel Fauxsaunage, en récidive, il avoit été condamné en 500 liv. d'amende & aux Galeres, par Sentences de la Jurisdiction des Traittes de Fougeres des 22 May & 21 Décembre 1739, a été renvoyé absous, quoiqu'il n'eût pas consigné 300 liv. à compte de l'amende prononcée contre lui, avant que d'appeller desdites Sentences, & de n'avoir pas relevé ledit appel dans les délais prescrits par la Déclaration du 20 Janvier 1705. & les Lettres Patentes du 20 Juin 1724. pour lesdits motifs. vûs & examinés, être par Sa Maejsté ordonné ce qu'il appartiendra.

Du 31 Janvier 1741.

Arrest du Conseil, qui liquide à la somme de soixante-treize mille vingt-huit livres dix-sept sols onze deniers, l'indemnité due à Jacques Forceville, Adjudicataire des Fermes générales, pour le supplément du prix des Sels par lui fournis aux Cantons Suisses Catholiques, en conséquence des Traités de Sa Majesté, & au Chapitre de Besançon, pendant la premiere année de son Bail, commencée au premier Octobre 1738. & finie au dernier Septembre 1739. pour valeur de laquelle somme de 73028 livres 17 sols 11 deniers, ordonne qu'il sera expédié une Ordonnance de comptant sur le Garde du Trésor Royal, laquelle sera par lui payée en une Quittance comptable, à la décharge du prix de son Bail.

Du 31 *Janvier* 1741.

* Arreſt du Conſeil, qui ordonne l'exécution de celui du 9 Janvier 1717. concernant les Huiſſiers & Sergens ; en conſéquence, caſſe les ſaiſies faites par le nommé Galiſſot, Huiſſier en la Chambre des Comptes de Paris, entre les mains des Sous-fermiers des Provinces & Généralités de Paris, Tours, Bourges, Moulins, Bretagne & Belle-Iſle, des ſommes, deniers & fermages qu'ils doivent ou devront à Jacques Forceville, Adjudicataire des Fermes générales, pour ſûreté d'une ſomme de 800 livres, dont on prétend ledit Forceville être tenu comme garant & reſponſable du fait de ſes Commis : interdit ledit Galiſſot des fonctions de ſondit Office d'Huiſſier, & le condamne en 3000 livres d'amende au profit dudit Forceville, faute par lui d'avoir remis & laiſſé pendant huit jours, entre les mains du Receveur Général des Fermes à Paris, les titres qui l'autoriſoient à faire leſdites ſaiſies.

Du 31 *Janvier* 1741.

Arreſt du Conſeil ſur la Requête des Préſident, Grenetier, Controlleur, Procureur du Roi & Greffier au Grenier à Sel de Laon, concernant les rangs & ſéances qu'ils doivent avoir dans les Aſſemblées publiques avec les Officiers de l'Election de la même Ville ; ordonne qu'elle ſera communiquée aux Officiers de ladite Election, pour y fournir de réponſes dans le délai de l'Ordonnance ; ſinon, & à faute de ce faire, être par Sa Majeſté fait droit ainſi qu'il appartiendra, toutes choſes juſqu'à ce demeurant en état.

Du 7 *Février* 1741.

Arreſt du Conſeil, qui ordonne que par le Sieur de Bernage, Conſeiller d'Etat, Intendant & Commiſſaire départi en la Province de Languedoc, il ſera inceſſamment procédé à l'Adjudication au rabais & moins diſant, en la maniére accoutumée, des Ouvrages & Réparations à faire aux Bâtimens & Corps de

Garde des Salins de Peyriac, fuivant les Devis & Etat eftima-
tifs qui en ont été dreffés par le fieur Darles de Chamberlin,
Ingénieur, le 22 Avril 1740. & conformément aux Obferva-
tions dudit Sieur Commiffaire départi étant en marge dudit
Devis, du prix defquels ouvrages & réparations l'Entrepreneur
fera payé fur les Ordonnances dudit Sieur Intendant au fur &
à mefure, ou après la reception d'iceux, par Jacques Forceville, Adjudicataire des Fermes générales, auquel il en fera
tenu compte fur le prix de fon Bail, en rapportant l'expédition
ou copie collationnée dudit Arreft, le Devis dudit fieur Darles,
les Procès-verbaux d'adjudication & de reception defdits ouvrages, les Ordonnances dudit Sieur de Bernage, & les Quittances de l'Entrepreneur fur ce fuffifans.

Du 7 Février 1741.

Arreft du Confeil, qui ordonne que toutes les Inftances &
affaires reftantes du Bail de la Ferme des Domaines, Gabelles
& Salines de Franche-Comté, Alface & Trois Evéchés, commencé les premier Octobre 1718. & premier Janvier 1719. &
qui n'a duré qu'une année fous le nom de Michel Parent, auquel a été fubrogé Laurent Patas par Arreft du 19 Mai 1739.
feront continuées, reprifes, jugées & réglées fous le nom de
Matthieu Chevalier en la maniére accoutumée, comme elles
l'auroient pû être fous le nom defdits Parent & Patas, & que
les décharges à fournir, tant au Tréfor Royal qu'ailleurs, feront
fignées dudit Chevalier, & vifées des fieurs Genty & Saleur,
Cautions dudit Parent, au moyen de quoi le Garde du Tréfor
Royal, & tous autres Payeurs comptables, feront bien & valablement déchargés.

Du 14 Février 1741.

Arreft du Confeil, qui évoque une Inftance pendante en la
Cour des Aydes de Paris, entre les Prêtres de la Congréga-
tion de la Miffion du Seminaire de Toul, & Nicolas Desboves,
Adjudicataire des Fermes générales, fur l'appel interjetté par
lefdits Prêtres d'une Sentence des Juges du Grenier à Sel de

Joinville du 15 Octobre 1736. par laquelle la Ferme de Quatre-Vaux a été déclarée être fur terre de France, & non fur terre de Lorraine, & en conféquence le nommé Claude Laurent, Fermier de ladite Ferme, appartenante aufdits Prêtres, a été condamné en la confifcation du Sel blanc de Lorraine trouvé chez lui, & condamné en 200 livres; ordonne que fur ladite Inftance, circonftances & dépendances, & au Rapport de M. le Controlleur Général des Finances, il fera par Sa Majefté fait droit aux Parties fur les Piéces & Mémoires qu'elles produiront, avec défenfes de procéder pour raifon de ce, ailleurs qu'au Confeil, à peine de nullité, caffation de procédures & Jugemens, 1000 d'amende, & de tous dépens, dommages & intérêts.

Du 21 Février 1741.

Arreft du Confeil, qui commet le Sieur de Serilly, Intendant des Provinces de Navarre, Bearn, & Généralité d'Auch, pour au lieu du Sieur de Balofre, fubrogé au feu Sieur de Pommereu, procéder, fuivant les derniers erremens, à l'exécution des Arrêts du Confeil des 16 Décembre 1732. & 14 Juin 1735. qui ont commis fucceffivement lefdits Sieurs Intendans pour inftruire & juger le Procès, tant aux nommés Tafernabury, dit Ethury, & Bernard Bentabery, qu'aux autres auteurs & complices du commerce de Contrebande, & des faits mentionnés en un Procès-verbal de rebellion faite dans la Paroiffe de Saint Juft en Baffe Navarre aux Employés des Fermes à Lefcomby, du 23 Avril 1732. & notamment au nommé Jean Doy, complice de ladite rebellion, condamné à mort par contumace, & détenu depuis dans les Prifons de Bayonne.

Du 21 Février 1741.

Arreft du Confeil, qui ordonne que par le Sr. Intendant en la Généralité de Champagne, il fera procédé à l'Adjudication au rabais & moins difant, en la maniére accoutumée, des Réparations à faire, fuivant le Devis du fieur de la Force, Ingénieur du Roi en ladite Province, à plufieurs Barraques fervant de Corps-de-garde aux Employés des Fermes en ladite Géné-

ralité, qui ont été confidérablement endommagées par les ge-
lées & les dégels de l'année 1740, du montant defquelles Réparations les Entrepreneurs feront payés par Jacques Forceville, Adjudicataire des Fermes générales-unies, auquel il en
fera tenu compte fur le prix de fon Bail.

Du 21 Février 1741.

Arreſt du Conſeil, qui évoque & renvoye pardevant le Sieur
Intendant du Duché de Bourgogne, la Procédure criminelle
commencée en la Jurifdiction des Gabelles de Dijon, à la Requête du Procureur du Roi en ladite Jurifdiction, à l'occaſion
des vols faits au Grenier à Sel de ladite Ville, & notamment
de celui commis le 28 Mai 1740. par les Amineurs dudit Grenier, & icelle procédure, circonſtances & dépendances, pour
être par lui, en appellant le nombre d'Officiers ou Gradués
requis par l'Ordonnance, le Procès inſtruit & jugé ſouverainement & en dernier Reſſort aufdits Amineurs, leurs complices,
fauteurs, participes ou adhérans defdits vols, lui attribuant à
cet effet toute Cour, Jurifdiction & connoiſſance, icelle interdiſant à toutes ſes Cours & autres Juges. Permet audit Sieur
Intendant de ſubdéléguer pour l'inſtruction & pour rendre les
Jugemens à l'extraordinaire, & de commettre pour faire les
fonctions de Procureur du Roi en ladite Commiſſion, tels
Officiers ou Gradués qu'il voudra choiſir. Lui permet pareillement, & aux Subdélégués qu'il pourra commettre, de
rendre ſeuls tous les Jugemens d'inſtruction & à l'extraordinaire qu'il conviendra. Ordonne en outre que les minutes des
charges, informations, & autres procédures faites pour raiſon
de ce en ladite Jurifdiction des Gabelles de Dijon, ſeront inceſſamment remiſes au Greffe de ladite Commiſſion.

Du 28 Février 1741.

Arreſt du Conſeil, qui proroge pendant trois années, à
compter du premier Avril 1741. l'attribution donnée au ſieur
de Pimelle par les Arrêts du Conſeil des premier Avril 1738. &
14 Avril 1739. pour la réformation & adminiſtration, tant des
Forêts

Forêts situées dans les Comté de Bourgogne & Maîtrise de Salins, que de celles affectées à l'usage des Salines dudit Comté;
en conséquence, ordonne que par ledit sieur de Pimelle il sera
procédé pendant lesdites trois années à l'entiere exécution des
dispositions contenues dans les Lettres Patentes du 20 Février
1731. & aux Arrests du Conseil des premier Avril 1738. &
14 Avril 1739. lui attribuant à cet effet toute Jurisdiction &
connoissance, ainsi & de la même maniere portée par lesdits
Arrests, icelle interdisant à toutes ses Cours & autres Juges;
& fixe à 10000 livres par an les appointemens dudit sieur de
Pimelle, conformément à l'Arrest du premier Avril 1738.

Du 28 Février 1741.

Arrêt du Conseil, qui commet le Sr. Levet, Commissaire
du Conseil à Valence, pour instruire & juger souverainement
& en dernier ressort, en appellant avec lui le nombre d'Officiers ou Gradués requis par l'Ordonnance, le Procès au nommé Nicolas Corotte, tant pour raison de la rébellion faite aux
Employés des Fermes de la Brigade de Pagny en Bourgogne,
dans le Village de Champblanc, qu'à l'occasion de son évasion des Prisons de la Ville de Dijon, ensemble à ses Complices, Fauteurs, Participes ou Adhérans de ladite évasion, circonstances & dépendances; évoque & renvoye pardevant ledit Sr. Levet toutes les Procedures qui peuvent avoir été commencées pour raison de ce en quelque Jurisdiction que ce
soit, pour être le tout par lui jugé en dernier ressort, lui attribuant à cet effet toute Cour, Jurisdiction & connoissance,
icelle interdisant à toutes ses Cours & autres Juges. Permet audit Sr. Levet de subdeléguer pour l'instruction & pour les Jugemens à l'extraordinaire, & de commettre pour faire les
fonctions de Procureur du Roi en ladite Commission, tels
Officiers ou Gradués qu'il voudra choisir; lui permet pareillement & aux Subdelégués qu'il pourra commettre, de rendre
seuls tous les Jugemens d'instruction & à l'extraordinaire qu'il
conviendra. Ordonne en outre que les minutes des charges,
informations & autres procedures faites à ce sujet, seront incessamment remises au Greffe de ladite Commission; à ce faire
tous Greffiers & Dépositaires contraints.

G ABELLES.   C

Du 28 Février 1741.

*Arrest du Conseil, qui casse une Ordonnance du Juge Visiteur Général des Gabelles au Département de Bugey, du 8 Octobre 1740. pour avoir défendu au Concierge des Prisons de Belley de mettre hors des Prisons un Prisonnier arrêté pour faux Saunage, sous prétexte que son Jugement n'étoit point encore rendu, & ce nonobstant la faculté accordée au Fermier de transiger sur les saisies, amendes & confiscations, sans attendre le Jugement ; & fait défense audit Juge, & à tous autres, d'en rendre de pareilles.

Du 3 Mars 1741.

*Lettres Patentes du Roy sur Arrêts du Conseil des 16 Août 1740, & 7 Février 1741, qui ordonnent que conformément à l'Edit du mois d'Août 1669, portant Réglement pour les hypotéques de Sa Majesté sur les biens des Officiers comptables, aux Articles IV. & V. du Titre commun pour toutes les Fermes, de l'Ordonnance de 1681. à la Déclaration du 4 Juin 1737. rendue en faveur des Receveurs généraux des Finances, & à ce qui se pratique à l'égard des Deniers des Fermes génerales, la Communauté des Conseillers du Roy Inspecteurs sur les Vins, aura la préférence sur les Biens & Effets appartenans au Sr. Guillemardet, pere, ci-devant Receveur des Entrées de Paris au Port S. Paul, & qu'en cas de contestations entre ses Créanciers & ladite Communauté, elles soient jugées conformément audit Arrêt du 16 Août 1740, à l'Edit de 1669. & à la Déclaration du 4 Juin 1737. *Regiſtrées en la Cour des Aydes le 27 Mars 1741.*

Du 7 Mars 1741.

Arrest du Conseil, portant qu'il sera expédié au profit de Jacques Forceville, Adjudicataire des Fermes générales-unies, une Ordonnance de comptant sur le Garde du Trésor Royal en exercice, de la somme de 895 livres 16 sols 8 deniers, pour l'excédent du prix des Sels par lui fournis à la République de Valais par supplément pour l'année 1740. en exécution de la Décision du Conseil du 25 Janvier de la même année, laquelle Ordonnance lui sera payée en une Quittance comptable de pareille somme, sur & en déduction du prix de son Bail.

Du 10 Mars 1741.

* Sentence du Bureau de l'Hôtel de Ville de Paris, qui condamne la nommée Catherine, Fruitiere, rue des Jardins, en 10 livres d'amende, pour n'avoir eu de Mesures pour le débit des Marchandises dont elle fait commerce, & avoir représenté aux Officiers Mesureurs de Sel, un Entonnoir au lieu de Mesures; lui fait défenses de récidiver, sous plus grandes peines, avec injonction de se conformer aux Ordonnances & Réglemens concernant lesdites Mesures.

Du 14 Mars 1741.

Arrest du Conseil, qui releve le Sieur Galissot, Huissier en la Chambre des Comptes de Paris, de l'interdiction contre lui prononcée par l'Arrest du Conseil du 31 Janvier précédent, & le décharge de l'amende de 3000 livres à laquelle il a été condamné par le même Arrest, pour avoir signifié une Sentence du Grenier à Sel de Langres du 24 Décembre 1740. qui condamnoit Jacques Forceville, Adjudicataire des Fermes générales, en 800 livres de dommages & intérêts envers le nommé Jean Aubertot, & avoir fait des saisies & arrêts sur ledit Forceville entre les mains de plusieurs de ses Sous-Fermiers, sans au préalable avoir remis & laissé pendant huit jours ès mains du Receveur Général des Fermes à Paris, copie de ladite Sentence & du Commandement fait en conséquence; & lui enjoint de se conformer à l'avenir dans l'exercice de sa Charge aux Arrêts du Conseil, sous les peines y portées.

Du 14 Mars 1741.

Arrest du Conseil & Lettres Patentes, qui fixent à 1000 liv.

les Droits d'Enregiſtrement à la Chambre des Comptes de Dijon, du Bail des Fermes générales-unies, fait à Jacques Forceville, le 16 Septembre 1738.

Du 18 Mars 1741.

Ordonnance de M. l'Intendant d'Orléans, portant que le
Droit de Péage, dans l'étendue de la Seigneurie de Meſlay,
continuera d'être perçû en la maniere accoutumée, juſqu'à ce
que par le Roi il en ait été autrement ordonné.

Du 21 Mars 1741.

* Arrêt définitif du Grand Conſeil du Roi, qui déclare nul,
injurieux, tortionnaire & déraiſonnable le Decret de priſe de
corps decerné par le Prévôt de la Maréchauſſée de Caën &
les Officiers du Préſidial de ladite Ville, contre le Sieur
Choüet de Vaumorel, Controlleur Général des Fermes du
Roi au Département de Cherbourg, fauſſement accuſé de crime de faux dans un Procès-verbal par luî redigé d'une rebellion faite aux Employés des Fermes le 24 Octobre 1738. par
les Habitans de la Ville de Cherbourg, à l'occaſion de la capture faite par leſdits Habitans du nommé Mathieu André, dit
ſans Quartier, Soldat du Régiment de Perigord, Compagnie
de Chamillac, arrêté avec environ trois livres de faux Tabac,
& tout ce qui s'en eſt enſuivi ; décharge ledit ſieur Chouet de
Vaumorel des accuſations intentées contre lui : ordonne que
les écrouës faits de ſa perſonne dans les Priſons de Valogne,
Bayeux & Caën, ſeront rayés & biffés, &c.

Du 21 Mars 1741.

Arreſt du Conſeil, qui ordonne que par les Collecteurs de
l'Impôt du Sel de la Paroiſſe de Loiron en l'année 1741. il
ſera impoſé ſur les Contribuables audit Impôt une ſomme de
338 livres 1 ſol 9 deniers, dont les Collecteurs de l'année 1735.
ſe ſont trouvés relicataires, laquelle ſomme ſera remiſe aux
nommés Guillaume Hairain, Julien le Breil, Pierre Beau-

Mesnil, René Sorin & la veuve Ambroise Gastineau, principaux Habitans de ladite Paroisse de Loiron, qui ont été condamnés de la payer à Nicolas Desboves, Adjudicataire des Fermes générales, par Sentence du Grenier à Sel de Laval, du 15 Décembre 1738.

Du 11 Avril 1741.

Arrest du Conseil, qui deboute Robert Remy, pourvû de l'Office de Mesureur au Grenier à Sel de la Ferté-Milon, de sa demande en cassation de l'Arrest de la Cour des Aydes de Paris du 8 Juillet 1740. par lequel il lui a été fait défenses de percevoir à l'avenir plus forts Droits que deux deniers par Minot de Sel qui se distribue audit Grenier; & sur le surplus des demandes dudit Remy, tendantes à être déchargé des fonctions de Briseur & de Porteur de Sel, & de Tendeur de sacs audit Grenier, met les Parties hors de Cour.

Du 18 Avril 1741.

Arrest du Conseil, qui ordonne que par le Sieur de Pontcarré de Viarme, Intendant & Commissaire départi en la Province de Bretagne, ou par celui qui sera par lui commis à cet effet, il sera incessamment procédé, pour & au nom de Sa Majesté, tant à l'échange de partie du terrain appartenant au sieur Taverne à Chezine, acquise au nom de Sa Majesté, qu'à l'acquisition d'une partie du terrain appartenant au sieur de la Chapelle Cocquerie, ainsi qu'il est plus amplement détaillé par les offres contenus en sa proposition du 24 Mars 1741. & au plan desdits terrains, pour sur lesdits terrains y être construit des Salorges, ainsi qu'il a été ordonné par l'Arrest du 4 Décembre 1731. Ordonne en outre que pour le prix desdites échange & acquisition, il sera payé par le Fermier des Gabelles audit sieur la Chapelle, sur les Ordonnances dudit Sieur de Pontcarré, la somme de 75000 livres, laquelle lui sera remboursée par le Fermier qui lui succédera.

Du 20 *Avril* 1741.

* Jugement souverain de la Commiſſion du Conſeil établie à
Valence, qui condamne Joſeph Caillat, dit Martin, du lieu
de Ramaſſe en Breſſe, en cinq années de Galeres, & Joſeph
Gagnon du même lieu, en trois années, pour les cas de contrebande en Tabac & Fauxſaunage réſultans du Procès, & les
condamne; ſçavoir, ledit Caillat, dit Martin en 1000 liv. d'a-
mende, & ledit Gagnon en 500 liv. auſſi d'amende.

Du 25 *Avril* 1741.

Arreſt du Conſeil, qui évoque & renvoye pardevant le Sieur
Colleau, Commiſſaire du Conſeil établi à Reims, les Procédures qui peuvent avoir été commencées, en quelque Juriſdiction que ce ſoit, pour raiſon du vol fait la nuit du 6 au 7
dudit mois d'Avril, de la quantité de vingt-trois minots trois
quarts & un ſeiziéme de Sel, dans le Magaſin ſervant de dépôt à Saint Quentin, des Sels ſaiſis dans l'étendue du Reſſort
dudit Grenier, & mentionnés dans le Procès-verbal du Lieutenant Criminel en la Prévôté Royale de la même Ville, dudit
jour 7 Avril, pour être par lui, en appellant le nombre d'Officiers requis par l'Ordonnance, le Procès inſtruit & jugé ſouverainement & en dernier Reſſort aux auteurs, fauteurs, complices, participes ou adhérans dudit vol, circonſtances & dépendances, lui attribuant à cet effet toute Cour, Juriſdiction
& connoiſſance, icelle interdiſant à toutes ſes Cours & autres
Juges, &c.

Du 9 *Mai* 1741.

Jugement Souverain de la Commiſſion du Conſeil établie
à Valence, qui condamne Etienne Roſtagnat, du lieu de Fa-
verges, Paroiſſe de Corbelin en Dauphiné, en neuf années de
Galeres, pour les cas de contrebande en Tabac, faux Saunage,
vols, & autres mentionnés au Procès, & en 1000 livres d'a-
mende.

Du 18 Mai 1741.

Arrest contradictoire du Parlement de Bretagne, rendu sur les conclusions de M. le Procureur Général du Roi, qui décide plusieurs questions.

1°. *Dans la forme* : Que les contradictions qui se trouvent sur certains faits rapportés dans un Procès-verbal, & reconnus dans le recolement & confrontation aux Accusés, ne sont pas des moyens pour annuller leur Procès-verbal.

2°. Que les Procès-verbaux peuvent être écrits par des mains étrangeres, & autres que celles des Employés qui ont parlé & signé aux Procès-verbaux.

3°. *Au fonds* : Que les nommés le Rouic & Jouannie, qui avoient favorisé l'évasion du nommé le Sausse, arrêté, saisi d'un rolle de Tabac de fraude sur un grand chemin, sont tenus solidairement de l'amende encourue par ce Fraudeur, ainsi que des dépens de leur Procès.

Du 30 Mai 1741.

Arrest du Conseil, qui ordonne que par le Sieur de Lesseville, Intendant & Commissaire départi en la Généralité de Tours, ou par son Subdélégué, il sera incessamment procédé à l'Adjudication au rabais & moins disant, en la maniere ordinaire, des ouvrages & réparations à faire à une brêche de la Porte de Persignan, sur la Riviere de Mayne, mentionnés aux Devis & Etat estimatifs qui ont été dressés les huit & dix dudit mois, montant à la somme de 3666 livres 12 sols 3 deniers, du prix desquels ouvrages & réparations, l'Entrepreneur sera payé sur les Ordonnances dudit Sieur Intendant, au fur & à mesure, ou après la réception d'iceux, par Jacques Forceville, Adjudicataire des Fermes générales unies, auquel il en sera tenu compte sur le prix de son Bail.

Du 30 Mai 1741.

Arrest du Conseil sur la Requête de Jacques Forceville,

Adjudicataire des Fermes générales unies, tendante à la cassation d'un Arrest de la Cour des Aydes de Rouen du 16 Décembre 1740. pour avoir réformé une Sentence de la Jurisdiction des Traittes & Quart Boüillon d'Avranches, du 4 Juin précédent, qui avoit prononcé la confiscation de vingt-deux ruches de Sel blanc saisi sur le nommé Pierre Bisson, pour l'avoir levé aux Salines de Gisors sur des Passavans expédiés sous le nom de Pierre Lesage, lequel Lesage avoit réclamé ce Sel, sous prétexte qu'il avoit chargé Bisson d'aller le chercher & voiturer pour son compte; ordonne, avant faire droit sur ladite Requête, qu'elle sera communiquée aux nommés Pierre Bisson & Pierre Lesage, pour y fournir de réponses dans les délais de l'Ordonnance, sinon, & à faute de ce faire, qu'il sera fait droit, ainsi qu'il appartiendra.

Du 13 Juin 1741.

Arrest du Conseil, qui décharge M. de Saint Simon, Evêque de Metz, & ses Héritiers, de toutes recherches, tant pour raison des baliveaux surnuméraires ou excédens les seize portés par l'Ordonnance des Eaux & Forêts de 1669. & laissés dans les Bois pendant que le Roi en a joui, pour la formation des Sels à la Saline de Moyenvic, & qu'il pourroit répéter, que pour raison des dégradations commises dans lesdits Bois jusqu'au 12 Février 1737. que ledit Sieur Evêque en a repris possession, au moyen de quoi le Roi demeure pareillement déchargé, ensemble les Fermiers Généraux qui les ont exploités, de toutes demandes respectives au sujet des prétendues dégradations & défrichemens faits dans les Bois dudit Evêché pendant le tems de la jouissance de Sa Majesté.

Du 20 Juin 1741.

Arrest du Conseil, qui commet le Sieur Levet, Commissaier du Conseil à Valence, pour instruire & juger souverainement & en dernier Ressort, en appellant avec lui le nombre d'Officiers ou Gradués requis par l'Ordonnance, le Procès aux auteurs, fauteurs, complices, participes ou adhérans de la rebellion,

bellion, violences & mauvais traittemens faits aux Employés des Fermes de la Brigade de Clermont-Ferrand en Auvergne, pour raison de l'expoliation du nommé Michel Paillet, Cabarretier du lieu de Cornon, decreté de prise de corps pour faux Saunage, & que plusieurs Particuliers leur ont enlevé ; évoque & renvoye pardevant ledit Sieur Levet les procédures qui pourroient avoir été commencées à ce sujet, en quelque Jurisdiction que ce soit, pour être le tout par lui jugé en dernier Ressort, lui attribuant à cet effet toute Cour, Jurisdiction & connoissance, icelle interdisant à toutes ses Cours & autres Juges, & lui permet de subdéléguer pour l'instruction, &c.

Du 23 Juin 1741.

* Arrest de la Cour des Aydes, qui décharge le Fermier des condamnations prononcées contre lui par Sentence du Dépôt de Chatelleraut du 4 Janvier 1741. enjoint aux Habitans de la Paroisse de Bonneil-Matours de prendre leur Sel audit Dépôt, avec défenses de s'en fournir ailleurs, à peine de 150 livres d'amende ; ordonne aux Collecteurs de ladite Paroisse de fournir au Commis du Dépôt, dans le mois de Février de chacune année, copie du Rolle des Tailles de la Paroisse, contenant le nombre de personnes qui composent chaque famille ; & défend au Curé de délivrer des Billets pour prendre du Sel ailleurs qu'au Dépôt, à peine de 20 livres d'amende.

Du 23 Juin 1741.

Arrest de la Cour des Aydes, qui confisque du faux Sel trouvé chez le nommé Jean Rossier, Laboureur, de la Paroisse de Magny, & le condamne en 200 livres d'amende ; & par forme de Réglement, sur les conclusions de M. le Procureur Général, fixe à 40 sols par heure les vacations des Officiers du Ressort de la Cour, pour les Procès-verbaux qui seront par eux faits dans le lieu où est située la Jurisdiction, ou 6 livres pour trois heures, & ordonne que le Grenetier au Grenier à Sel de Saint Pierre-le-Moutier restituera, ainsi que le Procureur du Roi, ce qu'ils ont reçû au-delà.

GABELLES. D

Du 27 Juin 1741.

Arreſt du Conſeil, qui ordonne que par le Garde du Tréſor Royal en exercice, Jacques Forceville, Adjudicataire des Fermes générales, ſera rembourſé de la ſomme de 257736 liv. 18 ſols 8 deniers, à quoi montent les payemens faits des deniers de la deuxiéme année de ſon Bail, pour ſupplément des Rentes des Paroiſſes de Paris, Verſailles, Marly & Saint Germain en Laye ; Indemnités des réductions faites des nouvelles Rentes deſdites Paroiſſes de Paris ſur les Aydes & Gabelles, & ſur les Tailles ; Remédes fournis par le ſieur Helvetius, & envois d'iceux dans les Provinces ; Ouvrages & réparations à l'Entrepôt des Sels à Pezenas, à celui du Parc, ſur la route de Geneve, Bureau des Traittes à Amiens, Corps de Garde au Poſte du Brault, Bureau à la Barriére de la Voyerie à Paris, & Dépôts des Sels à Rouen, Droits accordés à la Ville de Lyon ſur les Etoffes étrangeres, Péages ſur les Sels deſtinés pour la Savoye, Gratification ou Augmentation des Salaires à la Communauté des Meſureurs au Grenier à Sel de Paris, Rentes ſur les Dépôts des Sels à Rouen, Confection des Etats du Roi des petites Gabelles & autres, Marque des Etoffes étrangeres, & généralement toutes les Dépenſes mentionnées audit Arrêt ; à l'effet de quoi il ſera expédié audit Forceville une Ordonnance de comptant de ladite ſomme de 257736 livres 18 ſols 8 deniers ſur le Garde du Tréſor Royal en exercice, lequel donnera en payement audit Forceville ſa Quittance comprable de ladite ſomme, ſur & en déduction du prix de la deuxiéme année de ſon Bail.

Du 27 Juin 1741.

Arreſt du Conſeil, qui évoque l'appel interjetté en la Cour des Aydes de Paris, par les nommés Jean-François Soyer, Marguerite Regnard & Marie Raboury, Habitans des trois lieuës de l'Artois, limitrophes à la Picardie, d'une Sentence contre eux renduë par les Juges des Fermes de Heſdin le 28 Décembre 1740, par laquelle ledit Soyer a été condamné en 200 liv.

d'amende, & lefdits Regnard & Raboury en 150 liv. auſſi d'a-
mende, avec confiſcation du Sel gris & blanc ſur eux ſaiſi, par
le nommé Bonniere, Cavalier de la Brigade des Fermes de
Thievres; pour ſur ledit appel, circonſtances & dépendances,
être par Sa Majeſté fait droit aux Parties, ainſi qu'il appartiendra; avec défenſes de proceder ailleurs qu'au Conſeil à peine de
nullité, caſſation de procedures & Jugemens, 3000 liv. d'a-
mende & de tous dépens, dommages intérêts.

Du 5 Juillet 1741.

Arreſt de la Cour des Aydes de Paris, qui reçoit Jacques
Forceville, Adjudicataire général des Fermes, appellant d'une
Sentence des Officiers du Grenier à Sel de la Ferté Milon,
lui permet d'intimer ſur icelui qui bon lui ſemblera, & cependant ordonne l'exécution des Articles IV. & XXIII. du Titre XV. de l'Ordonnance de 1680. & des Lettres Patentes du
15 Février 1724. Et en conſéquence, que tous Marchands de
Salines ſeront tenus à l'arrivée de leurs Poiſſons ſallés, aux lieux
de leur deſtination, d'en faire leurs déclarations aux Officiers
& aux Commis du Grenier à Sel de leur Reſſort; qu'il ne ſera
dermis qu'auſdits Officiers & Commis ſeulement de faire les
Viſites & recherches, d'être préſens à l'ouverture deſdites Marchandiſes de Saline, & d'en recevoir les déclarations; avec
défenſes auſdits Officiers de commettre aucuns Huiſſiers ni Re-
gratiers pour faire leſdites Viſites & recevoir leſdites déclarations.

Du 11 Juillet 1741.

Arreſt du Conſeil, qui ordonne l'exécution de celui du 9
Janvier 1717. caſſe & annulle les Commandemens faits par
Joſeph Creſpin, Huiſſier de la Cour des Aydes, à cinq des
Cautions de Jacques Forceville, Adjudicataire des Fermes
générales unies, pour le payement d'une ſomme de 1500 livres de dommages intérêts adjugés à pluſieurs Particuliers prévenus de fraudes, par Arreſt de ladite Cour, pour n'avoir pas
remis & laiſſé au Receveur Général des Fermes, pendant huit
jours, ledit Arreſt & les Commandemens, à l'effet d'être com-

muniqués aux Cautions dudit Forceville, conformément audit Arrest du 9 Janvier 1717. ordonne que ladite somme sera restituée, à ce faire ledit Crespin contraint par corps, l'interdit des fonctions de son Office d'Huissier, & le condamne en 3000 livres d'amende au profit dudit Forceville.

Du 11 Juillet 1741.

Arrest du Conseil, qui accepte les offres faites par les Cautions de Jacques Forceville, Adjudicataire des Fermes générales de Sa Majesté, d'acquerir de gré à gré, pour & au nom du Roy, une Maison sise à Moyenvick au milieu de la grande ruë, qui va de Metz à Strasbourg, appartenante au nommé Bizet, Aubergiste de ladite Ville. Ordonne qu'après l'acquisition, décret & autres formalités requises pour sûreté de cette acquisition, ladite Maison sera rasée, afin de faciliter le passage des Voitures, du commerce & de la Saline, & que les materiaux appartiendront ausdirs Cautions, pour en disposer ainsi qu'ils aviseront; à la charge par eux de construire une aîle en avant-corps, qui manque au Bâtiment de la Direction de ladite Saline, du côté de la Cour, & d'y faire un Escalier pour communiquer aux logemens des Employés d'icelle; & qu'en rapportant par lesdits sieurs Cautions le Contrat d'acquisition, le Décret en bonne forme de ladite acquisition, un Certificat du sieur Gautier, Ingenieur de ladite Saline de la démolition de ladite Maison & place nette; l'Acte de reception de construction de ladite aîle en avant-corps & Escalier, & copie collationnée dudit Arrêt, il leur sera tenu compte sur le prix de leur Bail de la somme de 4000.

Du 19 Juillet 1741.

Arrest de la Cour des Aydes de Paris, qui reçoit Jacques Forceville, Adjudicataire des Fermes générales, appellant d'une Sentence du Dépôt à Sel de Châtellerault du 27 Juin 1710, par laquelle il avoit été permis aux Habitans de la Paroisse de Vanneüil sur Vienne, de prendre leur Sel aux Salorges; ordonne l'exécution de l'Ordonnance de 1680, & en conséquence condamne les Collecteurs de ladite Paroisse, de fournir au Fermier des Gabelles, dans le mois de Février de chaque année, copie du Rolle des Tailles de ladite Paroisse, contenant le dénombrement des Familles ; défend ausdits Habitans de prendre leur Sel ausdites Salorges, & leur enjoint de s'en fournir au Dépôt de Châtellerault ; défend aussi au Curé de ladite Paroisse de Vanneüil de délivrer aucun Billet ausdits Habitans, aux peines portées par l'Ordonnance, & déboute le Sieur Marquis de la Roche, Seigneur de ladite Paroisse, comme ayant pris le fait & cause desdits Habitans, de sa demande, dépens compensés entre les Parties.

Du 25 Juillet 1741.

Arrest du Conseil, sur la Requête de Jacques Forceville, Adjudicataire des Fermes générales unies, tendante à la cassation de deux Arrêts du Parlement de Navarre des 26 Septembre 1738, & 22 Avril 1741, pour avoir fait main-levée de Sel venant de l'Etranger, saisi sur un Habitant du pays de Soule en haute Navarre, & ce, nonobstant les prétendus Priviléges accordés aux Habitans dudit Pays, de faire commerce de ce Sel ; ordonne que ladite Requête sera communiquée au Syndic général des Etats du pays de Soule, pour y fournir de réponses dans le délai de l'Ordonnance, & que M. le Procureur Général au Parlement de Navarre envoyera incessamment au Sieur Controlleur Général des Finances, les motifs desdits Arrêts, toutes choses cependant demeurant en état.

Des 8 Septembre 1739. 10 May & 17 Décembre 1740. 27 Juillet 1741. & 13 Avril 1743.

CAHIER DE PIECES

CONCERNANT *les Enclaves de Picardie, Artois, Boulonnois, &c.*

SÇAVOIR,

Arrest du Conseil du 8 Septembre 1739, qui renvoye pardevant Messieurs les Commissaires du Conseil pour les Affaires des Gabelles, cinq grosses Fermes, Tailles, & autres affaires de Finance, une Instance pendante entre les Fermiers Généraux des Fermes unies de France, & les Sous-Fermiers des Aydes de la Généralité d'Amiens, d'une part ; les Etats de la Province d'Artois, d'autre part, & les Seigneurs & Habitans des Paroisses de Verton, Brimeux, Merlimont, Grosslier, Saint Aubin, Berck, Waban, Wailly, l'Epinoy, la Cense de Beaucamp, Noyelle, & autres Paroisses enclaves de Picardie en Artois, & d'Artois en Picardie, pour raison des Priviléges & prétentions respectives des Parties.

Autre du 10 May 1740. qui renvoye pardevant Messieurs Fagon, Dormesson, de Gaumont, de Baudry, le Pelletier de la Houssaye, Trudaine & Orry de Fulvy, pour au Rapport de M. Choppin d'Arnouville, Maître des Requestes, être statué définitivement sur l'Instance énoncée dans l'Arrest du 8 Septembre 1739. dont l'extrait est ci-dessus.

Ordonnance de Messieurs les Commissaires du Conseil, du 17 Décembre 1740. pour l'enregistrement au Greffe de la Commission de l'Arrest du Conseil du 10 May précédent.

Jugement de Messieurs les Commissaires du Conseil, du 27 Juillet 1741. qui régle & désigne les Paroisses qui doivent faire partie des Provinces de Picardie & d'Artois.

Arrest du Conseil & Lettres Patentes du 13 Avril 1743, qui réforment quelques dispositions du Jugement énoncé ci-dessus, régle & désigne définitivement les Paroisses enclavées en Picardie & Artois, qui seront à l'avenir partie de chacune de ces deux Provinces.

Du premier Aoust 1741.

Arrest du Conseil, qui commet le Sieur de Lesseville, Intendant & Commissaire départi en la Généralité de Tours, pour informer contre le Sieur Jean-Baptiste Blanvillain, Président

au Grenier à Sel d'Ingrande, Province d'Anjou, qui de son
autorité privée, a non-seulement fait d'office le Rolle de l'Impôt du Sel de l'année 1741. de la Paroisse de Chalonne, dé-
pendante dudit Grenier, mais encore fait sur la minute dudit
Rolle & sur l'expédition d'icelui délivrée aux Collecteurs, plusieurs changemens & altérations, & autres faits, circonstances
& dépendances mentionnés en une Requête présentée audit
Sieur de Lesseville par plusieurs Habitans de Chalonne; évoque & renvoye pardevant ledit Sieur Intendant, pour être par
lui le Procès instruit & jugé en dernier ressort, aux coupables
desdits faits, suivant la rigueur des Ordonnances, avec tel Présidial, Officiers ou Gradués qu'il voudra choisir, au nombre
requis par les Ordonnances; lui attribue à cet effet toute Cour,
Jurisdiction & connoissance, icelle interdisant à toutes ses
Cours & Juges, &c.

Du 8 Août 1741.

Arrest du Conseil, qui évoque une Instance pendante en la
Cour des Aydes de Clermont-Ferrand, entre les Habitans de
la Ville de Brioude & Jacques Forceville, Adjudicataire des
Fermes générales, sur l'appel interjetté par lesdits Habitans
d'une Ordonnance du Juge - Visiteur des Gabelles de ladite
Ville du 5 Juillet 1740. par laquelle il est défendu à tous Marchands, & autres Particuliers, de vendre du Sel en détail dans
ladite Ville tant que subsistera le Regrat que le Fermier y a
établi, pour sur ladite Instance, & au Rapport du Sieur Controlleur Général des Finances, être par Sa Majesté fait droit
aux Parties ainsi qu'il appartiendra; & cependant ordonne par
provision que l'Arrest de ladite Cour des Aydes de Clermont-
Ferrand, du 21 dudit mois de Juillet 1740. qui a défendu de
mettre ladite Ordonnance à exécution, & ordonné que les
Parties procéderoient à ladite Cour, sera exécuté suivant sa
forme & teneur, au chef seulement qui fait défenses d'exécuter ladite Ordonnance.

Du 29 Août 1741.

Arrest du Conseil, qui en casse deux de la Cour des Aydes de Paris, des premier Avril & 9 Décembre 1740. pour avoir renvoyé absous & élargi des Prisons le nommé Antoine Drous, Laboureur, demeurant au Village de Sarton en Artois, & Voiturier ordinaire d'Arras, & prononcé 600 livres de dommages-intérêts contre le Fermier; ordonne l'exécution d'une Sentence de la Jurisdiction des Fermes d'Hesdin, du 17 Novembre 1738. par laquelle ledit Drous a été convaincu du crime de faux Saunage, & comme tel, condamné en la confiscation de quinze minots trois quarts de Sel blanc, qu'il conduisoit dans les trois lieuës de la Province d'Artois limitrophes à la Picardie, ensemble des chevaux & charette sur lui saisis par les Employés de la Brigade ambulante établie au Poste de Thivre, les 8, 9 & 10 Novembre 1738. & en 300 livres d'amende, & condamne ledit Drous aux dépens faits en ladite Cour des Aydes.

Du 29 Août 1741.

* Arrest du Conseil, qui deboute les Maîtres & Gardes de la Communauté des Chandeliers-Epiciers de la Ville de Dieppe, les Maîtres Tripiers, & les Vendeurs de Coquillages & autres Poissons cuits, en la même Ville, de leur demande, tendante à ce qu'il leur soit délivré du Sel de franchise pour les salaisons de leur Beurre & Poisson, à la charge par eux d'en rendre compte, & de faire les déclarations convenables pour la sûreté du Fermier; ordonne en outre l'exécution des Déclarations des 22 Août 1711. 15 Octobre 1712. & de l'Arrest du Conseil du 6 Août 1720. concernant la distribution du Sel de franchise aux Habitans de Dieppe & autres.

Du 29 Août 1741.

Arrest du Conseil, qui accorde aux Visiteurs Généraux des Gabelles de Provence, pour leurs vacations, lorsqu'ils vont en Commission hors le lieu où leur Siége est établi, huit livres

par

par jour quand il n'y aura point de Partie civile, & quinze livres aussi par jour quand il y aura Partie civile, lesquelles vacations ils ne pourront néanmoins exiger, que lorsqu'ils auront été requis par l'Adjudicataire des Fermes générales de se
transporter hors le lieu de leur Siége ; & pour ce qui concerne
les autres fonctions desdits Visiteurs, & les procédures qui se
feront dans leurs Jurisdictions, ordonne qu'ils se conformeront
à la taxe portée par la Déclaration du 17 Février 1688.

Du 29 Août 1741.

'Arrest du Conseil, qui sans s'arrêter à la Sentence de la Gru-
rie de Metz, du 14 Septembre 1739. par laquelle M. l'Evêque
de Metz a été condamné aux dommages & intérêts actifs &
passifs des sieurs Henry Godel, Jacques Willaume & Jean-
Claude de Brie, en qualité de Châtelains de la Châtellenie de
la Garde, résultans des événemens & du défaut de rétablissement du Barrelage situé à la queuë de l'Etang de la Garde,
ce qui a occasionné la perte de partie de leur Poisson, & le
Fermier des Gabelles des Evêchés condamné à indemniser
ledit Sieur Evêque, deboute lesdits Sieurs Châtelains de leurs
demandes en dommages-intérêts, pour raison de la prétendue
évasion de leur Poisson de l'Etang de la Garde ; & sur le surplus des autres demandes, met les Parties hors de Cour & de
Procès.

Du 29 Août 1741.

Arrest du Conseil qui, du consentement des Intéressés au
Bail des Fermes générales unies, ordonne qu'il sera remis gra-
tuitement aux sieurs Boulduc & Biron, pendant vingt années,
les Matiéres terreuses nommées Chelot, & les Eaux meres
restantes dans les chaudiéres après la formation des Sels dans
les Salines de Franche-Comté & des Trois Evêchés, dont ils
pourront avoir besoin, pour en tirer les Sels d'Ypsum, Am-
monsac, & autres espèces de Sels servans dans la Médecine,
sans qu'il en puisse être délivré à d'autres personnes, sous quelque prétexte que se puisse être, à condition que l'enlevement
desdites Matiéres n'apportera aucun préjudice au Fermier des-

dites Salines, ni aux Fermes générales, & que lesdits sieurs Boulduc & Biron n'en abuseront pas ; ordonne aussi que ce qui restera desdites Matiéres continuera à être jetté, en sorte qu'il n'en puisse être fait aucun enlevement en fraude.

Du 30 Aoust 1741.

*Ordonnance de M. le Comte d'Argenson, Conseiller d'Etat, Intendant de Justice, Police & Finances de la Généralité de Paris, qui fait très-expresses inhibitions & défenses à tous Huissiers & Sergens, de faire aucune signification d'Actes, Requêtes & Procédures, & de ses Ordonnances, ni de les mettre à exécution dans les affaires qui se poursuivent pardevant lui, soit comme Commissaire départi dans la Généralité de Paris, soit comme commis par Arrests du Conseil, & ce tant dans la Ville, Fauxbourgs & Banlieuë de Paris, qu'à la suite des Conseils de Sa Majesté, à peine de nullité, d'interdiction, & de 300 livres d'amende portées par les Arrests & Ordonnances y énoncés, & de tous dépens, dommages & intérêts.

Du 5 Septembre 1741.

Arrest du Conseil, entre M. Bergeret, Intéressé dans les Fermes générales du Bail de Carlier, & le sieur Sigoing, ordonne que les Parties remettront les Piéces & Mémoires de leurs prétentions entre les mains de M. le Controlleur Général, pour sur son Rapport y être fait droit par le Roi.

Du 5 Septembre 1741.

Arrest du Conseil, qui ordonne que la Requête de M. le Riche de la Poupliniere, Fermier Général, sera communiquée au Sieur le Riche de Chevigné son frere, au sujet de l'intérêt que ledit Sieur de Chevigné prétend avoir dans la Ferme Générale, &c.

Du 5 Septembre 1741.

Arreſt du Conſeil, entre Charles Cordier, chargé de la Régie des Fermes générales unies, & le ſieur Claude-François Corbeau, ancien Receveur au Grenier à Sel de Saint Bonnet-le-Château, reliquataire d'une ſomme de 18767 livres 6 ſols, pour le payement de laquelle lui & le ſieur Verchere de la Batie, ſa caution, ont été empriſonnés. Par lequel Arreſt ledit ſieur Corbeau a été debouté de ſes demandes, tendantes, 1°. A être déchargé des contraintes décernées tant contre lui que contre ſa caution, pour raiſon de ſon debet. 2°. Que le Fermier fût condamné à lui payer une ſomme de 73619 livres pour indemnités, déchets de Sel, frais d'empochement & chereté des voitures, avec 30000 livres de dommages intérêts pour la prétendue indue & tiranique oppreſſion exercée contre lui. 3°. Qu'il lui ſoit reſtitué une ſomme de 4000 livres, dont le Fermier avoit bien voulu ſe contenter par tranſaction avec la caution, pour être déchargée de ſon cautionnement, ſe réſervant au ſurplus ledit ſieur Corbeau à ſe pourvoir en dommages intérêts pour trois ans & plus de détention de ſa perſonne dans les Priſons, & pour le recouvrement des Titres de ſes Offices, Maiſons, fonds de Rentes, Billets, Obligations, Regiſtres, Comptes & Piéces qu'il ſuppoſe avoir été perdus ou adhirés pendant le cours de la procédure exercée tant contre lui que contre ſa caution.

Du 5 Septembre 1741.

* Arreſt du Conſeil, qui ordonne que le Sieur François-Claude Racine, Receveur des Tailles & du Grenier à Sel de la Ville & Election de Lizieux, continuera de jouir de la Maiſon qu'il occupe en la Ville de Lizieux, appartenante au Chapitre de ladite Ville, en payant le loyer ſur le pied porté au dernier Bail, qui lui en a été paſſé par le Chanoine qui en jouiſſoit, en ſatisfaiſant aux clauſes & conditions d'icelui, & ce, nonobſtant le Bail paſſé de ladite Maiſon par le Sieur de Saint Germain le Bas, autre Chanoine, devenu en cette qua-

E ij

lité nouveau Propriétaire d'icelle, lequel Bail eft en cas de befoin, déclaré nul & comme non avenu, fauf audit fieur le Bas, ou à celui qui lui fuccedera dans la propriété de ladite Maifon à fe pourvoir au Confeil, pour leur être pourvû ainfi qu'il appartiendra.

Du 5 Septembre 1741.

* Sentence du Bureau de l'Hôtel de Ville de Paris, qui condamne la nommée Corniere, Fruitiere, rue de la Mortellerie en 10 liv. d'amende, pour s'être fervie dans fon Commerce, d'un Liton & un demi Litron, marqués à la Lettre Y, & non à la Lettre D, qui eft celle de l'année courante, & avoir caffé lefdites Mefures après qu'elles ont été cachetées du Cachet des Officiers-Mefuraux de Sel, Etalonneurs de Mefures de Bois de la Ville, Prévofté & Vicomté de Paris; & qui lui fait défenfes de récidiver fous plus grandes peines.

Du 12 Septembre 1741.

Arreft du Confeil, qui commet le Sieur de la Porte, Intendant & Commiffaire départi en la Généralité de Moulins, pour inftruire & juger fouverainement & en dernier reffort, en appellant avec lui le nombre d'Officiers ou Gradués requis par l'Ordonnance, le Procès aux nommés Albut & Antoine Chofnier, pere & fils, du Village Doyat-Daronne en Bourbonnois, à l'occafion des dégâts, Fauxfaunage & Affaffinats commis par ledit Chofnier fils, en la perfonne du nommé Simon Papu, d'un coup de fufil, & aux nommés Antoine Dezat, Gillebert Javanel, fils cadet, Benoît & Blaife Roche, Jacques Quincandon, Antoine la Place, Gilbert & Marie Bigay, Georges, Charles & François Roche, freres, Jean Palabort, Jean & Claude Monnier, Claude Guerier, dit le Chanteur, Antoine & Jean Roux, pour raifon de Fauxfaunage, dont ils font auffi accufés; enfemble aux Complices, Fauteurs, Participes ou Adhérans de tous lefdits faits, circonftances & dépendances, évoque & renvoye pardevant ledit Sieur Intendant, toutes les Procedures qui pourroient avoir été commencées à ce fujet, en quelque Jurifdiction que ce foit, pour être le tout par lui jugé fouverainement & en dernier reffort; lui attribuant à cet effet toute Cour, Jurifdiction & connoiffance, icelle interdifant à toutes fes Cours & autres Juges.

Du 16 Septembre 1741.

Arreft du Confeil, qui admet Mr. de Beaumont pour remplir la place de feu M. Delaporte du Pleffis, dans le Bail des Fermes générales unies fait à Jacques Forceville, à commencer du premier Octobre fuivant.

Du 18 Septembre 1741.

Arreft du Confeil, qui admet M. de Beaumont dans les Fermes générales de Lorraine & Barois, au lieu & place de feu M. Delaporte du Pleffis.

Du 19 Septembre 1741.

Arrêt du Confeil, qui annulle un Bail à rente fait le 16 Mars 1723, d'une Maifon deftinée pour fervir de Prifons & de Maifon de force dans la Ville de Saint Maure, & que les Adminiftrateurs de l'Hôpital de St. Maure fe remettront en poffeffion de ladite Maifon en vertu dudit Arrêt, à compter du jour de la Signification qui en fera faite aufdits Adminiftrateurs de l'ordre du Sieur Intendant & Commiffaire départi en la Généralité de Tours, & fans qu'ils puiffent être inquiétés ni recherchés, pour raifon des agrandiffemens & réparations qui ont été faites aufdits Bâtimens; & en conféquence, le Roy demeurera déchargé du payement de la rente de 150 liv. portée par ledit Bail, à compter du premier Janvier 1742, accorde, par grace, aufdits Adminiftrateurs ladite rente pour l'année entiere 1741; ordonne qu'au moyen du délaiffement de ladite Maifon, l'Arrêt du Confeil du 4 Octobre 1740, qui confirme l'Adjudication des Ouvrages ordonnés être faits à ladite Maifon, demeurera fans exécution; que l'indemnité dûe au nommé Jean Hallouin, Entrepreneur defdits Ouvrages, tant pour ceux qui peuvent avoir été par lui commencés, que pour la conduite & achat des materiaux qu'il a fait conduire sur les lieux, demeurera réglée à la somme de 976 liv. 10 s. de laquelle ledit Hallouin sera payé sur les Ordonnances du Sieur Intendant & Commissaire départi, par le Sous-Fermier des Domaines de ladite Généralité, auquel il en sera tenu compte sur le prix de son Bail, par l'Adjudicataire général des Fermes unies, en rapportant par ledit Sous-Fermier, conformément à la Déclaration du Roy du 12 Juillet 1687, la Quittance comptable du Receveur général des Domaines & Bois de ladite Généralité, lequel Receveur général sera tenu d'en compter dans le compte de son exercice de l'année 1741; à l'effet dequoi il sera fait fond de ladite somme de 976 liv. 10 s. dans l'état des charges du Domaine de ladite année, en vertu dudit Arrest.

Du 25 Septembre 1741.

*Département de Messieurs les Fermiers Généraux, pour le service des Fermes Royales unies, pendant la quatriéme année du Bail de M.ᵉ Jacques Forceville.

F I N.

TABLE

DES

EDITS, DECLARATIONS,

ARRESTS

ET REGLEMENS,

Rendus pendant la troisiéme année du Bail
de M^e. JACQUES FORCEVILLE.

Commencée le premier Octobre 1740. & finie le
dernier Septembre 1741.

CONCERNANT LES AYDES, ENTRE'ES, PIED-FOURCHE'
& Droits y joints, Papier & Parchemin Timbrés, Domaine & Barrage & Poids-
le-Roi, Domaines de Flandre, Marque d'Or & d'Argent, Marque des Fers, Impôts & Billots de Bretagne, Droits sur le Poisson, Droits rétablis aux Entrées &
sur les Ports, Quays, Halles, Places & Marchés de la Ville & Fauxbourgs de Paris,
& aliénés aux Officiers créés par l'Edit du mois de Juin 1730. Inspecteurs aux
Boucheries & des Boissons, Courriers-Commissionnaires & Jaugeurs de Futailles,
Droits appartenans à la Ville de Paris, à l'Hôpital Général, & à l'Hôtel Dieu.

A PARIS,

Chez PIERRE PRAULT, Imprimeur des Fermes & Droits du Roy,
Quay de Gêvres, au Paradis.

M. DCC. XLVI.

TABLE

DES EDITS, DECLARATIONS,

ARRESTS ET REGLEMENS,

RENDUS pendant la troisiéme année du Bail de Me.
JACQUES FORCEVILLE

Commencée le premier Octobre 1740. & finie le dernier Septembre 1741.

CONCERNANT les Aydes, Entrées, Pied-Fourché & Droits y joints, Papier & Parchemin Timbrés, Domaine & Barrage & Poids-le-Roi, Domaines de Flandre, Marque d'Or & d'Argent, Marque des Fers, Impôts & Billots de Bretagne, Droits sur le Poisson, Droits rétablis aux Entrées & sur les Ports, Quays, Halles, Places & Marchés de la Ville & Fauxbourgs de Paris, & aliénés aux Officiers créés par l'Edit du mois de Juin 1730. Inspecteurs aux Boucheries & des Boissons, Courtiers-Commissionnaires & Jaugeurs de Futailles, Droits appartenans à la Ville de Paris, à l'Hôpital Général, & à l'Hôtel Dieu.

Du 4 Octobre 1740.

SENTENCE de la Jurisdiction de l'Hôtel de Ville de Paris, qui condamne Charles Martin, Maitre Tonnelier, Commis-Déchargeur de Vin, en 50 livres d'amende, pour avoir voulu empêcher les autres Maîtres Tonneliers, Commis-Déchargeurs de Vin, de travailler à

AYDES. A

la décharge des Vins au Port Saint Paul, de Louis Poterat, Marchand de Vin, sous prétexte que ledit Marchand ne leur vouloit pas donner du vin, & avoir menacé ledit Poterat; révoque la Commission qui lui avoit été accordée, & l'interdit de tout travail sur les Ports pendant deux mois, même d'y paroître, à peine de trois mois de Prison.

Du 4 Octobre 1740.

* Sentence du Bureau de la Ville, qui déclare nulles les offres faites par Michel & Antoine Aubry, pere & fils, Boulangers; en conséquence, les condamne à payer aux Officiers Jurés Porteurs de Grains, les sommes par eux dues pour les Droits des Farines qu'ils ont fait arriver à Paris par les Coches d'Eau de Melun & autres, depuis le 13 Octobre 1739. jusqu'au 31 Août suivant, & aux dépens.

Du 7 Octobre 1740.

* Arrest de la Cour des Aydes, qui fixe par provision, & jusqu'à ce qu'il en soit autrement ordonné, les alimens des Prisonniers détenus pour dettes civiles, à raison de sept sols par jour.

Du 11 Octobre 1740.

* Arrest du Conseil, rendu en faveur des Officiers de la Communauté des Jurés-Controlleurs & Vendeurs de Volaille.

Contre les nommés Lamarche, Maître Tailleur, & Pelissier & sa femme, Menuisier.

Qui ordonne que les Sentences de Police rendues contre eux, portant différentes condamnations d'amende, dépens, dommages & intérêts envers lesdits Officiers, seront exécutées selon leur forme & teneur, & ce pour leurs contraventions aux Réglemens, qui défendent à toutes personnes d'élever & nourrir aucuns Pigeons, Volaille & Gibier, sous les peines y portées; & condamne lesdits Lamarche & Pelissier au coût dudit Arrest.

Du 11 Octobre 1740.

* Arrest du Conseil, qui sans avoir égard à la Requête du sieur de Grieu, Ecuyer, tendante à être déchargé des Visites & exercices des Commis, attendu que les Eaux-de-vie trouvées chez lui proviennent des Boissons de son cru, & sont destinées pour sa provision, & qu'il est Gentilhomme, le deboute de l'appel par lui interjetté de l'Ordonnance de M. l'Intendant de Rouen, du 30 Juin 1740. confirme ladite Ordonnance : enjoint audit sieur de Grieu d'ouvrir ses caves & celliers aux Commis aux Aydes, de souffrir leurs Visites & exercices tant qu'il aura chez lui des Eaux-de-vie en piéces & en cercles, & le condamne au coût dudit Arrest, liquidé à 75 livres.

Du 11 Octobre 1740.

* Arrest du Conseil, qui fait défenses aux Habitans de la Ville de Vire, de quelque état & condition qu'ils soient, leurs femmes, enfans & domestiques, de troubler les Commis & autres Employés de la Ferme des Aydes dans leurs fonctions, & de les insulter par voye de fait, soit par des sifflemens, ou en quelque autre maniere que ce soit, à peine de 500 livres d'amende, & du Carcan, faute de satisfaire à ladite amende, huitaine après la signification du Jugement qui aura été rendu, au payement de laquelle amende, frais, dépens, dommages & intérêts, les Peres, Meres, Maîtres & Maîtresses seront solidairement condamnés & contraints avec leurs Enfans & Domestiques. Commet M. l'Intendant de Caën pour connoître des Procès-verbaux qui interviendront en ce cas, & les juger en dernier Ressort.

Des 11 & 18 Octobre 1740.

* Sentences du Bureau de l'Hôtel de Ville de Paris.
La premiere ordonne la descente de deux Bateaux chargés de Tuiles & de Briques, appartenantes à Claude Branchard, Marchand de Tuiles à Montereau, du Port de la Rapée à celui de la

Tournelle ; confisque lesdits Bateaux & Marchandises sur ledit Branchard & veuve d'Edme Cotteret, Voituriere par Eau, pour avoir fait séjourner lesdites Marchandises audit Port de la Rapée, dans la vue d'en faire hausser le prix ; ordonne la vente desdites Marchandises en présence de deux Jurés de la Communauté des Maîtres Couvreurs, au prix de 40 livres pour chaque millier au grand moule, & de 30 livres le millier du petit moule, & que les deniers en provenans seront tenus en Justice, jusqu'à ce qu'il en soit autrement ordonné ; enjoint à tous Marchands de Tuiles, pour la provision de cette Ville, d'en tenir les Ports continuellement garnis ; leur fait défenses de commettre aucune monopole ou regrat ; & prescrit la forme des Lettres de Voitures desdites Marchandises.

La seconde décharge lesdits Branchard & veuve Cotteret de la demande contre eux formée ; leur fait mainlevée de la saisie desdites Marchandises & Bateaux, en payant par eux les frais d'icelle, & autres, sauf leur recours contre qui & ainsi qu'ils aviseront ; & au surplus ordonne l'exécution de la Sentence du 11 du même mois.

Des 14 Octobre & 2 Décembre 1740.

* Arrests de la Cour des Aydes.

Le premier reçoit Jean Larcena, Distributeur de la Formule à Coulommiers, Appellant de la Sentence rendue par les Elus de Coulommiers, qui l'avoient nommé Collecteur des Tailles ; lui permet de faire intimer qui bon lui semblera ; fait défenses de mettre ladite Sentence à exécution ; ordonne que les Habitans de la Paroisse de Coulommiers seront tenus de s'assembler, pour nommer un autre Collecteur au lieu dudit Larcena, sinon qu'il en sera nommé un d'office par lesdits Elus, & que celui qui sera nommé sera tenu de faire la Collecte.

Et le second, contradictoire avec les Maire, Echevins & Habitans de Coulommiers, qui reçoit ledit Larcena incidemment Appellant de l'Ordonnance du Commissaire départi en la Généralité de Paris, du 4 Novembre, qui l'avoit nommé d'office Collecteur ; le décharge de la Collecte ; ordonne que lesdits Maire, Echevins & Habitans seront tenus de s'assembler pour nommer un autre Collecteur, & condamne lesdits Maire, Echevins & Habitans en tous les dépens, lesquels seront réimposés en la maniere accoutumée.

Du 18 Octobre 1740.

* Arrest du Conseil, qui ordonne que celui du 23 Août 1689. sera exécuté, & en conséquence, que les tenans Pensionnaires de la Ville de Caën seront tenus de payer les Droits de Quatriéme des Boissons qu'ils consommeront, à la déduction d'un muid & demi par an de douze mois pour chaque Ecolier, & à proportion lorsqu'ils ne les tiendront pas toute l'année, ce qui fait dix-huit pots par mois à déduire pour chacun, au lieu de vingt-quatre prétendus par le nommé Cauchard; condamne ledit Cauchard aux dépens faits en l'Election de Caën, & au coût dudit Arrêt, liquidé à 60 livres.

Nota. L'Arrest du 23 Août 1689. ordonne que les tenans Pensionnaires de la Ville de Caën payeront les Droits de Quatriéme des Boissons qu'ils consommeront, à la déduction d'un muid & demi par an pour chaque Ecolier; Cauchard a prétendu que les Ecoliers n'étant que neuf mois au Collège, il falloit entendre que le muid & demi étoit accordé pour neuf mois, qui composent l'année Scholastique, & a obtenu à ses fins une Sentence à l'Election de Caën, du 29 Février 1740. qui demeure cassée & annullée par l'Arrest dont l'Extrait est ci-dessus, sur ce que les tenans Pensionnaires sont tenus des Droits de détail de la totalité des Boissons qu'ils consomment, & que la réduction portée par l'Arrest de 1689. est de grace.

Du 18 Octobre 1740.

* Ordonnance de Monsieur l'Intendant de la Généralité de Caën, qui condamne plusieurs Particuliers de la Ville & Election de Mortain, au payement des Droits de Quatriéme des excessives consommations de Cidre qu'ils ont faites par leur Commerce frauduleux, & qui enjoint aux Directeurs des Aydes de Mortain de représenter ladite Ordonnance audit Sieur Intendant lors de son Département, pour imposer lesdits Particulier à la Capitation proportionnément à leurs facultés & à la consommation de leurs Boissons, le tout conformément aux dispositions des Arrests du Conseil des 13 Février 1731. & 29. Avril 1738.

Du 26 Octobre 1740.

* Déclaration du Roi, *enregistrées en Parlement en vacations le 27 Octobre* 1740. qui ordonne que jusqu'au dernier Décembre 1741. les Bleds, Grains, Farines & Légumes de toutes espèces qui entreront dans le Royaume, ou qui seront transportés d'une Province ou d'un lieu à un autre, seront exemts de tous Droits, soit qu'ils appartiennent au Roi ou aux Seigneurs, Corps & Communautés, soit Ecclésiastiques ou Laïques, & régle la maniere dont les Cens, Rentes & Redevances qui se payent en grains doivent être acquittées, *contenant dix Articles.*

Du 29 Octobre 1740.

* Ordonnance de M. l'Intendant de la Généralité de Rouen, qui confisque un traineau, deux chevaux & un muid de Cidre sur le sieur Duperron, demeurant au Bourg d'Ecouy, & le condamne en 200 livres d'amende & aux dépens, pour avoir fait enlever ledit muid de Cidre de sa Ferme, pour conduire dans sa maison d'habitation, située dans le même lieu, sans Congé, & en fraude des Droits de Courtiers-Jaugeurs; & fait défenses, sous les mêmes peines, à toutes personnes d'enlever des Vins, Cidres, & autres Boissons, d'un lieu à eux appartenant, pour être conduits dans leur maison d'habitation, ou autre lieu pareillement à eux appartenant, quoique dans l'étendue de la même Paroisse, sans avoir pris un Congé & acquitté lesdits Droits, à l'exception des Boissons qui seront enlevées du Pressoir dans la maison d'habitation, située dans le même lieu, & de celles qui seront enlevées d'une cave ou cellier, ou autre lieu situé dans la maison du Propriétaire des Boissons, pour être conduites dans une autre cave, cellier, ou autre lieu de la même maison, sans sortir de l'enclos d'icelle.

Du premier Novembre 1740.

Arrest du Conseil, qui ordonne que le sieur Jean-Baptiste Philippes, l'un des douze Syndics Généraux & perpétuels de la

Communauté des Inspecteurs - Controlleurs & Visiteurs des Vins entrant dans Paris, chargé de rendre comte au Conseil du produit des Droits aliénés à ladite **Communauté**, se chargera en recette, dans celui de l'année 1735. en un seul article, de la somme d'un million trois cens soixante-dix-sept mille huit cens soixante-dix-sept livres sept sols, à quoi les Droit énoncés audit Arrest sont fixés, déduction faite de ceux restitués aux Bourgeois, laquelle Recette sera admise sans aucune difficulté en vertu dudit Arrest.

Du premier Novembre 1740.

* Arrest du Conseil, qui leve la surséance ordonnée par celui du 7 Janvier 1738. concernant les emprunts de la Compagnie des Conseillers du Roi Inspecteurs sur les **Vins**, & lui permet d'emprunter au denier 20. en espèces, jusqu'à la concurrence de six millions de livres, pour faire, avec les deux millions six cens quatre-vingt mille livres d'emprunts par elle ci-devant faits, huit millions six cens quatre-vingt mille livres, aux mêmes prérogatives accordées aux Rentes de ladite Communauté par la Déclaration du 10 Mai 1735. *contenant six articles.*

Du premier Novembre 1740.

Arrest du Conseil, qui faisant droit sur l'Instance d'entre Sebastien-Antoine Legrand, François Bouton, Gilles Pousset, Antoine Roux & Dufour, tous Marchands de charbon de terre de la Ville de Paris, & les Officiers Mesureurs & Porteurs de Charbon, ordonne que l'Edit du mois de Janvier 1727. portant création de vingt-six Jurés-Mesureurs, & trente-deux Jurés-Porteurs de Charbon sur les Ports & Places de la Ville & Fauxbourgs de Paris, sera exécuté selon sa forme & teneur ; en conséquence, maintient & garde lesdits Officiers Mesureurs & Porteurs de Charbon, créés par ledit Edit, dans le droit de faire le mesurage & portage du Charbon de terre, & de choisir leurs Plumets, ensemble de percevoir 25 sols à eux attribués par icelui par chacune voye de Charbon de terre, contenant quinze minots, sçavoir 15 sols pour lesdits Jurés-Mesureurs, & 10 sols pour les Jurés Porteurs, pour leur portage à col, soit par eux ou par leurs Garçons-Plumets; fait défenses ausdits Officiers Mesureurs & Porteurs de Charbon, de percevoir sur ledit Charbon de terre, sous quelque prétexte que ce soit, autres & plus grands Droits que lesdits 25 sols par voye, composée de quinze minots, à peine de restitution, dommages & intérêts, & de plus grandes peines s'il y échéoit; ordonne pareillement que l'Edit du mois de Juin 1730. portant création & rétablissement des Charges & Offices sur les Ports, Quays, Chantiers, Halles, Foires, Places & Marchés de la Ville & Fauxbourgs de Paris, sera exécuté suivant sa forme & teneur; ce faisant, maintient lesdits Jurés-Mesureurs & Jurés-Porteurs de Charbon de terre, créés & rétablis par ledit Edit, dans le droit de percevoir 14 sols 6 deniers à eux attribués par icelui, & par le Tarif arrêté en conséquence le 13 Juin 1730. sçavoir 9 sols 6 deniers aux Mesureurs, & 5 sols aux Porteurs, par chaque minot dudit Charbon, & des autres mesures à proportion; fait défenses ausdits Jurés-Mesureurs & Porteurs de Charbon de terre, de percevoir d'autres & plus grandes sommes, à peine de restitution, dommages & intérêts, & de plus grande peine, s'il y échéoit; & sur le surplus de toutes les demandes des Parties, Sa Majesté les met hors de Cour.

Du 8 Novembre 1740.

Arrest du Conseil, qui ordonne qu'à l'avenir la Paroisse de Villefagnan & sa dépendance, sera en entier reputée faire partie de la Province d'Angoumois, reputée Etrangere, quant aux Droits des cinq Grosses Fermes seulement, sans y comprendre ceux de la Ferme des Aydes & autres qui y ont lieu, lesquels continueront de s'y percevoir en la maniere accoutumée, au moyen dequoi & en conformité de l'Acte de consentement des Habitans de ladite Paroisse de Villefagnan du 28 Aoust précédent, la Convention passée entre le Fermier & les Habitans de ladite Paroisse le 18 Juillet 1688, pour ne payer que la moitié des Droits dûs sur les Marchandises de leur Commerce, demeurera nulle & comme non avenue, & lesdits Habitans seront tenus de payer les Droits en entier, suivant les Tarifs, Arrêts

rêts & Réglemens à l'Entrée & à la Sortie, pour tout ce qu'ils envoyeront dans l'étendue des cinq Grosses Fermes, & pour ce qu'ils en tireront, comme il en est usé pour les autres Provinces reputées Etrangeres, & qu'à cet effet le Bureau & la Brigade des Fermes établis dans ladite Paroisse, seront levés & otés d'icelle.

Du 10 Novembre 1740.

* Sentence de Messieurs les Officiers de l'Election de Saint Quentin, qui déclare plusieurs Particuliers du Village de Villers-Outteaux, atteints & convaincus d'avoir fait rebellion, violences & mauvais traitemens aux Commis aux Aydes, & d'avoir blessé le cheval de l'un d'eux ; les condamne en 500 livres d'amende, en 50 livres de dommages-intérêts, & en plusieurs autres sommes pour les prix, pansement, nourriture & défaut de service du cheval blessé, & aux dépens, & leur fait défenses de récidiver, sous plus grande peine.

Du 14 Novembre 1740.

Arrest du Conseil, qui subroge Philippes Pollet au Bail fait par Jacques Forceville, Adjudicataire des Fermes générales unies, à Gabriël Maricot le 3 Mars 1738. des Droits d'Impôts & Billots, Papiers & Parchemins timbrés de la Province de Bretagne, & de ceux de la Traite Domaniale & Poids au Duc de la Ville de Rennes, pendant deux années seulement, à commencer du premier Janvier 1741. aux mêmes prix, charges, clauses & conditions portées par le Bail fait audit Maricot le 3 Mars 1738. en fournissant par lui bonne & suffisante caution, sans que ledit Pollet puisse prétendre, sous aucun prétexte, aucune indemnité ni diminution, pour quelque cause que ce puisse être, prévue ou non prévue. Permet audit Pollet d'entretenir ou resilier les arriers Baux, si aucuns ont été faits par ledit Maricot & François Avisse qui lui a succédé, & de faire faire de nouveaux Timbres, tels que bon lui semblera, pour les Papiers & Parchemins à l'usage de ladite Province, à compter dudit jour premier Janvier 1741.

Du 19 Novembre 1740.

* Arreſt du Conſeil, qui ſans avoir égard à l'oppoſition du Procureur de Sa Majeſté au Châtelet de Paris, ordonne que l'Arreſt de la Cour des Monoyes, du 11 Décembre 1739. ſera exécuté, & en conſéquence, que les Gardes-Viſiteurs du Corps & Communauté des Maîtres Horlogers de ladite Ville, qui ſont actuellement en Charge, & ceux qui ſeront élus à l'avenir, ſeront tenus dans huitaine après leur élection de prêter ſerment en ladite Cour, à l'effet ſeulement de faire obſerver par les Maîtres de leur Communauté, les Arreſts & Réglemens concernans la Fonte, & le titre des Matieres d'or & d'argent qu'ils employent, & les Marques & Poinçons qui doivent être ſur leurs Ouvrages, enſemble les lieux ou doivent être placés les Fourneaux pour fondre & aprêter leſdites Matieres, & de dreſſer ou faire dreſſer des Procès-verbaux des contraventions qu'ils trouveront auſdits Réglemens chez les Maîtres de leur Communauté, & tous autres qui travailleront ſans qualité, à des Ouvrages en or & en argent de leur Profeſſion, enſemble des ſaiſies qu'ils feront pour raiſon deſdites contraventions, leſquels Procès-verbaux ils ſeront tenus d'apporter au Greffe de ladite Cour, avec les choſes ſaiſies, dans trois jours après qu'ils auront été dreſſés, pour être jugés par ladite Cour en la maniere accoutumée.

Du 22 Novembre 1740.

* Arreſt du Conſeil portant Réglement proviſoire au ſujet des Droits dus aux Tréſoriers de France & autres Officiers des Bureaux des Finances, pour l'inſtallation, réception & preſtation de ſerment des Officiers qui ſont tenus de s'y faire inſtaller & recevoir, ou d'y prêter ſerment pour l'enregiſtrement des Proviſions de ceux qui ſont tenus de les y faire enregiſtrer, & pour pluſieurs autres Droits prétendus par les Officiers des Bureaux des Finances.

Du 22 Novembre 1740.

* Arrest du Conseil, qui exempte jusqu'au dernier Mars 1741. les Vins du Roussillon & du Languedoc, qui seront amenés au Havre, Honfleur, ou à Rouen, pour la destination de Paris, de la moitié des Droits de double subvention, & de ceux des grandes Entrées, à la charge par les Marchands & Conducteurs, de prendre dans les Bureaux du Havre, Honfleur ou de Rouen, avec l'Acquit de payement des Droits, un Acquit à Caution, pour assurer la destination desdits Vins dans ladite Ville de Paris.

Du premier Décembre 1740.

* Ordonnance des Prevôt des Marchands & Echevins de la Ville de Paris, concernant la construction des différentes espèces de Bateaux dans lesquels sont voiturées les Marchandises & Denrées pour la provision de la Ville de Paris, & des Provinces, & lieux situés au-dessus de ladite Ville.

Du 2 Décembre 1740.

* Sentence du Bureau de l'Hôtel de Ville de Paris, qui condamne Pierre Bourgeois, Voiturier par Eau, de Saint Denis de Jargeau ou de l'Hôtel, en 200 livres d'amende, pour n'avoir représenté au Maître du Pont de Corbeil la Lettre de Voiture de quatre Bateaux chargés de Bois pour la provision de ladite Ville, à l'effet d'être visée; & avoir, du Port de la Rapée, (sans laissés-passer des Officiers Metteurs à Port, ni leur avoir fait déclaration, ainsi qu'aux Officiers Mouleurs) fait descendre deux desdits quatre Bateaux pour le Port de la Tournelle, où il n'y a point de place destinée pour les Forains; & lui ordonne de les faire remonter à la Rapée, avec défenses de récidiver.

Du 2 Décembre 1740.

* Sentence du Bureau de l'Hôtel de Ville de Paris, qui condamne Louis Picault, Marchand de Vin, en 200 livres d'a-

mende, pour avoir fait remplir, au Port de la Rapée, des Vins à lui appartenans, par deux de ses Garçons, conjointement avec deux des Préposés par le Bureau, nonobstant les défenses d'employer d'autres personnes à ce travail que celles préposées par le Bureau de la Ville, avec défenses audit Picault de récidiver, sous plus grandes peines.

Du 10 Décembre 1740.

* Ordonnance contradictoire de Monsieur d'Argenson, Intendant de la Généralité de Paris, qui condamne le Sieur Caignié, Fermier des Octrois de la Ville de Dreux, à la confiscation de neuf poinçons de Vin entrés en fraude des Droits d'Inspecteurs aux Boissons, saisis dans la cave dudit Caignié, en l'amende de 300 livres, conformément à l'Arrest du Conseil du 22 Septembre 1722. & aux dépens.

Nota. Le Sieur Caignié prétendoit que le Vin étant entré & encavé, les Droits étoient censés acquittés, & pour mieux couvrir sa fraude, avoit encore rapporté un Congé délivré après coup, & dans le tems de la confection du Procès-verbal.

Du 13 Décembre 1740.

* Arrest du Conseil, qui ordonne que la vente des Offices de Receveurs & de Controlleurs des Octrois, deniers patrimoniaux & autres revenus des Villes & Communatés du Royaume, qui n'ont encore été vendus, demeurera sursise jusqu'à ce qu'il en soit autrement ordonné par Sa Majesté, &c.

Du 20 Décembre 1740.

* Arrest du Conseil, qui augmente les Droits d'Octrois dans la Ville de l'Orient, & les fixe, sçavoir à 7 livres 10 sols par barrique de Vin du dehors de la Province, 5 liv. par barrique de Vin Nantois, 2 liv. 10 s. par barrique des Vins du cru des Evêchés de Rennes, S. Malo & Vannes, appellés communément Vins Bretons, & pareil Droit de 2 liv. 10 s. pour chaque barrique de Cidre & Bierre, toutes lesdites barriques attentées ou de la contenance de cent pots, lesquels Droits seront payés par

ceux & ainſi qu'il eſt porté par l'Arreſt du Conſeil du 29 Juin
1738.

Du 20 Décembre 1740.

Arreſt du Conſeil, qui en caſſe un de la Cour des Aydes de
Rouen, du 29 Novembre 1740. pour avoir déchargé le Sieur
Moulien de la Baziniere de Coudray, Avocat, & ſes Complices, de l'aſſignation à eux données & défendu de mettre à
exécution une Ordonnance de M. l'Intendant de la Généralité
de Caën, du 13 dudit mois de Novembre 1740. qui avoit ordonné de réintégrer dans les Priſons ledit Sieur de la Baziniere,
que les Officiers de l'Election en avoient fait élargir ; ordonne
l'exécution de ladite Ordonnance, & en conſéquence, que
ledit Moulien du Coudray de la Baziniere ſera réintégté dans
les Priſons, & que le Procès, pour raiſon de la rixe arrivée
dans le Bureau des Aydes de Vire le 11 du même mois de Novembre, & des inſultes & voyes de fait par lui exercées contre
le Receveur & autres Employés des Fermes, ſera fait & jugé
définitivement & en dernier Reſſort par ledit Sieur Intendant,
avec tel Préſidial ou le nombre de Gradués qu'il jugera à propos, au nombre requis par l'Ordonnance ; lui permet de ſubdéléguer pour l'inſtruction, & de commettre, pour faire les fonctions de Procureur du Roi & de Greffier, telles perſonnes qu'il
voudra choiſir. Ordonne en outre que l'appel de la Sentence de
l'Election, rendue le 15 dudit mois de Novembre, entre le Directeur des Aydes & ledit de la Baziniere, au ſujet de la conteſtation qui a précédé ladite rixe, ſera porté devant ledit Sieur
Intendant, auquel Sa Majeſté attribue à cet effet toute Cour,
Juriſdiction & connoiſſance, privativement à toutes ſes Cours
& autres Juges, & fait défenſes de procéder ailleurs, à peine
de 1000 livres d'amende, & de tous dépens, dommages & intérêts.

Du 20 Décembre 1740.

* Arreſt du Conſeil, qui fait défenſes au Sieur Thevenot
du Vivier, Entrepreneur des Verreries d'Orléans & de Foyaux-Loges, & à tous autres de fabriquer des bouteilles &
carafons de verre, autrement que de la contenance ou jauge,

& du poids preſcrits par la Déclaration du 8 Mars 1735. ſous les peines y portées.

Du 20 Décembre 1740.

* Lettres Patentes du Roi & Réglement pour la fabrique, les longueurs, largeurs & marques des différentes ſortes de Toiles unies & ouvrées dans la Généralité de Caën, *regiſtrées au Parlement de Rouen le 12 Janvier 1741.* contenant deux cens cinquante-ſix articles, dont le 215e. porte que les Fabriquans, Tiſſerands & Ouvriers qui travailleront ou feront travailler pour leur compte, même les Marchands qui feront travailler les Ouvriers à façon, auront un Coin ou Marque ſur laquelle ſeront gravées la premiere lettre de leur nom & leur ſurnom, ainſi que le nom du lieu de leur demeure, en entier & ſans abreviation, & d'en appliquer l'empreinte avec de l'huile & du noir de fumée à la tête & à la queuë de chaque piéce des différentes ſortes de Toiles unies & ouvrées compriſes audit Réglement, qu'ils auront fabriquées ou fait fabriquer, laquelle Marque ſera miſe ſur leſdites Toiles au ſortir du Métier, & avant qu'elles puiſſent être préſentées à la Viſite ; comme auſſi de mettre à côté de ladite marque, de même avec de l'huile & du noir de fumée, le nombre de fils dont chaque piéce ſera compoſée, & l'aunage qu'elle contiendra, le tout à peine de confiſcation, & de 30 livres d'amende pour chaque piéce.

L'art. 216. défend aux Fabriquans, Tiſſerands & Ouvriers de ſe ſervir de la Marque d'un autre Fabriquant ni de la contrefaire, ni de mettre des noms ſuppoſés au lieu du leur à la tête ni à la queuë d'aucunes piéces de Toiles qu'ils auront fabriquées ou fait fabriquer, à peine de confiſcation, de 300 livres d'amende, de déchéance de Maîtriſe & d'interdiction de Commerce pour toujours.

L'art. 217. preſcrit la façon de plier les Toiles, ſçavoir celles unies deſtinées à faire des ſerviettes, par plis égaux chacun de la longueur de chaque ſerviette, & toutes les autres ſortes de Toiles unies & ouvrées, par plis égaux d'une aune chacun, meſure de Paris, & que leſdites piéces ſe trouvent pliées de façon, que les deux bouts sur lesquels la Marque du Fabriquant sera empreinte, & sur lesquels la Marque de Visite devra être appliquée, se trouvent en dehors, & forment le premier & le dernier pli desdites piéces, à peine de confiscation, & de 30 livres d'amende pour chaque piéce de Toile.

L'art. 219. ordonne que les Toiles seront au sortir du Métier, & avant que de pouvoir être exposées en vente ni vendues, portées par les Fabriquans, Tisserands & Ouvriers, au Bureau le plus prochain du lieu de leur demeure, pour y être vûes & visitées par les Gardes-Jurés Fabriquans en exercice, & si elles sont conformes audit Réglement, par eux marquées à la tête & à la queuë de chaque piéce de la Marque du Bureau où elles auront été visitées, qui sera appliquée avec de l'huile & du noir de fumée, le tout à peine de confiscation desdites Toiles, & de 30 livres d'amende par chaque piéce.

L'art. 227. ordonne que les Coins ou Marques destinés à marquer les Toiles dans les Bureaux où elles seront visitées, contiendront le nom de la Ville ou lieu où le Bureau sera établi, & la date de l'année, avec une légende, qui indiquera la qualité de la Toile, lesquels Coins seront renouvellés le 2 Janvier de chaque année.

L'art. 230. porte qu'il sera tenu dans chaque Bureau de Visite & Marque, par les Gardes-Jurés, un Registre en papier non timbré, sur lequel seront enregistrées toutes les piéces de Toiles qui auront été visitées & marquées.

L'art. 231. défend de vendre & acheter aucune piéce de Toile sans avoir été visitées & marquées, à peine de confiscation, & de 50 livres d'amende.

L'art. 233. porte que dans les lieux où il n'y a ni Maîtrise ni Jurande, les Fabriquans & Tisserands feront enregistrer leurs noms & demeures au Greffe de la Jurisdiction des Manufactures dont ils ressortiront, & ce, sur un Registre qui sera tenu par le Greffier en papier non timbré.

Les art. 239. & 240. obligent les Auneurs de Toiles de marquer l'aunage aux deux bouts de chaque piéce de Toile, de leur Marque particuliere, contenant leur nom & surnom, avec défenses de marquer l'aunage, ni de mettre leur Marque particuliere sur les piéces de Toiles qui n'auront pas la

Marque de Viſite, le tout à peine de 50 livres d'amende, &
de deſtitution.

L'art. 244. aſſujettit les Auneurs à tenir un Regiſtre en papier non timbré, & d'y enregiſtrer l'aunage de chaque piéce de Toile qu'ils auneront, à peine de 50 livres d'amende.

L'art. 249. enjoint aux Curandiers ou Blanchiſſeurs à marquer aux deux bouts de chaque piéce de Toile qu'ils auront blanchies, avant qu'elles puiſſent être rendues à ceux qui les auront données à blanchir, à peine de 20 livres d'amende.

L'art. 251. veut que les Curandiers ou Blanchiſſeurs tiennent un Regiſtre en papier non timbré, ſur lequel ils enregiſtreront toutes les Toiles qu'ils blanchiront, & les noms de ceux à qui elles appartiennent.

L'article 253. applique les amendes qui ſeront prononcées pour raiſon des contraventions audit Réglement; ſçavoir, un tiers au Roy, un tiers aux Gardes-Jurés, & l'autre tiers aux pauvres.

Du 20 Décembre 1740.

Arreſt du Conſeil, qui ordonne qu'outre les mille muids de Vin de Privilége accordés à l'Hôpital Général de Paris, dont l'emploi eſt fait dans l'état des Privilégiés, les Directeurs dudit Hôpital pourront dans le cours de l'année, commencée au premier Octobre 1740. faire entrer ſur leurs Certificats cinq cens muids d'augmentation pour la conſommation dudit Hôpital, pour raiſon deſquels ledit Hôpital jouira de l'exemption & décharge des Droits du Pont de Joigny, d'Entrées, Droits rétablis & autres à Paris, & de tous autres Droits généralement quelconques ſur la route, tant par eau que par terre, ainſi & de la même maniere que ledit Hôpital en jouit pour les mille muids de Vin de privilége à lui accordés, conformément à l'Edit du mois d'Avril 1656. & aux Lettres Patententes du 19 Juin 1710. & du mois d'Avril 1720.

Du 20 Décimbre 1740.

Arreſt du Conſeil, qui ordonne que la Requête des Intéreſſés dans l'exploitation des Mines de Charbon de terre de la
Province

Province d'Auvergne, tendante à jouir de l'exemption du Droit de 14 fols 6 deniers par minot dudit Charbon de terre provenant de leur Magafin établi à Villeneuve Saint Georges, paffant debout dans la Ville, Fauxbourgs & Banlieuë de Paris, tant en defcendant dans la Riviere de Seine, que pour remonter dans la Marne &c. fera communiquée aux Propriétaires des Offices de Mefureurs & Porteurs de Charbon de terre de Paris, pour y fournir de réponfe dans le tems de l'Ordonnance, finon fera fait droit, toutes chofes jufqu'à ce demeurant en état.

Du 23 Décembre 1740.

* Sentence des Elus d'Amiens, qui condamne Claude-Louis Couvreur, Procureur au Bailliage d'Amiens, en 300 livres d'amende, pour avoir mis en papier non timbré une Requête préfentée à M. l'Intendant, dans une Inftance pendante devant lui, & fait défenfes audit Couvreur, & à tous autres Procureurs, de figner & préfenter aucunes Requêtes en Juftice, fi elles ne font en Papier timbré, fous les mêmes peines.

Du 26 Décembre 1740.

Décifion du Confeil, contre le Munitionnaire des Vivres de la Marine de Rochefort, portant que les Droits d'Aydes doivent être payés dans tous les cas, nonobftant les Paffeports accordés aux Munitionnaires.

Du 27 Décembre 1740.

* Déclaration du Roi, portant défenfes de tuer des Agneaux pendant l'année 1741. à peine de confifcation & 1000 livres d'amende; permet jufqu'au premier jour du Carême de ladite année de vendre des Agneaux de lait feulement. Enjoint aux Officiers Vendeurs de Volaille de veiller à ce qu'il ne foit vendu, expofé en vente ni débité aucuns Agneaux que ceux de lait, & feulement pendant le tems ci-deffus marqué; & permet aux Jurés Bouchers, affiftés d'un Commiffaire, en vertu de l'Ordonnance du Lieutenant de Police, de faire faifir tous An-

tenois, & autres de la même espèce, qui n'étant Agneaux de lait, seroient exposés en vente ou vendus dans la Ville & Fauxbourgs de Paris. *Regiſtrée au Parlement le 7 Janvier 1741.*

Du 29 Décembre 1740.

* Arreſt du Grand Conseil, qui décharge les Gardes de l'Orfévrie & Joyaillerie de Paris en exercice en l'année 1736. de l'accusation contre eux formée à l'occasion de la Marque de quatorze plaques de Boëtes de Montre d'argent, prétendues marquées par eux à bas titre.

Ordonne que l'amende de 1000 livres par eux payée en vertu d'un Arreſt de la Cour des Monnoyes du 9 Août 1737. qui a été caſſé, leur sera rendue & reſtituée.

Condamne le nommé Pierre Bouſſot de Villeneuve, leur Dénonciateur, à leur rendre & reſtituer les sommes qu'ils lui ont payées en vertu dudit Arreſt de la Cour des Monnoyes, pour dommages, intérêts & dépens.

Le condamne en outre en 1000 livres de dommages & intérêts, & en tous les dépens faits tant en la Cour des Monnoyes qu'au Conseil.

Ordonne que ledit Arreſt sera inscrit sur le Regiſtre du Bureau de la Maison Commune, en marge de celui de la Cour des Monnoyes du 9 Août 1737. avec permiſſion ausdits Maîtres & Gardes de le faire imprimer & afficher.

Du 3 Janvier 1741.

* Arreſt du Conseil, concernant le montage de Rouen à Paris, des Bateaux chargés de Marchandises de Grains, de celles à l'usage du Carême, & autres de toutes espèces deſtinées pour la provision de ladite Ville de Paris, qui fait défenses aux Propriétaires des chevaux propres à servir audit montage, de refuser de les louer, & de les conduire ou faire conduire à la premiere requiſition, même verbale, qui leur en sera faite par les contre-Maîtres, Pilotes, ou Conducteurs desdits Bateaux, à peine de 500 livres d'amende & de confiscation desdits chevaux, même de Prison, &c.

Du 8 Janvier 1741.

* Ordonnance de M. l'Intendant du Berry, qui condamne Pierre Protau, pere & fils, Veauliers à Issoudun, en 100 livres d'amende solidairement par corps, & aux dépens, pour avoir menacé & injurié les Commis aux exercices des Aydes & Boucheries de ladite Ville ; leur fait défenses de récidiver sous plus grandes peines, & permet d'imprimer & faire afficher ladite Ordonnance audit Issoudun & autres lieux.

Du 11 *Janvier* 1741.

* Ordonnance des Prevôt des Marchands & Echevins de la Ville de Paris, portant Réglement pour le repêchage & ramassage des Marchandises de Bois quarrés à bâtir, à ouvrer, de sciage & charronnage, & de Bois à brûler naufragés dans les Ports de cette Ville & aux environs, au-dessus d'icelle, par le débordement de la Riviere, & fixe les recompenses accordées en faveur de ceux qui auront repêché & rapporté lesdits Bois sur les Ports & places indiquées.

Du 15 *Janvier* 1741.

* Arrêt du Conseil, qui ordonne que ceux qui exploitent actuellement, ou prétendent avoir droit d'exploiter des Mines & Minieres, remettront ès mains des Sieurs Intendans copie des Titres qui leur ont été accordés, pour par lesdits Sieurs Intendans être envoyés au Conseil avec des Mémoires circonstanciés sur l'utilité & avantage qui peuvent résulter de pareils établissemens.

Du 18 *Janvier* 1741.

* Cahier présenté au Roi par les Sieurs Archevêques, Evêques, & autres Ecclésiastiques, assemblés par permission de Sa Majesté en la Ville de Paris en l'année 1740. *contenant six articles,* concernant les Biens temporels de leurs Bénéfices, & qu'ils

fupplient très-humblement Sa Majefté de leur accorder, avec les Réponfes de Sa Majefté, contenant :

Sçavoir fur l'article 2. concernant les Rentes fur les Poftes & Pays d'Etats, que l'exemption des Droits d'Amortiffement accordée par l'Arreft du 21 Janvier 1738. pour les Dons & Legs faits aux Gens de Mainmorte, en Rentes fur l'Hôtel de Ville & fur les Tailles, eft une grace finguliere que Sa Majefté n'a pas jugé à propos d'étendre, foit fur les Rentes qui étoient nouvellement créées fur les Poftes, dont la meilleure partie eft rembourfable d'année en année, foit fur celles conftituées fur les Etats, qui ne méritent pas la même faveur que celles conftituées fur le Roi.

Sur l'art. 3. pour l'amortiffement des Dons ou Legs faits aux Gens de Mainmorte ; Que les Droits d'amortiffement de ces Dons & Legs ne font dus, & ne doivent être exigés qu'après l'acceptation qu'ils en ont faite, & que comme il leur eft libre de les accepter ou d'y renoncer pendant les délais fixés par les Arrefts du Confeil, ils ne peuvent fe difpenfer, quand ils les ont acceptés, de payer les Droits.

Sur l'art. 4. au fujet de la demande faite de l'exemption du Droit d'Infinuation & de Centiéme Denier, pour les Biens donnés par les peres, meres, & autres parens dans la ligne afcendante, pour tenir lieu de Titres Clericaux ; Que cette demande ayant été décidée par l'Arreft du Confeil du 27 Septembre 1729. rendu fur les Mémoires de plufieurs Eccléfiaftiques & des Agens Généraux du Clergé, qui déclare fujet à l'Infinuation les donations d'immeubles faites par les peres & meres à leurs enfans, pour fervir de Titre Clerical, & qui n'exemte du payement des Droits que celles conftituées en rentes viageres, pour en jouir pendant la vie de l'Afpirant aux Ordres, on doit fe conformer à ce Réglement.

Sur l'art. 5. par lequel le Clergé a demandé l'exemption des Droits d'Octrois qui fe levent dans les Villes pour l'acquifition & réunion des Offices Municipaux, le Roi a répondu que le Clergé ayant fait la même repréfentation en 1735. Sa Majefté a fuffifamment expliqué fes intentions par la réponfe qu'Elle a faite pour lors fur cet article.

Sur l'art. 6. au fujet de l'exemption des Fouages ou Impofi

tion en Bretagne, il a été répondu que l'Arrest du Conseil du 19 Février 1726. revêtu de Lettre Patentes, *enregistrées au Parlement de Bretagne*, a été rendu sur les Mémoires & demandes des Etats de Bretagne; les Evêques & Bénéficiers de cette Province, qui composent le premier Ordre de ces Etats, ont non-seulement approuvé la Délibération prise à cet effet lors de leur Assemblée, & consenti l'exécution, mais encore ont demandé l'Arrest du Conseil qui en a confirmé les dispositions, & que dans ces circonstances le Clergé Général ne paroît nullement intéressé à demander la révocation de ce Réglement.

Sur l'art. 8. à l'occasion des Droits de Péages prétendus par les Ecclésiastiques, le Roi a répondu; Que la vérification des Droits de Péages, ordonnée par l'Arrest du 29 Août 1724. est conforme aux dispositions de l'Ordonnance de 1669. qui a voulu que les Péages établis depuis l'année 1569. sans Lettres Patentes, demeurassent supprimés, & que les Propriétaires de ceux établis avant cette époque, fussent tenus de représenter les Titres de concession desdits Droits; quoique l'Edit de 1695. rendu en faveur du Clergé, ne déroge point à cette Ordonnance, on n'exige cependant pas des Bénéficiers qu'ils représentent les Titres constitutifs de l'établissement des Péages dépendans de leurs Bénéfices avant 1569. mais seulement les Actes de possession non interrompue, & les Pencartes qui doivent toujours avoir été affichées à un poteau : la plupart des Bénéficiers ont représenté depuis seize années les Titres de possession de leurs Droits de Péages, sur lesquels ils ont obtenu plusieurs Arrests du Conseil, par lesquels Sa Majesté leur a rendu la justice qui leur étoit due, & l'on n'a supprimés que ceux dont la possession n'a pas été suffisamment justifiée.

Du 18 Janvier 1741.

*Cahier présenté au Roi par les Sieurs Archevêques, Evêques, & autres Ecclésiastiques, assemblés par permission de Sa Majesté en la Ville de Paris, en l'année 1740. contenant les articles qui concernent la Jurisdiction Ecclésiastique, qu'ils supplient très-humblement Sa Majesté de vouloir leur accorder, *contenant neuf articles*, dans lesquels il n'y en a aucun qui intéresse les Droits des Fermes.

Du 18 Janvier 1741.

* Arreſt contradictoire de la Cour des Aydes de Paris, qui infirme une Sentence des Elus de Saint Quentin; ordonne que l'Arreſt du Conſeil & Lettres Patentes, des 24 Novembre & 22 Décembre 1722. ſeront exécutés ſelon leur forme & teneur, & en conſéquence condamne Euſtache de Laſtre, demeurant dans le Village de l'Empire en Cambreſis, à payer au Fermier des Aydes, les Droits de Gros, Augmentation & Courtiers-Jaugeurs des Eaux-de-vie qu'il a fait venir des lieux exemts de ces Droits, qui ont paſſé dans une des Paroiſſes de Picardie qui y eſt ſujette, & ont été conduites dans le Village de l'Empire en Cambreſis qui n'y eſt pas ſujet, quoique l'emprunt pour le paſſage ne ſoit pas de trois lieuës, & faiſant droit ſur les concluſions de M. le Procureur Général, ordonne que l'Ordonnance du mois de Juin 1680. les Arreſts du Conſeil & les Lettres Patentes des 4 & 13 Septembre 1717. 30 Mai 1724. & 18 Septembre 1739. ſeront exécutés ſelon leur forme & teneur, & en conſéquence, fait défenſe à toutes perſonnes de tenir des Magaſins & Entrepôts d'Eau-de-vie & autres Boiſſons en Cambreſis, dans les trois lieuës limitrophes des extrêmités de la Généralité d'Amiens, ſous les peines portées par leſdites Lettres Patentes, & condamne de Laſtre aux dépens, tant des Cauſes principales que d'appel.

Du 20 Janvier 1741.

* Arreſt du Conſeil, qui ordonne que les Rolles qui ſeront faits pour la ſubſiſtance des Pauvres, en exécution de l'Arreſt du Parlement de Paris, du 30 Décembre 1740. les Actes & Procédures, tant pour l'exécution d'iceux, que pour parvenir à leur rédaction, & les Jugemens qui interviendront en conſéquence, ſeront rédigés en papier non timbré, exemts de la formalité du Controlle, Sceau, Droits réſervés & rétablis, & autres Droits, de quelque nature qu'ils puiſſent être.

Du 24 Janvier 1741.

* Arrêt du Conseil, qui ordonne que les Vins de Guyenne, Provence & de Catalogne, qui seront amenés au Havre, Honfleur ou à Rouen, pour la destination de la Ville de Paris, seront exemts jusqu'au premier Septembre 1741. de la moitié, tant des Droits du Tarif de 1664. que des Droits de double Subvention, & de ceux des grandes Entrées ; à la charge par les Marchands & Conducteurs de prendre dans les Bureaux du Havre, Honfleur & de Rouen, avec l'Acquit de payement des Droits, un Acquit à Caution, pour assûrer la destination desdits Vins dans ladite Ville de Paris ; laquelle exemption demeurera également prorogée pour les Vins du Languedoc & du Roussillon jusqu'audit jour premier Septembre 1741.

Du 24 Janvier 1741.

* Arrest contradictoire du Parlement de Paris, qui deboute le Sieur le Monnier, Fermier Général, le Sieur de Pontbriand, & autres Créanciers du Sieur de Vaucouleur, Fermier des Etats de Bretagne, de leur demande, tendante à ce que sur la saisie & arrêt faits entre les mains du Sieur du Coüedic, Caissier, sur ce qui pouvoit être dû audit Sieur de Vaucouleur à cause de ladite Ferme, ledit Sieur du Coüedic fût tenu de rapporter les Piéces justificatives des Comptes par lui rendus aux Intéressés dans ladite Ferme, & qu'il avoit communiqués pour justifier son affirmation, & condamne lesdits Créanciers aux dépens.

Du 24 Janvier 1741.

* Arrest du Conseil, qui ordonne que les Propriétaires des Maisons, Jardins, Marais & terrains, tant dans la Ville & Fauxbourgs de Paris que de Chaillot, qui ont ou auront des bréches, ouvertures, communications & portes au-dedans des Barriéres, & du côté de la Campagne, par le moyen desquelles ils peuvent ou pourront entrer sans passer par les Barriéres,

feront tenus de les faire relever, clôre & murer à leurs frais
& dépens, & d'élever les murs de clôture de la hauteur pref-
crite par la Coutume; finon permet au Fermier Général des
Droits de Sa Majefté, huit jours après une fimple fommation,
& en vertu dudit Arreft, de faire relever, clore & murer lefdites bréches, ouvertures, portes & communications, & d'en
avancer les frais, dont il fera rembourfé par les Propriétaires,
même par les principaux Locataires, pour ce qu'ils doivent de
loyers.

Ordonne que lefdits Propriétaires, Locataires, & tous autres, feront tenus de laiffer faire les travaux & ouvrages néceffaires, à peine contre ceux qui s'y oppoferont, ou trouble-
ront les Ouvriers établis par ledit Fermier, de 500 livres de
dommages & intérêts.

Défend à toutes perfonnes de paffer & repaffer, entrer &
fortir par lefdites bréches & ouvertures, que Sa Majefté déclare
être voyes obliques & faux paffages, à l'exception cependant
des Propriétaires, Architectes & Ouvriers dans le tems des travaux. Enjoint à toutes autres perfonnes d'entrer & fortir par les
Barriéres; & ordonne qu'il fera établi des Corps-de-Garde
pour garder & empêcher, tant de jour que de nuit, le paffage
par lefdites ouvertures, bréches & communications.

Du 24 Janvier 1741.

* Arreft de la Cour des Comptes, Aydes & Finances de
Normandie, qui caffe & annulle la réception des plaintes préfentées par Guillaume Tirefort, dit la Joye, & fa femme, aux
Officiers de l'Election d'Alençon au Siége de Seez, l'Infirma-
tion faite en conféquence, & les Décrets de prife de corps
prononcés contre les Sieurs Dubreuil, Lemarié, Leftard &
Buot, Commis d'André le Roux, Fermier des Aydes de la
Généralité d'Alençon, & pour être procédé fur la fraude de
muche-por & rebellion énoncés au Procès-verbal defdits Commis, rendu contre ledit Tirefort, fa femme & leurs complices,
fur la plainte dudit le Roux & répétition faite en conféquence;
renvoye les Parties devant d'autres Juges que ceux dont étoit
appel.

Du

Du 27 Janvier 1741.

* Sentence du Bureau de l'Hôtel de Ville de Paris, qui condamne Jean Robert, Cabaretier à Saint Pere, en 100 livres d'amende, pour avoir pris, caché & latité des Bois appartenans à François & André Rousseau, Romain Viaut, & autres Marchands de Bois flotté, Associés pour la provision de ladite Ville, & qui lui fait défenses de récidiver, sous plus grandes peines.

Du 31 Janvier 1741.

* Arrest contradictoire de la Cour des Aydes de Paris, portant Réglement pour le payement du double Droit de détail des Vins des Cabaretiers, enlevés sans avoir été goutés & démarqués par les Commis.

Ordonne, sur les conclusions de M. le Procureur Général, l'exécution de l'Article 8. du Titre 2. de la Vente du Vin en détail, de l'Ordonnance de 1680.

Infirme une Sentence des Elus de la Chastre, en ce qu'elle avoit déchargé Silvain Genest & sa femme, Cabaretier au Village du Menoux, du double Droit de détail de cinq poinçons de Vin, sans avoir été démarqués.

Condamne ledit Genest & sa femme au payement, sçavoir du Droit de détail de l'un desdits poinçons, déclaré vendu à Jean Renoux, & au double dudit Droit des quatre autres, vendus à Charlote Grandpré, nonobstant les déclarations qui en avoient été faites au Bureau du Fermier, & que Genest eût soutenu que la disposition dudit article ne devoit être appliquée qu'aux Cabaretiers des Villes où résidoient les Commis, & non à ceux des Villages.

Condamne en outre ledit Genest & sa femme aux dépens, tant des Causes principale que d'appel, & ordonne que ledit Arrest sera imprimé, lû, publié & affiché par tout où besoin sera, à la diligence du Fermier.

Nota. Cet Arrest n'a prononcé que le simple Droit de détail du poinçon vendu à Jean Renoux, parce que dans la demande principale on a oublié le mot *double.*

AYDES.   D

Du 3 Février 1741.

* Déclaration du Roi, pour faire jouir l'Aumônier & le Chirurgien Major du Régiment des Gardes Françoises, des mêmes Priviléges, Exemptions, Franchises, Libertés & Immunités dont jouissent les autres Officiers dudit Régiment, ainsi que les Officiers commensaux de la Maison du Roi, conformément aux Lettres Patentes d'Henry le Grand, du mois d'Août 1605.

Du 7 Février 1741.

* Arrest contradictoire de la Cour des Aydes de Paris, qui infirme une Sentence des Elus de Troyes, par laquelle ils avoient déclaré nul un Procès-verbal de faux Bouchon, sous prétexte de deux nullités; la premiere, que les Commmis étoient entrés dans la maison du Fraudeur sans être assistés d'un Juge, ou munis d'une permission à cet effet; & la seconde, que l'un desdits Commis n'avoit pas fait enregistrer ni signifier au Greffe de ladite Election l'Acte de sa prestation de serment.

Condamne Pierre de Graive & sa femme en la confiscation de huit muids de Vin saisis, en l'amende de 25 livres, & aux dépens.

Nota. Cet Arrest juge que les Commis aux Aydes, dans le cours de leurs exercices & tournées, n'ont pas besoin d'être accompagnés d'un Juge, ni d'avoir permission des Elus, pour entrer dans les maisons des Fraudeurs.

Du 7 Février 1741.

Arrest du Conseil, qui ordonne que la Requête des Intéressés aux Mines de Fis en Bourbonnois, tendante à la cassation de deux Sentences du Bureau de l'Hôtel de Ville de Paris, des 13 & 14 Janvier précédent, & à ce qu'ils puissent expédier leurs Lettres de Voiture à Villeneuve Saint Georges, pour les Charbons qu'ils y ont en Magasin, & qu'ils destinent pour passer debout dans Paris en exemption des Droits attribués aux Officiers Mesureurs & Porteurs de Charbon de terre, sera communiquée ausdits Officiers, & cependant leur défend de faire aucunes pourfuites pour l'exécution defdites Sentences, à peine de nullité, & de tous dépens, dommages & intérêts.

Du 7 Février 1741.

Arreft du Confeil, portant qu'il fera expédié des Lettres Patentes fur celui du 16 Août 1740. qui accorde à la Communauté des Infpecteurs des Vins à Paris la préférence à tous Créanciers fur les effets de la fucceffion du feu Sieur Guillemardet, ci-devant Receveur des Entrées de Paris au Bureau du Port Saint Paul, jufqu'à concurrence de la fomme de 40797 livres 9 fols 8 deniers, dont il s'eft trouvé relicataire envers ladite Communauté.

Du 10 Février 1741.

* Sentence du Bureau de l'Hôtel de Ville de Paris, qui condamne Louis Motheré, Marchand de Vin Forain, de Saint Bonnet en Maconnois, en 200 livres d'amende, pour avoir fait remplir fes Vins à la Rapée par d'autres que par les Prépofés au Rempliffage des Vins, & s'être fervi de paroles indécentes, & qui lui fait défenfes de récidiver, fous plus grandes peines.

Du 11 Février 1741.

* Ordonnance du Bureau de la Ville de Paris, concernant la Navigation & le Placement des Bateaux au Port Saint Paul de ladite Ville, qui défend à tous Marchands & Voituriers par Eau de faire defcendre par le Port Saint Paul, jufqu'au 17 Avril de ladite année, aucuns Bateaux ni Marchandifes que celles qui doivent refter dans ledit Port, à peine de 100 livres d'amende; & enjoint aufdits Marchands & Voituriers de faire defcendre leurs Bateaux & Marchandifes par deffous le Pont de la Tournelle, pour être conduits dans les Ports de leur deftination, fur pareille peine.

Du 12 Février 1741.

* Ordonnance contradictoire de Monsieur l'Intendant de la Rochelle, qui confisque, au profit du Fermier des Aydes, une Chaudiere & uftensiles, ensemble trois barriques de Vin, saisies sur le Sieur Bruneliere de Puydencle, Curé d'Anais, & le nommé Rougnac, de la même Paroisse ; les condamne solidairement, & comme pour deniers Royaux, de représenter le tout ou d'en payer la valeur, réglée à 450 livres, & pour leur contravention, en l'amende de 700 livres, sçavoir 500 livres pour fraude au Droit annuel, & 200 livres pour celle aux Droits de Courtiers-Jaugeurs, & aux dépens, liquidés à 10 livres 10 sols.

Nota. Le Sieur Bruneliere avoit prêté sa Chaudiere à Rougnac pour y fabriquer un tierçon d'Eau-de-vie : Rougnac, au lieu d'avoir fait sa déclaration en son nom, l'avoit fabriquée en celui dudit Sieur Bruneliere, pour s'éviter de payer l'annuel ; d'ailleurs, le Sieur Bruneliere avoit fourni à Rougnac, en fraude des Droits de Courtiers-Jaugeurs, trois barriques de Vin pour achever de faire son tierçon d'Eau-de-vie.

Du 16 Février 1741.

* Ordonnance des Prévôt des Marchands & Echevins de la Ville de Paris, portant Réglement pour la conduite des Bateaux chargés d'Huîtres en pierre pour la provision de ladite Ville, qui défend d'en exiger sur la route desdits Voituriers, & à eux d'en vendre ni donner aux Maîtres des Ports, Mariniers & Conducteurs de chevaux de tirage, sous quelque prétexte que ce soit, à peine de 1000 livres d'amende, avec injonction de laisser passer lesdits Bateaux par préférence à ceux chargés d'autres Marchandises, excepté les Grains & Farines, à peine de 500 livres d'amende.

Du 17 Février 1741.

* Sentence de M. le Lieutenant Général de Police, qui ordonne l'exécution des Réglemens de Police ; fait défenses à Pierre Regnault, Marchand de Vin rue Montorgueil, à Simon Chereot, vendant Vin sans qualité rue neuve des Petits-Champs,

Jean Richer, Marchand de Vin rue de Grenelle Saint Honoré, & à tous autres d'y contrevenir, & de mixtionner leurs Marchandises; & pour leurs contraventions, ordonne que trois piéces de Vin, jauge Champagne, mêlées & mixtionnées de Cidre & Poiré, saisies sur ledit Regnault, deux demi-queuës de Vin, mixtionnées de Poiré, saisies sur ledit Chercot, & deux demi-queuës de Poiré rouge, mêlées de Vin, saisies sur ledit Richer, seront défoncées aux portes desdits Regnault, Chercot & Richer, & icelles jettées dans le ruisseau, comme indignes d'entrer dans le corps humain; les condamne en l'amende, & aux dépens.

Du 17 Février 1741.

* Sentence du Bureau de l'Hôtel de Ville de Paris, qui condamne Pierre Picq, Edme Bourguoin, Dromont, Rose, autre Rose, Toussaint Bourguoin, Valentin & Marion, Marchands de Vin Forains, chacun en 50 livres d'amende, pour n'avoir fait entrer leurs Vins dans la Halle aux Vins, suivant les sommations qui leur en ont été faites, & qui ordonne que dans le jour ils seront tenus de les y faire entrer, sinon qu'ils y seront conduits à leurs frais & dépens, où ils demeureront saisis jusques au payement desdits frais, avec défenses de récidiver.

Des 21 Février & 14 Décembre 1741.

* Arrest du Conseil, qui évoque les Instances pendantes en l'Election de Pont-l'Evêque, entre le Fermier des Aydes de la Généralité de Rouen & ses Commis, & Pierre Suzanne, Suzanne Boirel sa femme, Joseph Madelinne, Jacques Bequemont, Huissiers & autres, pour fraudes & pour rebellions respectives; & commet M. l'Intendant de la Généralité de Rouen, pour les juger en dernier Ressort, avec le nombre de Gradués requis par l'Ordonnance. Et Jugement rendu par ledit Sieur Intendant le 14 Décembre 1741. qui casse & annulle la reception de la plainte faite contre les Commis, & toute la Procédure faite en conséquence en l'Election de Pont-l'Evêque, au préjudice du Procès-verbal par eux rendu contre Su-

zanne Boirel, & des Réglemens qui font défenfes d'admettre aucune preuve teftimoniale contre les Procès-verbaux des Commis des Fermes; & faifant droit fur les Procès-verbaux de prétendue rebellion faite par les Commis aux Huiffiers, le Requifitoire du Procureur du Roi de l'Election, contre le Directeur des Aydes, la dénonciation & Intervention des Huiffiers, l'Intervention de la plainte de Pierre Suzanne & fa femme, & autres demandes, met les Parties hors de Cour & de Procès, caffe les Decrets d'ajournement perfonnel & de prife de corps rendus en l'Election contre les Commis; ordonne que les Ecrous de leurs perfonnes feront rayés & biffés, & les renvoye dans les fonctions de leurs Emplois.

Du 21 *Février* 1741.

* Arreft du Confeil, & Lettres Patentes fur icelui, *regiftrées en la Cour des Aydes le* 21 *Mars fuivant*, qui ordonnent l'exécution de l'Article 7. du Titre 5. des Exercices des Commis, de l'Ordonnance du mois de Juin 1680. de la Déclaration du 27 Mars 1708. & des Lettres Patentes du 5 Décembre 1719. & en interprétant, en tant que befoin eft ou feroit, lefdites Lettres Patentes du 5 Décembre 1719. veulent que les Commis, Controlleurs & autres Employés de toutes les Fermes, ne foient fujets dans leurs Procès-verbaux à autres formalités, qu'à celles preferites par l'Ordonnance, fi ce n'eft dans les Procès-verbaux qu'ils drefferont hors de l'étendue de la Jurifdiction où ils auront prêté ferment, dans lefquels feulement ils feront tenus de faire mention de la Jurifdiction où ils auront été reçus au ferment, & de leur réfidence, s'ils en ont une; & que s'ils n'ont point de réfidence fixe & certaine, ils l'indiquent au Bureau principal de la Direction dans l'étendue de laquelle ils drefferont leurs Procès-verbaux, validant en tant que befoin eft ou feroit les Procès-verbaux qui ont été dreffés en conformité defdits Arrefts & Lettres Patentes.

Du 21 *Février* 1741.

* Arreft du Confeil qui, fur une conteftation mue entre le

rmier des Aydes de Champagne, & les Habitans de Chau-
ont en Baſſigny, au ſujet de la Jauge dont les Commis ſe
ſvoient pour la perception des Droits d'Entrées & de Détail,
donne que la vérification en ſera faite par le Sieur Intendant
Champagne, ou l'un de ſes Subdélégués ; & cependant dé-
ute leſdits Habitans de leurs oppoſitions à la contrainte du
rmier, pour raiſon des Droits demandés ſur le pied de la
uge dont ſes Commis ſe ſont ſervis.

Du 21 *Février* 1741.

* Arreſt contradictoire de la Cour des Aydes de Paris, qui
nfirme une Sentence des Elus de Tonnerre, laquelle juge
e les Particuliers qui déclarent mener eux-mêmes les Vins
leur cru à la Halle de Paris pour y être vendus, ſont tenus
les y conduire en perſonne, ſans pouvoir charger d'autres
rticuliers de leurs Procurations, pour les conduire & en faire
vente pour eux.
Que les Marchands de Vin qui ſeront chargés deſdites Pro-
rations, ſeront réputés avoir acheté leſdits Vins.
Et condamne Remy Cottan, Boulanger, & Edme Leclerc,
archand de Vin, demeurant à Tonnerre, ſolidairement à
yer au Fermier des Aydes dudit Tonnerre les Droits de Gros
autres des Vins que ledit Cottan avoit déclaré conduire en
rſonne à la Halle à Paris, & avoit cependant donné ſa Pro-
ration audit Leclerc pour les vendre ſous ſon nom, & en
livres d'amende, & aux dépens.

Des 26 *Fevrier* & 5 *Août* 1740. & 28 *Février* 1741.

SENTENCE DE L'ELECTION DE LAON.

Du 26 *Février* 1740.

Qui condamne Claude Blin, Receveur des Deniers patri-
oniaux de la Ville de Coucy, au payement des Droits de
étail ſur le pied de vente à aſſiette pour les Vins qu'il a venus depuis le jour de ſa déclaration au Bureau des Aydes, en

la confiscation des choses saisies par le Procès-verbal des Commis, en 300 livres d'amende, & aux dépens, pour avoir déclaré vendre à pot, & avoir été surpris donnant à boire dans sa maison; & deboute les Sieurs Carlier, Sauvaige, Auger, & plusieurs autres Bourgeois de la Ville de Coucy, de leur intervention, tendante à ce qu'il fût dit qu'ils ne seront tenus de payer les Droits de Détail que sur le pied de vente à pot, quand ils donneront à boire chez eux, pourvû qu'ils ne fournissent point de napes, serviettes, pain & viande.

ARREST DE LA COUR DES AYDES DE PARIS.

Du 5 Août 1740.

Qui infirme la Sentence ci-dessus, en ce qu'elle n'a pas déclaré le Procès-verbal nul, attendu que les Commis sont entrés, & ont dressé ledit Procès-verbal dans la maison du Sieur Blin sans permission de Justice; a déchargé le Sieur Blin des condamnations prononcées contre lui, & a ordonné qu'au residu ladite Sentence sera exécutée, & condamne le Fermier des Aydes aux dépens.

ARREST CONTRADICTOIRE
DU CONSEIL D'ETAT DU ROI.

Du 28 Février 1741.

Qui casse l'Arrest de la Cour des Aydes de Paris, du 5 Août 1740. en ce qu'il a déclaré le Procès-verbal des Commis nul, & déchargé le Sieur Blin des condamnations portées par la Sentence des Elus de Laon, du 26 Février 1740. ordonne que ladite Sentence sera exécutée selon sa forme & teneur, & condamne le Sieur Blin aux dépens faits en la Cour, & à la restitution des sommes que le Fermier des Aydes auroit pû être contraint de payer en exécution dudit Arrest de la Cour des Aydes.

Du

Du 28 Février 1741.

* Arrest contradictoire du Conseil, qui déboute les Habitans de Fleury-la-Riviere de leur opposition aux Ordonnances de M. l'Intendant de Champagne, des 30 Septembre 1739. 17 Février & 9 Septembre 1740. qui les condamnent au payement des Droits d'Inspecteurs aux Boissons sur les Vins provenans des Vendanges, par eux recueillies sur le terroir de Damery, sujet à ces Droits, & qu'ils ont fait transporter dans leur domicile à Fleury-la-Riviere ; ordonne l'exécution de ces Ordonnances, & les condamne au coût de l'Arrest.

Nota. Cet Arrest décide que les Vendanges qui se recueillent sur le terroir des lieux sujets aux Droits d'Inspecteurs aux Boissons, par les Habitans des lieux exemts, qui les font transporter dans leur domicile, sont sujettes à ces Droits avant l'enlevement.

Du 28 Février 1741.

* Arrest du Conseil, par lequel le Roi, informé de l'indisposition des Elus d'Angers, contre les Droits de la Ferme des Aydes, leur fait défenses de connoitre des Causes, tant en matière civile que criminelle, dans lesquelles Jacques Bruand, Fermier des Aydes de la Généralité de Tours, aura intérêt pendant le cours de son Bail, & en renvoye la connoissance aux Officiers de l'Election de Baugé, ausquels Sa Majesté en attribue toute Cour & Jurisdiction pendant ledit Bail.

Du 3 Mars 1741.

* Lettres Patentes du Roy sur Arrêts du Conseil des 16 Août 1740, & 7 Février 1741, qui ordonnent que conformément à l'Edit du mois d'Août 1669, portant Réglement pour les hypotéques de Sa Majesté sur les biens des Officiers comptables, aux Articles IV. & V. du Titre commun pour toutes les Fermes, de l'Ordonnance de 1681. à la Déclaration du 4 Juin 1737. rendue en faveur des Receveurs géneraux des Finances, & à ce qui se pratique à l'égard des Deniers des Fermes génerales, la Communauté des Conseillers du Roy Ins-

AYDES. E

pecteurs fur les Vins, aura la préférence fur les Biens & Effets appartenans au feu S^r. Guillemardet, pere, ci-devant Receveur des Entrées de Paris au Port S. Paul, & qu'en cas de contestations entre fes Créanciers & ladite Communauté, elles foient jugées conformément audit Arrêt du 16 Août 1740, à l'Edit de 1669. & à la Déclaration du 4 Juin 1737. *Regiſtrées en la Cour des Aydes le 27 Mars 1741.*

Du 14 Mars 1741.

Arreſt du Conseil, qui ordonne l'exécution de ceux dudit Conseil, des premier Avril 1704. 27 Décembre 1707. & 15 Novembre 1712. par lefquels il a été défendu à tous Bouchers de s'établir aux environs des Barriéres & Entrées de Paris, & fixé le nombre des Bouchers dans les Paroiſſes situées près defdites Barriéres, & fubroge le Sieur de Marville, Lieutenant Général de Police de la Ville, Prévôté & Vicomté de Paris, au lieu & place du feu Sieur Herault, pour inſtruire & juger tous les différends & conteſtations nés & à naître à ce fujet, circonſtances & dépendances, attribuant à cet effet audit Sieur de Marville toute Cour, Jurifdiction & connoiſſance des contraventions aufdits Arreſts.

Du 20 Mars 1741.

* Arreſt de la Cour des Monnoyes, portant Réglement pour les Maîtres Horlogers, en ce qui concerne les Matieres d'Or & d'Argent qu'ils employent., *contenant dix articles.*

Du 21 Mars 1741.

* Arreſt contradictoire de la Cour des Aydes de Paris, qui infirme une Sentence des Elus du Blanc en Berry, laquelle avoit annullé un Procès-verbal, fur le fondement que les Commis qui l'avoient rendu n'avoient pas fait enregiſtrer en l'Election du Blanc leur reception & preſtation de ferment faite en celle de Bourges.

Juge que les Commis aux Aydes qui verbaliſent dans d'autres Elections que celles où ils ont été reçus, ne font pas obligés d'y faire enregiftrer les Actes de leurs Receptions.

Et condamne Silvain Quillet & fa femme, Cabaretier, folidairement à la confifcation de trois bouteilles de Vin diffemblables à ceux de leurs charges, en 100 livres d'amende, & aux dépens des Caufes principale & d'appel.

Du 21 Mars 1741.

Arreft du Confeil, qui permet au Sieur Jû, Ecuyer, Préfident-Tréforier de France au Bureau des Finances de Bourges, & autres Intéreffés dans l'exploitation des Mines du Charbon de terre de la Province d'Auvergne, de tenir un Magafin & Entrepôt dudit Charbon de terre à Villeneuve Saint Georges; fait défenfes à toutes perfonnes de les y troubler, à peine de tous dépens, dommages & intérêts; ordonne en outre que les Charbons de terre provenans dudit Magafin, & qui feront deftinés pour paffer debout dans la Ville, Fauxbourgs & Banlieuë de Paris, tant en defcendant la riviére de Seine, que pour remonter dans la riviére de Marne, jouiront de l'exemption accordée par l'Arreft du Confeil du 9 Avril 1737. des Droits de 14 fols 6 deniers par minot, attribués par l'Edit du mois de Juin 1730. aux Officiers Mefureurs & Porteurs de Charbon de terre, en expédiant des Lettres de Voitures en bonne forme audit Villeneuve Saint Georges, que lefdits Intéreffés feront tenus de repréfenter dans les trois jours de l'arrivée defdits Charbons aux Garres ordinaires, aufdits Officiers Mefureurs & Porteurs de Charbon de terre, ou à leurs Commis & Prépofés, qui feront tenus de les vifer, à peine de tous dépens, dommages & intérêts, le tout conformément & fous les peines portées par ledit Arreft du 9 Avril 1737.

Du 23 Mars 1741.

* Ordonnance des Prévôt des Marchands & Echevins de la Ville de Paris, portant Réglement pour le roulage des Vins fur le Port Saint Nicolas de ladite Ville, *contenant neuf articles,* par le troifiéme duquel les Droits attribués à ceux prépofés par

le Bureau de la Ville, par les Bourgeois & Habitans d'icelle, Propriétaires, & par les Marchands desdits Vins, pour leurs salaires, sont fixés ; sçavoir, pour chaque quarteau ou demi muid, 6 deniers ; pour chacun quart de muid, 3 deniers ; pour les piéces de jauges extraordinaires, suivant leur réduction au muid ; pour chacun panier contenant 150 bouteilles, 8 sols, & pour ceux au-dessous à proportion ; leur fait défenses d'exiger, ni même recevoir, quand il leur seroit offert & donné, de plus grands salaires ni aucuns Vins, sous prétexte de boites ou autrement, à peine de punition exemplaire.

Du 24 Mars 1741.

* Ordonnance de M. le Lieutenant Général de Police, qui ordonne l'exécution des Ordonnances, Edits, Arrests du Conseil & autres Réglemens concernans les Bouchers des environs de Paris.

Fait défenses ausdits Bouchers de tuer, vendre ni débiter de la Viande ailleurs que dans leurs maisons d'habitation ; d'en apporter ou envoyer à Paris, & de s'établir dans les lieux désignés par la même Ordonnance, & détachés du corps des Paroisses, à peine de confiscation, de 300 livres d'amende, & même d'emprisonnement.

Du 28 Mars 1741.

* Arrest du Conseil, qui ordonne que les Arrests rendus en icelui les 13 Janvier 1731. 26 Janvier 1734. & 29 Avril 1738. qui concernent la fixation des Boissons que les Gens du commun doivent consommer, seront exécutés selon leur forme & teneur ; casse l'Arrest de défense de la Cour des Aydes du 17 Février 1741. surpris par Georges Merlin, Boulanger à Lusigny, Election de Troyes ; ordonne l'exécution de l'Ordonnance contradictoire de M. l'Intendant de Châlons du 4 Janvier 1741. par laquelle Merlin a été condamné aux Droits de Détail de quinze muids de Vin de consommation excessive ; & le condamne en 75 livres pour le coût de l'Arrest.

Du 28 Mars 1741.

* Arrest contradictoire du Conseil, qui casse une Sentence des Elus de Soissons, par laquelle Pierre Jolly, Lieutenant en la Connétablie & Maréchaussée de France, avoit été déchargé du payement des Droits de Gros à la vente des Vins de son cru, sous prétexte que par les Titres de sa Charge, Sa Majesté lui attribue les exemptions dont jouissent les Officiers Commensaux de la Maison du Roi, & condamne ledit Jolly au payement desdits Droits.

Du 29 Mars 1741.

* Ordonnance de M. l'Intendant de Caën, qui, en exécution des Arrests du Conseil des 13 Février 1731. & 23 Avril 1737. condamne François l'Epinay & Consors, Habitans de la Ville d'Avranches, au payement des Droits de Quatriéme des Boissons excédentes leur consommation, fixée par ladite Ordonnance.

Du 4 Avril 1741.

* Arrest contradictoire du Conseil, qui, sans s'arrêter à une Sentence des Elus d'Angers, & à un Arrest de la Cour des Aydes de Paris, des 17 Février 1730. & 10 Mai 1746. par lesquels un Procès-verbal, rendu par les Commis des Aydes contre René Thulleau, surpris vendant Vin à faux Bouchon, a été déclaré nul, sous prétexte qu'ils sont entrés chez lui sans permission de Justice ; juge que les Commis étant dans le cours de leurs Visites & exercices, sont autorisés d'entrer en ce cas chez les Fraudeurs sans cette permission ; condamne Thulleau en la confiscation des Vins saisis, en 100 livres d'amende, aux dépens tant des Causes principale que d'appel, & au coût dudit Arrest du Conseil, liquidé à 75 livres.

Du 12 Avril 1741.

* Arrest contradictoire de la Cour des Aydes de Paris, qui con-

fifque fur Michel Serain, Détailleur d'Eau-de-vie à Crefpy en Vallois, une peinte d'Eau-de-vie & une cruche de Ratafiat qu'il avoit chez lui, fous prétexte de fervir plus promptement les Buveurs, & que le Ratafiat provenoit de l'Eau-de-vie de fes charges ; le condamne en 100 livres d'amende, & aux dépens.

Du 15 Avril 1741.

* Déclaration du Roi, qui permet à tous Fermiers, Laboureurs, Minagers & autres qui élévent & nourriffent des troupeaux de Moutons & Brebis dans l'étendue de dix lieuës aux environs de la Ville de Paris, de vendre & tuer des Agneaux de lait, & aux Rotiffeurs, Hôteliers, Traiteurs & Cabaretiers de la Viile de Paris & des environs, dans la même diftance de dix lieuës, même aux Bouchers dans ladite étendue, où ils peuvent avoir droit de tirer des Agneaux d'ailleurs, d'en tuer, aprêter, vendre & expofer en vente, le tout jufqu'à la Pentecôte de ladite année 1741.

Du 21 Avril 1741.

* Sentence du Bureau de l'Hôtel de Ville de Paris, qui condamne Jacques Jacqueffon, Marchand-Voiturier par eau de Châlons, en 1000 livres d'amende, pour avoir voituré en ladite Ville un Bateau chargé de Marchandifes d'Avoine & de Fer, pour une portion de la charge duquel Bateau, confiftant en quatre mille neuf cens cinquante livres pefant, il n'a repréfenté qu'une Lettre de Voiture fous feing privé, & informe dans fon énoncé, ni fans aucun prix défigné pour la voiture dudit Fer, & n'avoir pas repréfenté ladite Lettre de Voiture au Pont de Charenton pour être vifée, avec défenfes de récidiver, fous peine de pareille amende, de confifcation des Bateaux, & d'interdiction du Commerce.

Du 22 Avril 1741.

Ordonnance de Meffieurs les Prévôt des Marchands & Echevins de la Ville de Paris, portant Réglement pour l'embarquement des Meubles & des Marchandifes deftinées pour les lieux au-deffous de ladite Ville, jufqu'en celle de Rouen, dans les Bateaux placés dans la partie du Port de la Conférence deftinée à cet effet, *contenant feize articles.*

Du 22 *Avril* 1741.

Tarif arrêté par Meffieurs les Prévôt des Marchands & Echevins de la Ville de Paris, contenant les droits ou falaires qui feront payés aux Soldats des deux Compagnies du Régiment des Gardes Françoifes logées au Fauxbourg Saint Honoré de ladite Ville, prépofés pour l'embarquement des Meubles & des Marchandifes deftinées pour les lieux au-deffous de Paris, jufqu'à Rouen, dans les Bateaux placés dans la partie du Port de la Conférence, difpofée à cet effet, en exécution de l'Ordonnance du même jour.

Du 5 *Mai* 1741.

* Arreft contradictoire de la Cour des Aydes de Paris, qui, fans avoir égard à un prétendu moyen de nullité, confiftant en ce que les Commis n'ont pas donné à Urbain Millet, Cabaretier à Montlouis, dans le délai porté par la Déclaration du Roi du 6 Novembre 1717. copie de l'Acte du dépôt de la bouteille de Vin de douze pintes, faifie par leur Procès-verbal, & fans avoir auffi égard à la demande que Millet a faite de faire preuve par Experts, en préfence des Commis, que le Vin de ladite bouteille eft pareil à celui du vaiffeau en perce & en exercice dans fa cave, a infirmé une Sentence des Elus d'Amboife du 8 Octobre 1740. a jugé que les Commis font feuls Déguftateurs des Boiffons, & a condamné Millet par corps en la confifcation de la bouteille de Vin, en 25 livres d'amende, & aux dépens, tant des Caufes principale que d'appel.

Du 6 *May* 1741.

Arreft de la Cour des Monnoyes, qui défend à toutes perfonnes, autres qu'aux Maîtres & Marchands Tireurs, Fileurs, &

Ecacheurs d'Or & d'Argent, de s'immiscer en ladite Profession; comme aussi à tous Marchands qui feront venir ou apporteront des pays Etrangers de l'Or ou de l'Argent-trait, rond ou battu, filé ou non filé, de mêler le fin avec le faux sur les mêmes bobines, ni d'exposer en vente lesdites Marchandises sans avoir été visitées par les Jurés-Gardes de ladite Communauté ; défend pareillement de fabriquer, employer, vendre & débiter de l'Or & de l'Argent faux, filé sur de la Soye, ou du fin filé sur fil, & de mêler l'un avec l'autre dans quelque sorte d'ouvrage que ce soit, à peine de confiscation d'iceux au profit de ladite Communauté, & de 1000 livres d'amende contre chacun des contrevenans.

Des 6 Mai 1741. & 10 Juillet 1743.

* Sentence des Elus de Guise, par laquelle, conformément aux Arrests du Conseil des 4 Janvier & 9 Décembre 1698. Anne le Doux, veuve d'Armand Pannier, Vinaigriere, demeurant à Erloy, a été condamnée à la confiscation de plusieurs piéces de Cidre, provenant de fruits d'achat par elle pressurés pour en faire du Vinaigre, & en 100 livres d'amende, faute par ladite le Doux d'en avoir, avant le brassage, fait déclaration au Bureau des Aydes, & d'y avoir payé les Droits de Gros, & autres y joints. Et Arrest contradictoire de la Cour des Aydes de Paris du 10 Juillet 1743. qui confirme ladite Sentence, & modére cependant l'amende de 100 livres, en celle de 25 livres.

Du 7 Mai 1741.

* Arrest du Conseil, qui ordonne qu'à l'exception des Grains dont le Roi a fait faire les achats & approvisionnemens, que les Marchands & Voituriers par eau continueront d'amener dans la Ville de Paris, avec tel nombre de relais & chevaux frais qui seront nécessaires, comme avant l'Arrest du Conseil du 3 Janvier précédent, toutes les autres espèces de Marchandises de Rouen à Paris, & ce sans préjudice des Priviléges accordés à cet égard.

Du

Du 9 Mai 1741.

* Arrest du Conseil, portant Réglement pour assurer le payement des Droits attribués aux Officiers de la Volaille, Gibier,
&c. aux Entrées de la Ville & Fauxbourgs de Paris.

Et pour empêcher les fraudes qui se commettent dans les
envois qui se font de ladite Marchandise par les Messageries
& Voitures, sous prétexte de présent.

Du 18 Mai 1741.

Arrest contradictoire du Parlement de Bretagne, rendu sur
les conclusions de M. le Procureur Général du Roi, qui décide plusieurs questions.

1°. *Dans la forme* : Que les contradictions qui se trouvent sur
certains faits rapportés dans un Procès-verbal, & reconnus
dans le recolement & confrontation aux Accusés, ne sont pas
des moyens pour annuller leur Procès-verbal.

2°. Que les Procès-verbaux peuvent être écrits par des mains
étrangeres, & autres que celles des Employés qui ont parlé &
signé aux Procès-verbaux.

3°. *Au fonds* : Que les nommés le Rouic & Jouannic, qui
avoient favorisé l'évasion du nommé le Sausse, arrêté, saisi d'un
rolle de Tabac de fraude sur un grand chemin, sont tenus solidairement de l'amende encouruë par ce Fraudeur, ainsi que des
dépens de leur Procès.

Du 23 Mai 1741.

* Arrest du Conseil, qui ordonne, conformément à l'avis
des Prévôt des Marchands & Echevins de la Ville de Paris,
que les droits ou salaires des deux anciens Maîtres des Ponts
de ladite Ville seront augmentés à proportion de la grandeur
des Bateaux, de la longueur au-delà de douze toises, & qu'à
l'égard des Bateaux de la longueur de douze toises & au-dessous, les droits ou salaires continueront d'être payés suivant les
Tarifs arrêtés en 1705. & 1718.

Aydes.   E

Du 23 Mai 1741.

* Arreſt du Conſeil, qui ordonne une augmentation de ſalaires en faveur des Officiers Planchéeurs & Débacleurs, Commiſſaires au nétoyement des Ports pavés, Inſpecteurs & Controlleurs ſur le placement & arrangement des Bateaux, Gardes & Remonteurs d'iceux, & Metteurs à Port de ladite Ville, créés & rétablis par Edit du mois de Juin 1730. & réunis en une ſeule Communauté par Arreſt du 30 Décembre 1732. ſur les Bateaux, depuis la longueur de douze toiſes, juſques & compris celle de dix-ſept, tant qu'il en ſubſiſtera, pour les fonctions qu'ils ſont tenus de faire ſur leſdits Bateaux dans les Ports de ladite Ville.

Du 23 Mai 1741.

* Arreſt du Conſeil, qui ordonne que l'article 2. du Titre commun pour toutes les Fermes, de l'Ordonnance du mois de Juillet 1681. l'Article 5 de l'Edit du mois d'Août 1717. & l'Arreſt du Conſeil du 26 Octobre 1728. ſeront exécutés ſelon leur forme & teneur; caſſe deux Sentences des Elus d'Evreux & du Ponteau-de-Mer, & un Arreſt de la Cour des Aydes de Rouen; & condamne les Exécuteurs des Sentences criminelles au payement des anciens & nouveaux Cinq ſols, Subvention, Jauge & Courtage, Inſpecteurs aux Boiſſons, & autres Droits d'Entrée des Boiſſons de cru ou d'achat pour leur conſommation.

Du 30 Mai 1741.

Arreſt du Conſeil, qui permet aux ſieurs de Boullemer & Fillemin de tirer annuellement 3000 voyes de Charbon de terre des Mines de Roche en Forêt, à condition de les faire conduire à Villeneuve Saint Georges, pour l'aproviſionnement de Paris, & de ne les vendre audit Villeneuve Saint Georges que ſur le pied de 32 livres la voye, peſant deux mille trois à quatre cens livres; & autoriſe leſdits ſieurs Boullemer & Fillemin à faire l'ouverture deſdites Mines de Roche par tout où beſoin ſera, pour en tirer leſdits Charbons, en indemniſant les Propriétaires des terrains de gré à gré, sinon à dire d'Experts, qui seront convenus ou nommés d'office pardevant le Sieur Intendant de Lyon.

Du mois de Juin 1741.

* Edit du Roi, portant réunion à l'Hôtel de Ville de Paris des Droits attribués par l'Edit du mois de Juin 1730. aux Jurés-Vendeurs, Controlleurs, Courtiers, Commissionnaires, Jaugeurs & Mesureurs des Vins, Eaux-de-vie, & autres Liqueurs, consistans en 50 sols par muid de Vin entrant dans Paris; & suppression desdits Offices de Jaugeurs, *contenant six Articles.*

Du 2 Juin 1741.

* Sentence du Bureau de l'Hôtel de Ville de Paris, qui condamne Edme Tripier & Adrien Despierres, Tonneliers-Déchargeurs de Vins sur les Ports de ladite Ville, chacun en 20 livres d'amende, pour s'être battus dans le Bureau de leur Communauté au Port Saint Paul, & avoir accompagné leurs violences de juremens, avec défenses de récidiver, à peine d'interdiction, & de telle autre amende qu'il appartiendra.

Du 13 Juin 1741.

* Arrest contradictoire de la Cour des Aydes de Paris, qui infirme une Sentence des Elus de la Chastre du 2 Avril 1740. pour avoir annullé un Exploit donné sur un Procès-verbal de fraude, sous prétexte que la déclaration, portée par l'Exploit, de la demeure du Fermier à Paris, rue Saint Antoine, Paroisse Saint Paul, n'est point un domicile certain & suffisant, mais seulement celui du Directeur, à la poursuite & diligence duquel il a été fait.

Nota. Cet Arrest, sans avoir égard à cette prétendue nullité, condamne Silvain Bruneau, Cabaretier, pour fraude de Vin dissemblable, à la confiscation, à l'amende portée par l'Ordonnance, & aux dépens.

Du 13 Juin 1741.

* Arreſt du Conſeil d'Etat privé du Roi, qui ordonne l'exécution de deux Ordonnances du Sieur Herault, Lieutenant Général de Police, & Commiſſaire du Conſeil en cette partie, rendues les 17 Août & 14 Septembre 1737. par leſquelles les nommés Simon Montreau & ſa femme ont été condamnés en l'amende de 100 livres, & aux dépens, & en la confiſcation, au profit de la Communauté des Officiers Vendeurs de Volaille, ſoixante paires de Pigeons & Pigeonneaux, dix Lapins & ſept Poules, ſaiſis chez ledit Montreau & ſa femme, avec défenſes à eux & à tous autres d'élever ni nourrir dans leurs maiſons aucuns Pigeons, Volailles ou Gibier, ni d'en faire aucun Commerce, ſous les peines portées par les Réglemens.

Nota. Ledit Arrêt modére l'amende à 12 livres, & aux dépens.

Du 13 Juin 1741.

* Arreſt contradictoire du Conſeil, qui confirme une Ordonnance rendue par M. l'Intendant de Poitiers le 13 Mars 1741. par laquelle Jean-Charles Gregoire, Boucher à la Chataigneraye, a été condamné à la confiſcation d'un quartier de Veau trouvé en fraude chez lui, qu'il prétendoit lui avoir été prêté par le nommé Gourmand, Boucher du même lieu, & en trois cens livres d'amende; modéré cependant par grace, & ſans tirer à conſéquence, à cent cinquante livres, les condamnations portées par ladite Ordonnance, & lui défend de récidiver, ſous plus grande peine.

Nota. Cet Arrêt juge qu'un Boucher ne peut débiter d'autre Viande que celle qu'il a déclarée, & dont il a payé les Droits, quand même il l'auroit priſe chez un autre Boucher du même lieu, qui lors de l'arrivée en auroit fait déclaration au Bureau, avec le payement des Droits d'Inſpecteurs.

Du 13 Juin 1741.

*Arreſt contradictoire de la Cour des Aydes de Paris, qui in-

firme une Sentence des Elus de la Chaſtre du 7 Mai 1740.
pour avoir annullé un Procès-verbal, ſur le fondement de deux
prétendues nullités. La premiere, que les Commis n'ont pas
déclaré par ledit Procès-verbal le domicile du Fermier, ni celui de ſon Directeur.

Et la ſeconde, qu'ils n'y ont pas fait mention du nom de
celui à la pourſuite & diligence duquel ils agiſſoient.

Diſpenſe les Commis de ces formalités dans leurs Procès-
verbaux, & juge qu'elles ſont ſuffiſamment remplies lorſqu'elles
ſont exprimées dans les Aſſignations.

Et ſans avoir égard à ces prétendues nullités, condamne ſolidairement Silvain Bruneau, Cabaretier, & ſa femme, pour
fraude de Vin recellé, à la confiſcation, en l'amende portée
par l'Ordonnance, & néanmoins la modére à 50 livres, & aux
dépens.

Du 13 Juin 1741.

* Tarif des Droits qui ſeront perçus, & des Gages qui ſeront conſignés aux Bureaux établis aux Entrées & ſur les Ports
de la Ville & Fauxbourgs de Paris ſur les Volailles, Gibier,
Cochons de lait, Agneaux & Chevreaux y entrant pour y être
vendus ou conſommés, à l'exception de ce qui proviendra des
Terres & Seigneuries des Bourgeois de Paris, en obſervant
les formalités preſcrites par les Déclarations du Roi des 9 Septembre 1710. & 15 Mai 1722. & par l'Arreſt du 9 Mai 1741.

Du 20 Juin 1741.

* Lettres Patentes du Roi & Réglement pour les longueurs,
largeurs, apprêts & marques des Serges, Droguets, Baracans, Callemandes, & autres Etoffes qui ſe fabriquent en Picardie, à l'exception de la Ville d'Amiens, *Regiſtrées au Parlement le 7 Juillet 1741. contenant 86 Articles*, dont le 5e. porte
que les Fabriquans mettront ſur le Métier avec un fil de lin,
de chanvre ou de coton, au chef & à la queuë de chaque
piéce des différentes ſortes d'Etoffes qu'ils fabriqueront, la
premiere lettre de leur nom, leur ſurnom, & le nom du lieu
de leur demeure en entier & ſans abreviation, & ajoûteront

auſſi à la tête & à la queuë de chaque piéce des Baracans blancs deſtinés à être teints, compris dans les articles 13. 14. & 15. deux petits entrebats de fil d'Epinay, à la diſtance d'un pouce l'un de l'autre, dans le milieu deſquels ſera tiſſu ſur le Métier, en fil de lin, de chanvre ou de coton, le mot *ſuperfin* pour les Baracans ſuperfins, celui de *fin* pour les Baracans fins, & le mot *commun* pour les Baracans communs, le tout à peine de confiſcation deſdites Etoffes, & de 20 livres d'amende pour chaque piéce. L'art. 51 défend aux Fabriquans de mettre le nom d'un autre ſur les Etoffes qu'ils fabriqueront, ni le mot *ſuperfin* ſur les Baracans fins ou communs, ni le mot *fin* ſur les Baracans communs, à peine de confiſcation & de 300 livres d'amende, de déchéance de la Maîtriſe, & d'interdiction de Commerce pour toujours. L'art 54. porte que toutes les Etoffes compriſes audit Réglement ſeront marquées au Bureau de Fabrique par les Gardes Jurés deſdites Fabriques, après avoir été viſitées & trouvées conformes audit Réglement, du Plomb du Bureau à chaque bout de la piéce, avec défenſes auſdits Fabriquans de faire appliquer ſur leurs Etoffes d'autre Plomb que celui du Bureau dont ils dépendent, le tout à peine de confiſcation, & de 20 livres d'amende pour chaque piéce deſdites Etoffes. L'art. 60. défend aux Fabriquans d'expoſer en vente, & à tous Marchands d'acheter aucunes deſdites Etoffes, ſi elles n'ont à la tête & à la queuë les Marques & le Plomb de Fabrique ordonnés par les articles 50. & 54. à peine de 20 livres d'amende pour chaque piéce & pour chaque contravention. L'art. 67. permet aux Greffiers des Juriſdictions des Manufactures de tenir un Regiſtre en papier non timbré, pour y tranſcrire les noms des Fabriquans & Ouvriers, auſquels il ſera délivré, par leſdits Greffiers, des Certificats auſſi en papier non timbré, contenant leurs noms, ſurnoms & demeures, leſquels Certificats ſeront viſés par les Gardes-Jurés, à peine de 100 livres d'amende contre chaque Contrevenant. L'art. 68. défend à tous Marchands d'avoir dans leurs Maiſons, Magaſins ou Boutiques, ni de vendre aucunes Etoffes compriſes audit Réglement, ſans qu'elles ayent à la tête & à la queuë les Marques ordonnées ci-deſſus, & les Plombs de Fabrique & de Controlle, à peine de confiſcation & de 20 livres d'amende pour chaque contravention. L'art. 73. porte que dans chaque Bureau de Fabrique & de Controlle, il y sera tenu par les Gardes-Jurés un Registre en papier non timbré, pour y enregistrer les piéces d'Etoffes qui y seront visitées; & l'art. 83. ordonne que dans les amendes, dont l'application n'est pas faite par les art. dudit Réglement, il en appartiendra un tiers au Roi, un tiers au profit des Gardes-Jurés, & l'autre tiers au profit des Pauvres. *Nota.* Pour les autres articles, la moitié des amendes est adjugée au Roi.

Du 27 Juin 1741.

* Arrest du Conseil, qui en casse un de la Cour des Aydes de Rouen du 3 Mars 1741. pour avoir annullé un Accord fait à quatre cens cinquante livres entre les Commis aux Aydes & Robert Becquet, en conséquence d'un Procès-verbal pour fraude, sous prétexte qu'il est défendu aux Commis, par l'Arrêt du Conseil du 6 Décembre 1687. de faire des Accommodemens sans l'avis de leur Directeur, & a condamné le Fermier des Aydes à restituer à Becquet ladite somme. Ledit Arrêt du Conseil ordonne l'exécution de la Sentence des Elus de Ponteau-de-Mer, du 17 Octobre 1740. par laquelle Becquet a été débouté de l'enregistrement des Lettres de rescision qu'il a prises contre ledit Accord ; condamne Becquet à restituer au Fermier des Aydes les sommes qu'il auroit pû être contraint de payer en exécution dudit Arrest de la Cour, aux dépens tant des Causes principale que d'appel, & au coût dudit Arrest du Conseil, liquidé à 75 livres.

Du 28 Juin 1741.

* Arrest de la Cour des Comptes, Aydes & Finances de Normandie, qui, en conformité de l'Arrest du Conseil & Lettres Patentes des 26 Octobre & 5 Décembre 1719. de l'Arrest du Conseil du premier Juillet 1738. pour la prise de possession du Bail des Fermes générales, sous le nom de Jacques Forceville, & des Lettres Patentes du 11 Novembre 1740. & sans avoir égard à la nullité proposée & adoptée par la Sentence

des Elus de Courances du 7 Novembre 1740. condamne Guillaume Blaisot, Cabaretier, en 50 livres d'amende, pour fraude de remplage sur un tonneau de Cidre, & aux dépens des
Causes principale & d'appel; & en conséquence; juge que les
Commis reçus en Justice ne sont point tenus, pour la validité
de leurs Procès-verbaux, de prêter un nouveau serment, ni de
faire enregistrer leur Acte de reception aux Greffes des autres
Elections dans lesquelles ils vont résider.

Du 30 Juin 1741.

* Sentence de Police, qui déclare bonne & valable une saisie de quinze cens bottes de Foin, faite sur le nommé Allais,
& le condamne en 500 livres d'amende, pour avoir par ledit
Allais fait décharger à Montreau-faut-Yonne un Bateau de
Foin destiné pour la provision de la Ville de Paris, contre la
disposition des Ordonnances.

Du 16 Juillet 1741.

* Ordonnance de M. l'Intendant de Caën, qui condamne
trente-quatre Particuliers vendans à Muchepot & Entreposeurs
de la Ville de Vire, au payement des Droits de Quatriéme de
leurs excessives consommations, comme s'ils avoient vendu
Bouchon haut & Cabaret ouvert, & ce en conséquence des
Arrêts du Conseil des 13 Février 1731. & 9 Avril 1737.

Du 18 Juillet 1741.

* Arrest contradictoire du Conseil, par lequel, sans avoir égard
à un Arrest de la Cour des Aydes de Paris, du 20 Janvier 1739.
qui avoit déchargé Charles Piot & Claude Rolland, Meuniers,
demeurans dans les écarts des Fauxbourgs de Soissons, du payement des Droits de Gros, Augmentation, Jauge & Courtage
des Vins de leur cru, dans lesdits Fauxbourgs de Soissons, man-
quans à déprier, & les condamne au payement desdits Droits.

Des

Des 8 *Septembre* 1739. 10 *May & * 17 *Décembre* 1740. 27 *Juillet* 1741. *&* 13 *Avril* 1743.

CAHIER DE PIE'CES

Concernant les Enclaves de Picardie, Artois, Boulonnois, &c.

Sçavoir,

Arreſt du Conſeil du 8 Septembre 1739, qui renvoye par-devant Meſſieurs les Commiſſaires du Conſeil pour les Aſſaires des Gabelles, cinq groſſes Fermes, Tailles, & autres affaires de Finance, une Inſtance pendante entre les Fermiers Géné-raux des Fermes unies de France, & les Sous-Fermiers des Aydes de la Généralité d'Amiens, d'une part ; & les Etats de la Province d'Artois, & les Seigneurs & Habitans des Paroiſſes de Verton, Brimeux, Merlimont, Groſſlier, Saint Aubin, Berck, Waban, Wailly, l'Epinoy, la Cenſe de Beaucamp, Noyelle, & autres Paroiſſes enclaves de Picardie en Artois, & d'Artois en Picardie, d'autre part, pour raiſon des Priviléges & prétentions reſpectives des Parties.

Autre du 10 May 1740. qui renvoye pardevant Meſſieurs Fagon, Dormeſſon, de Gaumont, de Baudry, le Pelletier de la Houſſaye, Trudaine & Orry de Fulvy, pour au Rapport de M. Choppin d'Arnouville, Maître des Requeſtes, être ſtatué définitivement ſur l'Inſtance énoncée dans l'Arreſt du 8 Sep-tembre 1739. dont l'extrait eſt ci-deſſus.

Ordonnance de Meſſieurs les Commiſſaires du Conſeil, du 17 Décembre 1740. pour l'enregiſtrement au Greffe de la Commiſſion de l'Arreſt du Conſeil du 10 May précédent.

Jugement de Meſſieurs les Commiſſaires du Conſeil, du 27 Juillet 1741. qui régle & déſigne les Paroiſſes qui doivent faire partie des Provinces de Picardie & d'Artois.

Aydes.   G

Arrest du Conseil & Lettres Patentes du 13 Avril 1743, qui réforment quelques dispositions du Jugement énoncé ci-dessus, régle & désigne définitivement les Paroisses enclavées en Picardie & Artois, qui feront à l'avenir partie de chacune de ces deux Provinces.

Du 30 Juillet 1741.

* Ordonnance de M. l'Intendant de Bourgogne, portant injonction à tous Commissionnaires des Vins de la Ville d'Auxerre, de faire à l'instant de l'arrivée des Vins en ladite Ville, leurs déclarations aux Bureaux, à peine de confiscation, & de 300 livres d'amende pour chaque contravention, conformément à l'Edit d'Octobre 1705. portant établissement des Droits d'Inspecteurs aux Boissons.

Du premier Août 1741.

Arrêt du Conseil, qui permet au Sieur Bertrand-Baptiste-René du Guesclin, Aumonier du Roi & Abbé de l'Abbaye de Notre-Dame de Cheuley en Franche-Comté, de faire passer annuellement en Lorraine six cens milliers de Fontes du Fourneau appellé de Bley, dépendant de son Abbaye, en exemption des Droits de Sortie portés par l'Ordonnance de 1680. & autres Réglemens, & notamment de ceux fixés par l'Arrest du Conseil du 2 Avril 1701.

Du premier Aoust 1741.

Arrest du Conseil, qui décharge Mathieu Clement, Fermier des Forges de Clavieres, dépendantes du Duché de Châteauroux, des engagemens par lui contractés pour les réparations & constructions qu'il a dû faire ausdites Forges & dépendances pendant les années 1739. & 1740. ordonne que sur le prix de son Bail desdites deux années il lui sera tenu compte de la somme de 4571 livres 8 sols 8 deniers, à raison de 2285 livres 14 sols 4 deniers pour chacune année, par Etienne Vernier, Soufermier des Domaines de la Généralité de Bourges, en vertu dudit Arrest & de la Quittance dudit Clement, & audit Ver-

nier par Jacques Forceville, Adjudicataire des Fermes générales, auquel il en sera pareillement tenu compte sur le prix de
son Bail.

Du premier Août 1741.

* Arrest du Conseil, obtenu par le Sieur Gougenot, Tu-
teur onéraire de M. le Prince de Condé, qui défend aux Fermiers des Domaines & Droits y joints de la Généralité de
Soissons, de percevoir les trois sols pour livre par eux prétendus sur les Epices & Vacations des Juges du Comté de Ri-
bemont, & de troubler M. le Prince de Condé dans la jouissance de deux sols pour livre desdites Epices & Vacations.

Des premier & 26 Août 1741.

* Arrest du Conseil & Lettres Patentes, qui ordonnent que
les demi-Vins, Vins de Resoul, Piquettes, & autres Boissons
tirées à clair, payeront les Droits d'Entrées dans les lieux où
ils se perçoivent, sur le pied qu'ils sont fixés pour le Vin, ainsi
que les Droits de huitiéme, & autres dus à la vente en détail,
soit que les Cabaretiers & autres vendans Vin, les vendent
& débitent, ou qu'ils les consomment pour leurs boissons. Et
exceptent seulement du payement desdits Droits, les simples
Piquettes composées de mare pressuré & enfoncé avec de
l'eau dans les tonneaux.

Du premier Août 1741.

* Arrest contradictoire du Conseil, qui, sans s'arrêter à celui
de la Cour des Aydes de Paris, du 31 Mars 1740. qui avoit
confirmé une Sentence de l'Election d'Issoudun, du 7 Mars
1739. portant que les Cabaretiers & Aubergistes de ladite Ville
ne payeroient pour leurs Boissons & Piquettes, si ce n'étoit
en cas de vente ou de débit, aucuns Droits de huitiéme,
subvention & autres, qu'ils payent pour raison des Vins
par eux débités, & avoit condamné le Fermier aux dépens,
ordonne que lesdits Cabaretiers payeront les Droits de Détail
des Vins, demi-Vins, Boissons ou Piquettes tirées à clair,

par eux confommées dans leurs maifons pour leur boiffon &
celle de leurs enfans & domeftiques, ainfi & de la même maniére que pour le Vin, à l'exception néanmoins des Piquettes
compofées de mare preffoiré & enfoncé dans des tonneaux
avec de l'eau; condamne lefdits Cabaretiers folidairement envers le Fermier aux dépens, tant des Caufes principale que
d'appel, à la reftitution des fommes qu'il auroit été contraint
de payer, & au coût dudit Arreft, liquidé à 75 livres.

Du premier Août 1741.

* Arreft du Confeil, qui, fans avoir égard à un Arreft de la
Cour des Aydes de Rouen, du 2 Décembre 1740. par lequel
Charles Lefcoufflet, ci-devant Cabaretier, furpris vendant des
Boiffons en fraude des Droits de Détail & fans déclaration,
a été déchargé de la demande du Fermier des Aydes, fous
prétexte qu'il les vendoit à des gens qui travailloient par cor-
vée aux grands chemins, condamne Lefcoufflet en la confifcation defdites Boiffons, en 100 livres d'amende, aux dépens
tant des Caufes principale que d'appel, & au coût dudit Arreft
du Confeil, liquidé à 75 livres.

Du 4 Août 1741.

* Arreft contradictoire de la Cour des Aydes de Paris, qui
confirme une Sentence des Elus de Soiffons, par laquelle une
Infcription de faux, formée par Charles Droüet, Vigneron à
Guny, contre le Procès-verbal des Commis, a été déclarée
nulle, en ce que le Procureur qui l'a fignée au Greffe, n'étoit
pas porteur de la Procuration fpéciale de Droüet.

Du 8 Août 1741.

* Arreft contradictoire du Confeil, qui confirme une Ordonnance de M. l'Intendant de la Généralité de Caën, du
29 Mars 1741. par laquelle, en exécution des Arrefts du Confeil des 13 Février 1731. & 23 Avril 1737. François l'Epinay
& Confors, Habitans de la Ville d'Avranches, ont été con-

damnés au payement des Droits de quatriéme des Boiſſons excédantes leurs conſommations, fixées par ladite Ordonnance, dont l'exécution eſt ordonnée par ledit Arreſt ; déboute ledit l'Epinay & Conſors de leur oppoſition, & les condamne au coût dudit Arreſt.

Du 9 *Août* 1741.

* Arreſt contradictoire de la Cour des Aydes de Paris, qui infirme une Sentence des Elus d'Angers, par laquelle Jacques Thoüin & ſa femme, ſurpris vendant en détail ſans déclaration, ont été renvoyés de la demande du Fermier des Aydes, ſous prétexte que l'Acte d'affirmation du Procès-verbal n'a pas été dépoſé au Greffe ; les condamne ſolidairement, même le mari par corps, en la confiſcation des Vins & effets ſaiſis par le Procès-verbal des Commis, en 50 livres d'amende, & aux dépens tant des Cauſes principale que d'appel.

Du 9 *Août* 1741.

Arreſt du Conſeil, qui fait défenſes à tous Habitans de la Généralité de Caën, de vendre aucuns Cidres & Poirés, même les fruits deſtinés à en faire, & à toutes perſonnes d'en acheter pour être tranſportés hors la Province de Normandie, à peine de confiſcation, & de mille livres d'amende.

Du 18 *Août* 1741.

* Sentence du Bureau de l'Hôtel de Ville de Paris, qui condamne les nommés Senegon & le Blond pere, Marchands de Bois aux Carriéres de Charenton, chacun en 100 livres d'amende, pour avoir fait arriver au Port dudit lieu, ſçavoir, ledit Senegon deux trains de vingt-quatre cordes chacun, & ledit le Blond trois trains, compoſés de trente cordes auſſi chacun, ou environ, ſans avoir repréſenté les Lettres de voiture, ni fait déclaration au Bureau établi au Port de Choiſy-le-Roy, & avoir vendu des Falourdes de perches ; ſçavoir ledit Senegon à raiſon de 10 ſols, & ledit le Blond de 9 ſols la piéce,

au lieu de 8 fols 3 deniers ; les interdit du Commerce pendant trois mois, avec défenfes de récidiver, fous peine d'interdiction du Commerce à toujours.

Du 19 Août 1741.

* Sentence contradictoire de Meffieurs les Officiers de l'Election d'Orléans, qui confifque au profit du Fermier des Aydes d'Orleans, fept chevaux, deux charettes, harnois, & neuf poinçons deux quartaux de Vin faifis fur Henry Bergerad, Voiturier par terre, demeurant à la Chapelle ; le condamne en 50 livres d'amende, pour cette fois feulement, fans tirer à conféquence, & aux dépens ; lui fait défenfes, & à tous autres Voituriers, de plus à l'avenir paffer par les rues des Cloufiers, Croix des Fauchets, la Grange des Groux, & autres lieux des franchifes de la Ville d'Orléans, fans auparavant en faire déclaration au Bureau du Fermier, & payer les Droits de paffe debout fur les Vins, Eaux-de-vie, & autres Boiffons dont ils feront chargés, à peine de confifcation des chevaux, charettes, harnois & Boiffons, & 300 livres d'amende ; laquelle Sentence fera publiée & affichée.

Nota. Ladite Sentence eft renduc en conféquence du Réglement de M. Fortia, pour lors Intendant d'Orléans, du 29 Mars 1664. dont l'exécution a été ordonnée par Arreft du Confeil du 29 Avril audit an, & qui ont été enregiftrés en l'Election.

Du 22 Août 1741.

* Arreft du Confeil, qui fait défenfes à tous Particuliers, autres que les Braffeurs ordinaires, de braffer des Bierres pour autrui, ni de prêter leurs Brafferies & Chaudieres, fous quelque prétexte que ce foit, à peine de confifcation & de 1500 livres d'amende, applicable au profit des Hôpitaux, laquelle amende fera folidaire contre ceux qui prêteront leurs Chaudiéres, & ceux qui en feront ufage.

Du 23 Août 1741.

* Arrest contradictoire de la Cour des Aydes, qui maintient les Gardes de la Capitainerie des Chasses de Saint Germain en Laye, dans l'exemption du Gros sur les Vins provenans de leur cru.

Du 24 Août 1741.

* Arrest du Conseil & Lettres Patentes, *registrées en Parlement le 28 Août 1741.* qui ordonnent que les cent trente Offices d'Essayeurs, Visiteurs, Controlleurs & Commissionnaires d'Eaux-de-vie & Esprit de Vin, réunis par Arrest & Lettres Patentes du 31 Mars 1733. à la Communauté des Inspecteurs, Controlleurs & Visiteurs Généraux des Vins, retrocédés par elle à Sa Majesté, seront réduits au nombre de quarante Offices seulement, sous le titre d'Essayeurs, Visiteurs & Controlleurs d'Eaux-de-vie & Esprits de Vin, en faveur des Officiers Jaugeurs supprimés par Edit du mois de Juin précédent, *contenant neuf articles.*

Du 25 Août 1741.

* Arrest du Conseil & Lettres Patentes, *registrées en Parlement le 28 Août 1741.* qui acceptent les offres de la Communauté des Inspecteurs sur les Vins : Et ordonnent que les cent vingt Titulaires des Offices d'Inspecteurs, Controlleurs & Visiteurs Généraux sur les Vins & autres Liqueurs, réunis par Arrest & Lettres Patentes du 31 Mars 1733. subsisteront sous ledit titre, avec réduction de partie de leurs Droits, au moyen des retrocessions par eux faites de partie d'iceux, qui ont été aliénées à la Ville de Paris.

Des 25 & 26 Août 1741.

* Arrest du Conseil & Lettres Patentes, *registrées en Parlement le 28 Août 1741.* qui confirment les Prévôt des Marchands & Echevins de l'Hôtel de Ville de Paris, dans la propriété à

perpétuité des cinq fols de Droits qui avoient été attribués aux Offices de Jaugeurs, fupprimés par Edit du mois de Juin précédent, & fixe la finance defdits Officiers, à rembourfer par l'Hôtel de Ville, à un un million deux cens vingt mille livres.

Du 25 Août 1741.

* Arreft du Confeil, qui liquide à la fomme de 20000 livres la finance de chacun des quarante Offices de Jaugeurs & Mefureurs de Vins, Eaux-de-vie, Liqueurs, Cidres & Poirés, Vinaigres, Vins gâtés & Verjus, fupprimés par Edit du mois de Juin précédent; & ordonne qu'ils feront remboursés de ladite fomme par le Garde du Tréfor Royal.

Du 26 Août 1741.

* Arreft de la Cour de Parlement comme Commiffaires Généraux fur le fait & Police de la Marchandife de Poiffon de Mer frais, fec & falé, & d'eau douce, portant Réglement, tant pour affurer les Droits de fol pour livre attribués aux Propriétaires des Offices de Jurés-Vendeurs de Marées, établis à Pontoife, que pour la vente du Poiffon frais, fec, & falé, dans l'étendue de ladite Ville, Fauxbourgs & Banlieuë de Pontoife, Saint Oüin, Fauxbourgs de l'Aumone, Cergy & Conflans, Sainte Honorine,

Du 28 Août 1741.

* Ordonnance de M. de la Briffe, Intendant de la Généralité de Caën, fervant de Réglement pour affurer les Droits d'Infpecteurs aux Boucheries, & prévenir les abus qui fe commettent par ceux qui nourriffent des Beftiaux.

Du 29 Août 1741.

Arreft du Confeil, qui exclut le Sieur Chorel, Intéreffé dans l'Entreprife des Mines de Charbon de terre des Paroiffes de Saint Georges, Chatelaifon & Concourfon en Anjou, de la Société faite entre les Intéreffés, faute par ledit Sieur

Chorel

Chorel d'avoir fait ses fonds dans le tems prescrit par ladite Société, & permet aux autres Intéressés de disposer de son intérêt.

Du 29 Août 1741.

Arrest du Conseil, qui, saute par le Sieur Boby, Intéressé dans l'Entreprise des Mines de Charbon de terre des Paroisses de Saint Georges, Chatelaison & Concourson en Anjou, d'avoir fait la totalité de ses fonds dans ladite Entreprise, l'exclut de la Société, & permet aux autres Intéressés de disposer de l'intérêt dudit Sieur Boby, en lui remboursant la somme de 1950 livres par lui mise dans ladite Société.

Du 30 Aoust 1741.

*Ordonnance de M. le Comte d'Argenson, Conseiller d'Etat, Intendant de Justice, Police & Finances de la Généralité de Paris, qui fait très-expresses inhibitions & défenses à tous Huissiers & Sergens, de faire aucune signification d'Actes, Requêtes & Procédures, & de ses Ordonnances, ni de les mettre à exécution dans les affaires qui se poursuivent pardevant lui, soit comme Commissaire départi dans la Généralité de Paris, soit comme commis par Arrests du Conseil, & ce tant dans la Ville, Fauxbourgs & Banlieuë de Paris, qu'à la suite des Conseils de Sa Majesté, à peine de nullité, d'interdiction, & de 300 livres d'amende portées par les Arrests & Ordonnances y énoncés, & de tous dépens, dommages & intérêts.

Du 6 Septembre 1741.

* Arrest de la Cour des Aydes de Paris, qui infirme une Sentence des Elus des Sables d'Olonne, pour avoir annullé un Procès-verbal de muche-pot, & condamné le Fermier aux dépens, sur le prétexte qu'il s'y trouvoit deux nullités.

La premiere, que les Commis n'avoient pas fait enregistrer en l'Election des Sables leurs reception & prestation de serment, faites dans les Elections de la Rochelle & de Saint Maixant, pour avoir droit d'exercer en celle des Sables d'Olonne.

AYDES.   H

Et la seconde, que dans le Procès-verbal, le Fermier n'y avoit pas fait élection de domicile valable, parce qu'il y étoit dit demeurant à Paris, & résidant en son Bureau des Sables d'Olonne, ce qui emportoit contradiction.

Ledit Arrest, sans avoir égard à ces prétendues nullités, condamne la veuve Quesneau à la confiscation de la pinte saisie, en 25 livres d'amende, & aux dépens des Cause principale, d'appel & demandes.

Du 6 Septembre 1741.

* Arrest contradictoire de la Cour des Aydes de Paris, qui sans avoir égard aux moyens de nullité proposés par le nommé Vivien, Armurier, demeurant à Angers, consistant en ce que dans l'Acte de transport du Procès-verbal dressé contre lui, l'un des Commis n'y a point désigné la porte de la Ville où il s'est dit Receveur ; Jacques Bruand y est qualifié de Fermier des Aydes, au lieu de Soufermier, & les noms, qualités & demeures de Bruand & des Commis n'y sont point établis ; & sans avoir aussi égard à la dérégation de Vivien, que sa fille ait transporté pour lui les vingt-quatre livres de porc, & les deux serviettes saisies par les Commis, faute de déclaration & de payement des Droits de double & triple cloison, graisse & graissage ; infirme une Sentence des Elus d'Angers ; déclare Vivien responsable des faits de sa fille, & les condamne solidairement en la confiscation des choses saisies par le Procès-verbal des Commis, en 25 livres d'amende, & aux dépens, tant des Causes principale que d'appel.

Du 12 Septembre 1741.

Arrest du Conseil, qui permet aux Maire, Jurats, Syndic & Habitans de la Ville de Dax, de continuer pendant le tems de neuf années, à compter du premier Janvier 1742. & qui finiront à pareil jour de l'année 1751. la levée & perception, à titre d'Octroi, de la moitié, par augmentation, des Droits de Cize, qui se levent au profit de l'Engagiste du Domaine, suivant le Tarif qui en a été arrêté, pour être les deniers provenans dudit Droit employés, sans aucun divertisse-

ment fur les Ordonnances du Sieur Intendant & Commiffaire
départi en Navarre, Bearn & Généralité d'Auch, au payement
du reftant des dettes de ladite Ville, liquidées par l'Arreft du
Confeil du 5 Septembre 1728. & le furplus aux ouvrages &
édifices publics qui feront jugés néceffaires pour la décoration
de ladite Ville, & l'utilité des Habitans, fuivant les Plans,
Devis & Adjudications qui en feront faits & approuvés par
ledit Sieur Commiffaire départi, fans qu'il en puiffe être fait
aucun autre emploi, fous quelque prétexte que ce foit,
& à la charge par les Syndic & Adminiftrateurs de ladite Ville
de compter des deniers provenans defdits Droits, ainfi que des
autres revenus.

Du 12 Septembre 1741.

* Arreft du Confeil, qui confirme une Ordonnance rendue
le 9 Mars 1741. par M. l'Intendant de la Généralité de Tours,
& ordonne que le Fermier des Aydes & fes Commis, prépofés à la perception des Droits d'Entrées à la Porte Saint Pierre
des Corps, de la Ville de Tours, continueront de jouir de la
Maifon qui fert de Bureau à ladite Porte, en payant le prix des
loyers, & aux claufes & conditions du Bail ; & fait défenfes au
Sieur Saulpic de la Nauraye, Propriétaire de ladite Maifon,
de troubler le Fermier & fes Commis dans la jouiffance d'icelle.

Du 14 Septembre 1741.

* Arreft du Confeil portant Réglement, pour affurer l'arrivée à Paris, & aux lieux de leur deftination, des Marchandifes de Librairie, Eftampes, & autres Imprimés venant de
Rouen à Paris, *contenant treize articles*, dont le premier enjoint aux Voituriers venans de Rouen à Paris par Eau, à peine
de 300 livres d'amende, conformément à l'Arreft du Confeil
& Lettres Patentes des 29 Août & 14 Décembre 1682. de
faire un Inventaire fidéle & exact, contenant les quantités,
qualités, nombre, poids & mefures des Marchandifes, & généralement de tout ce qui fera chargé dans chacun de leurs
Bâteaux ; les noms, qualités & demeures de ceux qui feront
les envois, de ceux à qui les Marchandifes feront adreffées,

& pour le compte defquels elles feront voiturées, lequel Inventaire lefdits Voituriers affirmeront véritable pardevant le Juge de la Vicomté de l'Eau à Rouen, qui fera tenu de cotter & parapher, par premier & dernier, les feuillets dudit Inventaire, le tout fans aucun frais. Et le fecond defdits articles enjoint pareillement aufdits Voituriers d'ajoûter fur leurs Inventaires toutes les Marchandifes qu'ils pourront charger en route.

Du 16 Septembre 1741.

* Ordonnance de M. de Marville, Lieutenant Général de Police, portant défenfes aux Bouchers de vendre chez eux aucunes parties de leurs fontes de Suif, foit aux Chandeliers, foit à d'autres Particuliers; d'en cacher dans leurs maifons ni ailleurs, ni d'en envoyer à la Campagne, fous quelque prétexte que ce foit; leur enjoint de les vendre à la Place aux Suifs tous les Jeudis de chaque femaine, fuivant l'ufage ordinaire, à peine de 1000 livres d'amende, & de confifcation du Suif qu'ils auroient vendu chez eux, qu'ils auroient caché ou envoyé à la Campagne, même de déchéance de leur Maîtrife. Fait pareillement défenfes aux Chandeliers d'aller acheter ni arrher le Suif chez les Bouchers, & qu'ils n'en pourront acheter qu'au Marché, après l'ouverture qui en fera faite, fans qu'ils puiffent courir les uns fur le marché des autres, à peine de 500 livres d'amende pour chaque contravention, de faifie & de confifcation du Suif qu'ils auroient arrhé ou acheté chez lefdits Bouchers ou ailleurs, même d'être privés de leur Maîtrife, &c. ordonne au furplus que les Edits, Ordonnances du Roi, Arrêts & Réglemens du Parlement, & les Ordonnances de Police, feront exécutés felon leur forme & teneur.

Du 25 Septembre 1741.

* Département de Meffieurs les Fermiers Généraux, pour le fervice des Fermes Royales unies, pendant la quatriéme année du Bail de M.ᵉ Jacques Forceville.

Du 26 Septembre 1741.

* Sentence du Bureau de l'Hôtel de Ville de Paris, qui con-damne Laurent Thuin, Marchand de Bois au Châtelet en Brie, & Georges Commandeur, Marchand-Voiturier par eau, cha-cun en 20 livres d'amende, pour avoir par ledit Thuin fait voiturer en cette Ville, en trois Bateaux, cinquante-huit cor-des de Bois, chargées au Port de Fontaine-le-Port, sans Let-tre de Voiture passée au Port du chargement, ou au lieu le plus prochain; & par ledit Commandeur en avoir fait faire une à Corbeil, avec défenses de récidiver, sous plus grandes pei-nes.

F I N.

TABLE

DES
EDITS, DECLARATIONS,
ARRESTS
ET REGLEMENS,

Rendus pendant la troisiéme année du Bail
de Mᵉ. JACQUES FORCEVILLE.

*Commencée le premier Octobre 1740. & finie le
dernier Septembre 1741.*

CONCERNANT LES DOMAINES DE FRANCE,
Controlle des Actes des Notaires, Petits-Scels, Insinuations
Laïques, Centiéme Denier, Controlle des Exploits, Greffes,
Amortissemens, Francs-Fiefs & nouveaux Acquêts; & Droits
réservés dans les Cours & Jurisdictions, par les Edits des mois
d'Août 1716. Janvier & Novembre 1717. & rétablis par la Déclaration du 15 Mai 1722.

A PARIS,

Chez PIERRE PRAULT, Imprimeur des Fermes & Droits du Roy,
Quay de Gêvres, au Paradis.

M. DCC. XLVI.

TABLE
DES EDITS, DECLARATIONS,
ARRESTS ET REGLEMENS,

Rendus pendant la troisiéme année du Bail de Me.
JACQUES FORCEVILLE.

*Commencée le premier Octobre 1740. & finie le dernier Septembre
1741.*

CONCERNANT les Domaines de France, Controlle des Actes des Notaires, Petits-Scels, Insinuations Laïques, Centiéme Denier, Controlle
des Exploits, Greffes, Amortissemens, Francs Fiefs & nouveaux Acquêts; & Droits réservés dans les Cours & Jurisdictions, par les Edits des
mois d'Août 1716. Janvier & Novembre 1717. & rétablis par la Déclaration du 15 Mai 1722.

Du 7 Octobre 1740.

ARREST de la Cour des Aydes, qui fixe par provision, & jusqu'à ce qu'il en soit autrement ordonné,
les alimens des Prisonniers détenus pour dettes civiles, à raison de sept sols par jour.

Des 10 Octobre 1740. & 16 Juillet 1742.

* Sentences du Bailliage & Capitainerie de la Varenne des
Tuilleries, Pont Saint Cloud, &c.

DOMAINES.   A.

La premiere ordonne la Visite des Chemins de traverse ou Sentiers qui sont dans l'étendue de la Capitainerie.

La seconde porte que dans quinzaine, à compter du jour de la publication d'icelle, tous les Propriétaires ou Fermiers des Terres riveraines des Chemins qui leur seront indiqués, seront tenus de faire le long d'iceux des fossés en droite ligne, de trois pieds de largeur & deux pieds de profondeur, en observant de laisser de cinquante en cinquante toises un passage de quatre pieds au moins, conformément aux Réglemens; sinon, ledit tems passé, lesdits fossés seront faits à la diligence du Procureur du Roi, aux frais desdits Fermiers ou Propriétaires, &c.

Du 11 Octobre 1740.

* Arrest du Conseil, qui casse & annulle la taxe d'office faite sur le Controlleur des Actes des Notaires de Landreville, par les Elus Généraux du Duché de Bourgogne; leur fait défenses & à tous autres de l'imposer sur les Rolles des Tailles, & d'exiger de lui plus grandes sommes que celle de 10 liv. 5 sols pour la Taille, & de 2 livres 5 sols pour la Capitation, pour chacune année, ainsi qu'il a toujours payé par le passé, si ce n'est dans le cas d'acquisition d'immeubles ou de trafic; ordonne que l'excédant des sommes qu'il a été contraint de payer pour l'année 1739. & le premier quartier de la présente année, seront réparties sur les Taillables de ladite Communauté dans le Rolle de l'année 1741. pour lui être restituées; à quoi faire les Collecteurs seront contraints.

Du 18 Octobre 1740.

* Arrest du Conseil, qui déclare les Dames de l'Union Chrétienne de Mantes non-recevables en leur demande faite au mois de Juillet 1737. en restitution des Droits par elles payés à Charles Yvon, dont le Bail a fini le dernier Décembre 1732. pour l'amortissement de plusieurs héritages qu'elles s'étoient fait adjuger pour les arrérages d'une rente à elles due, par Sentence du Juge de Fontenay sur Loire, du premier Juillet 1732. qui a été déclarée nulle, par autre Sentence du 13 Juillet

1737. par laquelle il a été jugé, que lesdites Dames n'étoient point Propriétaires des héritages dont elles avoient payé l'amortissement.

Nota. Cet Arrest juge, conformément à la Déclaration du Roi du 20 Janvier 1699. que deux ans après un Bail fini, l'on n'est point tenu de restituer des Droits acquittés pendant le cours d'icelui, quoique par l'événement d'un Procès, comme celui en question, les Redevables se trouveroient évincés dans la propriété des biens pour lesquels les Droits auroient été payés.

Du 26 Octobre 1740.

Déclaration du Roi, enregistrée en Parlement en Vacations le 27 Octobre 1740. qui ordonne que jusqu'au dernier Décembre 1741. les Bleds, Grains, Farines & Légumes de toutes espèces, qui entreront dans le Royaume, ou qui seront transportés d'une Province ou d'un lieu à un autre, seront exemts de tous Droits, soit qu'ils appartiennent au Roi ou aux Seigneurs, Corps & Communautés, soit Ecclésiastiques ou Laïques; & ordonne la fixation des Cens, Rentes & Redevances qui se payent en grains, *contenant dix articles.*

Du 28 Octobre 1740.

*Arrest du Conseil, qui fixe les limites de la Capitainerie des Chasses de Compiegne.

Du 22 Novembre 1740.

*Arrest du Conseil, portant Réglement provisoire au sujet des Droits dus aux Trésoriers de France & autres Officiers des Bureaux des Finances, pour l'installation, réception & prestation de serment des Officiers qui sont tenus de s'y faire installer & recevoir, ou d'y prêter serment, pour l'enregistrement des Provisions de ceux qui sont tenus de les y faire enregistrer, & pour plusieurs autres Droits prétendus par les Officiers des Bureaux des Finances.

A ij

Du 3 Décembre 1740.

* Sentence du Bureau de l'Hôtel de Ville de Paris, qui fait défenses à Claude Rougeaux, Fermier de la Mesure au Bateau des Grains de Châlons, de percevoir aucuns Droits sur ceux destinés pour la provision de Paris.

Du 6 Décembre 1740.

Arrest du Conseil, qui reçoit le Sieur René de Combles, Sieur de Nayries, Opposant à l'Arrest du 30 Août 1740. ordonne qu'il sera tenu de payer & remettre entre les mains de Nicolas Desboves, ci-devant Fermier général des Fermes unies, les arrérages par lui dus & échus jusqu'au dernier Décembre 1738. d'une rente de 1050 livres, qu'il doit au Domaine, à la déduction du Dixiéme, pendant le rems qu'il a eu lieu; & décharge ledit Desboves de la condamnation de dépens contre lui prononcée en faveur dudit Sieur de Nayries, par une Sentence du Juge de Guerande, du 13 Mars 1739. & par laquelle le Fermier avoit été condamné à recevoir ce qui étoit échu d'arrérages de ladite rente, à la déduction du Dixiéme, sinon permis audit Sieur de Combles de la consigner.

Du 6 Décembre 1740.

* Arrest du Conseil & Lettres Patentes sur icelui, portant établissement d'un second jour de Marché dans la Ville de l'Orient, pour y être tenu le Mercredi de chaque semaine.

Du 6 Décembre 1740.

* Arrest du Conseil, qui reçoit Louis Perere, Cessionnaire des Droits de Domaines, Controlle des Actes & Droits y joints, des Généralités de Tours, Bourges & Moulins, à recouvrer du Bail fini au dernier Décembre 1738. Opposant à l'Arrest du 4 Octobre précédent, par lequel le nouveau Fermier avoit été subrogé à la cession faite audit Perere, & en consé

quence, ordonne l'exécution de l'Acte de cession faite audit
Perete par les Cautions du Bail fini ledit jour dernier Décembre
1738.

Du 13 Décembre 1740.

* Arreſt du Conſeil, par lequel Sa Majeſté défend à tous ſes
Sujets domiciliés dans les Généralités de Merz & Champagne,
limitrophes de la Lorraine, d'y aller ou envoyer leurs Procurations pour paſſer des Actes entre eux, pour cauſes de choſes
mobiliaires ou de biens réels ſitués en France, à peine de nullité deſdits Actes, & de 300 livres d'amende pour chaque contravention, à l'exception néanmoins du ſeul cas où l'une des
Parties contractantes ſe trouveroit domiciliée, & actuellement
en Lorraine, lors de la paſſation de l'Acte qui y ſeroit fait avec
un domicilié de France, ou le Porteur de ſa procuration.

Du 13 Décembre 1740.

Arreſt du Conſeil, qui ordonne que la Tour étant ſur les
Remparts de la Ville de Reims, & qui a précédemment ſervi
de priſon pour les Priſonniers de Guerre, ſervira doreſnavant
de priſon pour y renfermer les Priſonniers qui ſeront arrêtés
de l'ordre du Sieur Colleau, Commiſſaire du Conſeil, pour
juger en dernier Reſſort le Procès aux Contrebandiers,
comme tous autres Priſonniers qui ſeront arrêtés par ordre de
Juſtice, ſi beſoin eſt ; à l'effet de quoi ledit Sieur Colleau commettra perſonne ſuffiſante pour en avoir la garde en qualité de
Geollier, auquel il fera prêter tel ſerment en pareil cas requis,
& lui enjoindra de ſe conformer aux Réglemens rendus au ſujet de la police des Priſons Royales ; & ordonne auſſi que ceux
qui jouiſſent de ladite Tour en ſeront dépoſſédés, ſauf à eux à
repréſenter les titres en vertu deſquels ils en jouiſſent, pour y
être ſtatué ainſi qu'il appartiendra.

Du 13 Décembre 1740.

* Arreſt du Conſeil, qui juge que les Droits d'Amortiſſement,
payés pour acquiſition d'héritages, ne pourront être reſtitués,
nonobſtant que les Acquéreurs ayent été évincés de leur ac-

quifition ; ordonne néanmoins qu'ils feront déchargés des Droits d'Amortiffement pour autres héritages qu'ils pourroient acquérir , pour leur tenir lieu de ceux qu'ils ont acquitté , &c.

Du 13 Décembre 1740.

Arreft du Confeil , qui ordonne que le lit de la Riviére de Breche , dans le Soiffonnois , fera redreffé & élargi ; que les Arbres , Buiffons & Hayes qui fe trouveront entre la Côte de Bulles & le nouveau lit de ladite Riviére , feront arrachés par les Propriétaires , finon par les Entrepreneurs des ouvrages & réparations à faire pour préferver les lifieres de Bulles de l'innondation ; défend de planter des Arbres au long ni fur la levée de ladite Riviére , à peine de 500 livres d'amende ; ordonne la conftruction d'un nouveau Canal pour conduire l'eau au Moulin à Bled conftruit fur ladite Riviére , & la fuppreffion de celui à Huile conftruit fur icelle , dont la valeur , eftimée 3000 livres , fera payée au Propriétaire.

Du 14 Décembre 1740.

* Arreft de la Cour de Parlement , qui régle la maniere de payer les Fermages ftipulés par les Baux , payables en une certaine quantité de grains.

Du 20 Décembre 1740.

* Lettres Patentes du Roi & Réglement pour la fabrique , les longueurs , largeurs & marques des différentes fortes de Toiles unies & ouvrées dans la Généralité de Caën , *regiftrées au Parlement de Rouen le* 12 *Janvier* 1741. contenant deux cens cinquante-fix articles , dont le 215e. porte que les Fabriquans , Tifferands & Ouvriers qui travailleront ou feront travailler pour leur compte , même les Marchands qui feront travailler les Ouvriers à façon , auront un Coin ou Marque fur laquelle feront gravées la premiere lettre de leur nom & leur furnom , ainfi que le nom du lieu de leur demeure , en entier & fans abreviation , & d'en appliquer l'empreinte avec

de l'huile & du noir de fumée à la tête & à la queuë de chaque piéce des différentes fortes de Toiles unies & ouvrées
comprifes audit Réglement, qu'ils auront fabriquées ou fait
fabriquer, laquelle Marque fera mife fur lefdites Toiles au
fortir du Métier, & avant qu'elles puiffent être préfentées à
la Vifite; comme auffi de mettre à côté de ladite marque,
de même avec de l'huile & du noir de fumée, le nombre de
fils dont chaque piéce fera compofée, & l'aunage qu'elle
contiendra, le tout à peine de confifcation, & de 30 livres
d'amende pour chaque piéce.

L'art. 216. défend aux Fabriquans, Tifferands & Ouvriers
de fe fervir de la Marque d'un autre Fabriquant ni de la contrefaire, ni de mettre des noms fuppofés au lieu du leur à la
tête ni à la queuë d'aucunes piéces de Toiles qu'ils auront
fabriquées ou fait fabriquer, à peine de confifcation, de 300
livres d'amende, de déchéance de Maîtrife & d'interdiction
de Commerce pour toujours.

L'art. 217. prefcrit la façon de plier les Toiles, fçavoir celles
unies deftinées à faire des ferviettes, par plis égaux chacun de
la longueur de chaque ferviette, & toutes les autres fortes de
Toiles unies & ouvrées, par plis égaux d'une aune chacun,
mefure de Paris, & que lefdites piéces fe trouvent pliées de
façon, que les deux bouts fur lefquels la Marque du Fabriquant fera empreinte, & fur lefquels la Marque de Vifite devra être appliquée, fe trouvent en dehors, & forment le premier & le dernier pli defdites piéces, à peine de confifcation, & de 30 livres d'amende pour chaque piéce de Toile.

L'art. 219. ordonne que les Toiles feront au fortir du Métier, & avant que de pouvoir être expofées en vente ni vendues, portées par les Fabriquans, Tifferands & Ouvriers, au
Bureau le plus prochain du lieu de leur demeure, pour y être
vûes & vifitées par les Gardes-Jurés Fabriquans en exercice,
& fi elles font conformes audit Réglement, par eux marquées
à la tête & à la queuë de chaque piéce de la Marque du Bureau où elles auront été vifitées, qui fera appliquée avec de
l'huile & du noir de fumée, le tout à peine de confifcation
defdites Toiles, & de 30 livres d'amende par chaque piéce.

L'art. 227. ordonne que les Coins ou Marques deftinés à

marquer les Toiles dans les Bureaux où elles feront vifitées, contiendront le nom de la Ville ou lieu où le Bureau fera établi, & la date de l'année, avec une légende, qui indiquera la qualité de la Toile, lefquels Coins feront renouvellés le 2 Janvier de chaque année.

L'art. 230. porte qu'il fera tenu dans chaque Bureau de Vifite & Marque, par les Gardes-Jurés, un Regiftre en papier non timbré, fur lequel feront enregiftrées toutes les piéces de Toiles qui auront été vifitées & marquées.

L'art. 231. défend de vendre & acheter aucune piéce de Toile fans avoir été vifitées & marquées, à peine de confifcation, & de 50 livres d'amende.

L'art. 233. porte que dans les lieux où il n'y a ni Maîtrife ni Jurande, les Fabriquans & Tifferands feront enregiftrer leurs noms & demeures au Greffe de la Jurifdiction des Manufactures dont ils reffortiront, & ce, fur un Regiftre qui fera tenu par le Greffier en papier non timbré.

Les art. 239. & 240. obligent les Auneurs de Toiles de marquer l'aunage aux deux bouts de chaque piéce de Toile, de leur Marque particuliere, contenant leur nom & furnom, avec défenfes de marquer l'aunage, ni de mettre leur Marque particuliere fur les piéces de Toiles qui n'auront pas la Marque de Vifite, le tout à peine de 50 livres d'amende, & de deftitution.

L'art. 244. affujettit les Auneurs à tenir un Regiftre en papier non timbré, & d'y enregiftrer l'aunage de chaque piéce de Toile qu'ils auneront, à peine de 50 livres d'amende.

L'art. 249. enjoint aux Curandiers ou Blanchiffeurs à marquer aux deux bouts de chaque piéce de Toile qu'ils auront blanchies, avant qu'elles puiffent être rendues à ceux qui les auront données à blanchir, à peine de 20 livres d'amende.

L'art. 251. veut que les Curandiers ou Blanchiffeurs tiennent un Regiftre en papier non timbré, fur lequel ils enregiftreront toutes les Toiles qu'ils blanchiront, & les noms de ceux à qui elles appartiennent.

L'article 253. applique les amendes qui feront prononcées pour raifon des contraventions audit Réglement; fçavoir, un tiers au Roy, un tiers aux Gardes-Jurés, & l'autre tiers aux pauvres.

Du

Du 20 Décembre 1740.

* Arreſt du Conſeil, portant qu'à la Requête du Procureur du Roi au Bureau des Finances d'Auch, pourſuite & diligence du Procureur Général des Domaines, & des Fermiers deſdits Domaines, les Poſſeſſeurs des Murs, Remparts, Foſſés, & autres lieux & places qui ont ſervi & qui ſervent aux Clôtures & Fortifications des Villes de la Généralité d'Auch, juſtifieront dans deux mois des titres en vertu deſquels ils jouiſſent deſdits fonds, ſinon qu'il ſera procédé à la vente d'iceux en faveur de ceux qui offriront de payer les redevances annuelles les plus fortes au profit du Domaine du Roi.

Du 20 Décembre 1740.

* Arreſt du Conſeil, qui permet aux Fermiers des Caroſſes & Meſſageries de toutes les Provinces du Royaume, tant en droiture que de traverſe, à l'exception des Coches d'Eau de Paris à Auxerre, de percevoir pendant un an le quart en ſus d'augmentation du prix des Voitures, tant de la conduite des Voyageurs & Priſonniers à la charge de Sa Majeſté, ou d'autres, que du tranſport des Ballots, Paquets, Marchandiſes, Or & Argent, Papiers, Procès civils & criminels, & autres choſes qui ſeront tranſportées par la voye deſdits Coches & Caroſſes, & ce à commencer de l'échéance de pareille permiſſion accordée auſdits Fermiers par l'Arreſt du 3 Janvier de ladite année.

Du 20 Décembre 1740.

* Arreſt du Conſeil, qui décharge la Dame Crozat du demi Centiéme Denier contre elle prétendu pour raiſon de la jouiſſance qui lui appartient, en conſéquence de la réſerve qu'elle s'en eſt faite par les Contrats de mariage de ſes enfans, de la part des biens de ſa communauté appartenante à la ſucceſſion de ſon mari ; & fait défenſes aux Fermiers actuels d'exiger pareils Droits à l'avenir.

Du 20 *Décembre* 1740.

* Arreſt du Conſeil, qui ſupprime les Droits de Péage prétendus par le Sieur de Buſſerand, à Perrecey, Généralité de Paris.

Du 20 *Décembre* 1740.

* Arreſt du Conſeil, qui ſupprime les Droits de Péage prétendus par le Sieur Abbé de Hautefontaine, à Theil, Généralité de Paris.

Du 20 *Décembre* 1740.

* Arreſt du Conſeil, qui ſupprime les Droits de Péage prétendus à Senlis, par les Echevins & Habitans de ladite Ville.

Du 20 *Décembre* 1740.

* Arreſt du Conſeil, qui ſupprime les Droits de Péage prétendus par le Sieur Boucher, à Floſgny, Généralité de Paris.

Du 20 *Décembre* 1740.

* Arreſt du Conſeil, qui ſupprime les Droits de Péage prétendus par la Dame de Berville aux Preſſoirs du Roi, Paroiſſe de Thomery.

Du 20 *Décembre* 1740.

* Arreſt du Conſeil, qui ſupprime les Droits de Péage prétendus par les Chanoines & Chapitre de Meaux, à Changis, Généralité de Paris.

Du 20 *Décembre* 1740.

* Arreſt du Conſeil, qui ſupprime les Droits de Péage prétendus par la Fabrique de la Paroiſſe d'Uſſy, Généralité de Paris.

Du 20 Décembre 1740.

* Arrest du Conseil, qui supprime les Droits de Péage prétendus par le Sieur Marquis de Crecy, à Treons, Généralité de Paris.

Du 20 Décembre 1740.

* Arrest du Conseil, qui supprime les Droits de Péage prétendus par les Maire & Echevins de la Ville de Tonnerre, & par l'Hôpital de ladite Ville.

Du 20 Déembre 1740.

* Arrest du Conseil, qui supprime les Droits de Péage prétendus par le Sieur de Courtanvaux, à la Ferté-Gaucher, Généralité de Paris.

Du 20 Décembre 1740.

* Arrest du Conseil, qui supprime les Droits de Péage prétendus par les Chanoines & Chapitre d'Auxerre, à Moneteau, Généralité de Paris.

Du 20 Décembre 1740.

* Arrest du Conseil, qui supprime les Droits de Péage prétendus par la Demoiselle Grandjean & autres, au Pertuis du Manoir, Paroisse de Bazeine, Généralité de Paris.

Du 20 Décembre 1740.

* Arrest du Conseil, qui supprime les Droits de Péage prétendus par le Sieur de Montmirail, à Laignes, Généralité de Paris.

Du 20 Décembre 1740.

* Arrest du Conseil, qui supprime les Droits de Péage prétendus par le Sieur le Cocq, au lieu de la Goupilliere, Généralité de Paris.

B ij

Du 20 Décembre 1740.

* Arreſt du Conſeil, qui ſupprime les Droits de Péage prétendus par le Sieur Comte de Lignieres, à Bercheres, Généralité de Paris.

Du 20 Décembre 1740.

* Arreſt du Conſeil, qui ſupprime les Droits de Péage prétendus par la veuve Belot, à Beſſy, Généralité de Paris.

Du 20 Décembre 1740.

* Arreſt du Conſeil, qui ſupprime les Droits de Péage prétendus par les Religieux de Barbaux, & autres Engagiſtes de Sa Majeſté, à Fontaine-le-Port & Samois, Généralité de Paris.

Du 20 Décembre 1740.

* Arreſt du Conſeil, qui ſupprime les Droits de Péage prétendus par le Sieur Comte de Roye, à Tanneron, Généralité de Paris.

Du 20 Décembre 1740.

* Arreſt du Conſeil, qui ſupprime les Droits de Péage prétendus par le Sieur de Verdronne, à Brenoville, Généralité de Paris.

Du 10 Janvier 1741.

* Ordonnance du Bureau des Finances de la Généralité de Paris, portant défenſes à toutes Fruitieres, Revendeuſes, Regratieres & autres, de mettre aucuns étalages le long des maiſons ſiſes au Marché Neuf, depuis le Marché Pallu, juſqu'au Pont Saint Michel.

Du 10 Janvier 1741.

* Ordonnance du Bureau des Finances de la Généralité de

Paris, portant que les Commissaires de la Voyerie se transporteront dans les rues, places & voyes publiques sujettes à l'innondation, & sur lesquelles les eaux se sont répandues, pour voir & visiter la face sur rue de toutes les maisons qui y sont situées, & dresser Procès-verbal de celles où il y aura péril.

Du 18 Janvier 1741.

* Cahier présenté au Roi par les Sieurs Archevêques, Evêques, & autres Ecclésiastiques, assemblés par permission de Sa Majesté en la Ville de Paris en l'année 1740. *contenant six articles*, concernant les Biens temporels de leurs Bénéfices, & qu'ils supplient très-humblement Sa Majesté de leur accorder, avec les Réponses de Sa Majesté, contenant :

Sçavoir sur l'article 2. concernant les Rentes sur les Postes & Pays d'Etats, que l'exemption des Droits d'Amortissement accordée par l'Arrest du 21 Janvier 1738. pour les Dons & Legs faits aux Gens de Mainmorte, en Rentes sur l'Hôtel de Ville & sur les Tailles, est une grace singuliere que Sa Majesté n'a pas jugé à propos d'étendre, soit sur les Rentes qui étoient nouvellement créées sur les Postes, dont la meilleure partie est remboursable d'année en année, soit sur celles constituées sur les Etats, qui ne méritent pas la même faveur que celles constituées sur le Roi.

Sur l'art. 3. pour l'amortissement des Dons ou Legs faits aux Gens de Mainmorte ; Que les Droits d'amortissement de ces Dons & Legs ne sont dus, & ne doivent être exigés qu'après l'acceptation qu'ils en ont faite, & que comme il leur est libre de les accepter ou d'y renoncer pendant les délais fixés par les Arrests du Conseil, ils ne peuvent se dispenser, quand ils les ont acceptés, de payer les Droits.

Sur l'art. 4. au sujet de la demande faite de l'exemption du Droit d'Insinuation & de Centiéme Denier, pour les Biens donnés par les peres, meres, & autres parens dans la ligne ascendante, pour tenir lieu de Titres Clericaux ; Que cette demande ayant été décidée par l'Arrest du Conseil du 27 Septembre 1729. rendu sur les Mémoires de plusieurs Ecclésiastiques & des Agens Généraux du Clergé, qui déclare sujet à l'Infinuation les donations d'immeubles faites par les peres & meres à leurs enfans, pour servir de Titre Clerical, & qui n'exemte du payement des Droits que celles conftituées en rentes viageres, pour en jouir pendant la vie de l'Afpirant aux Ordres, on doit fe conformer à ce Réglement.

Sur l'art. 5. par lequel le Clergé a demandé l'exemption des Droits d'Octrois qui fe levent dans les Villes pour l'acquifition & réunion des Offices Municipaux, le Roi a répondu que le Clergé ayant fait la même repréfentation en 1735. Sa Majefté a fuffifamment expliqué fes intentions par la réponfe qu'Elle a faite pour lors fur cet article.

Sur l'art. 6. au fujet de l'exemption des Fouages ou Impofition en Bretagne, il a été répondu que l'Arreft du Confeil du 19 Février 1726. revêtu de Lettres Patentes, *enregiftrées au Parlement de Bretagne*, a été rendu fur les Mémoires & demandes des Etats de Bretagne; les Evêques & Bénéficiers de cette Province, qui compofent le premier Ordre de ces Etats, ont non-feulement approuvé la Délibération prife à cet effet lors de leur Affemblée, & confenti l'exécution, mais encore ont demandé l'Arreft du Confeil qui en a confirmé les difpofitions, & que dans ces circonftances le Clergé Général ne paroît nullement intéreffé à demander la révocation de ce Réglement.

Sur l'art. 8. à l'occafion des Droits de Péages prétendus par les Eccléfiaftiques, le Roi a répondu; Que la vérification des Droits de Péages, ordonnée par l'Arreft du 29 Août 1724. eft conforme aux difpofitions de l'Ordonnance de 1669. qui a voulu que les Péages établis depuis l'année 1569. fans Lettres Patentes, demeuraffent fupprimés, & que les Propriétaires de ceux établis avant cette époque, fuffent tenus de repréfenter les Titres de conceffion defdits Droits; quoique l'Edit de 1695. rendu en faveur du Clergé, ne déroge point à cette Ordonnance, on n'exige cependant pas des Bénéficiers qu'ils repréfentent les Titres conftitutifs de l'établiffement des Péages dépendans de leurs Bénéfices avant 1569. mais feulement les Actes de poffeffion non interrompue, & les Pencartes qui doivent toujours avoir été affichées à un poteau : la plupart des Bénéficiers ont repréfenté depuis feize années les Titres de poffeffion de leurs Droits de Péages, fur lefquels ils ont obtenu plusieurs Arrests du Conseil, par lesquels Sa Majesté leur a rendu la justice qui leur étoit due, & l'on n'a supprimé que ceux dont la possession n'a pas été suffisamment justifiée.

Du 18 Janvier 1741.

* Cahier présenté au Roi par les Sieurs Archevêques, Evêques, & autres Ecclésiastiques, assemblés par permission de Sa Majesté en la Ville de Paris, en l'année 1740. contenant les articles qui concernent la Jurisdiction Ecclésiastique, qu'ils supplient très-humblement Sa Majesté de vouloir leur accorder, *contenant neuf articles*, dans lesquels il n'y en a aucun qui intéresse les Droits des Fermes.

Du 20 Janvier 1741.

* Arrest du Conseil, qui ordonne que les Rolles qui seront faits pour la subsistance des Pauvres, en exécution de l'Arrest du Parlement de Paris, du 30 Décembre 1740. les Actes & Procédures, tant pour l'exécution d'iceux, que pour parvenir à leur rédaction, & les Jugemens qui interviendront en conséquence, seront rédigés en papier non timbré, exemts de la formalité du Controlle, Sceau, Droits réservés ou rétablis, & autres Droits, de quelque nature qu'ils puissent être.

Du 24 Janvier 1741.

* Arrest contradictoire du Parlement de Paris, qui deboute le Sieur le Monnier, Fermier Général, le Sr. de Pont-Briand, & autres Créanciers du Sieur de Vaucouleur, Fermier des Etats de Bretagne, de leur demande, tendante à ce que sur la saisie & arrêts faits entre les mains du Sieur du Coüedic, Caissier, sur ce qui pouvoit être dû audit Sieur de Vaucouleur à cause de ladite Ferme, ledit Sieur du Coüedic fût tenu de rapporter les Piéces justificatives des Comptes par lui rendus aux Intéressés dans ladite Ferme, & qu'il avoit communiqués pour justifier son affirmation, & condamne lesdits Créanciers aux dépens.

Février 1741.

* Edit du Roi, portant suppreſſion de deux Offices de Préſidens de la Chambre des Eaux & Forêts & des Requêtes du Parlement de Beſançon, création d'une Charge de Préſident à Mortier, & convertit une des deux Charges ſupprimées en une Charge de Conſeiller au même Parlement. *Regiſtré au Parlement de Beſançon le 8 Juin 1741.*

Du 3 Février 1741.

* Ordonnance des Treſoriers de France & Grands Voyers de la Généralité de Paris, qui caſſe & annulle une Sentence du Prevôt-Juge de Saint Cloud, rendue ſur le fait de la Police & Direction de Voyerie ſur les grandes Routes & Chemins Royaux, comme Juge incompétent ; & enjoint au Sieur Dupin, Bourgeois de Paris, ayant une Maiſon audit lieu de Saint Cloud, ainſi qu'aux Dames Religieuſes Urſulines du même endroit, de faire ôter les décombres des murs de leurs Maiſons, qui embarraſſent la voye publique, avec défenſe audit Sieur Dupin de faire écouler les eaux de ſes Baſſins ſur le grand chemin.

Du 4 Février 1741.

* Jugement des Commiſſaires établis pour la vérification des Droits Maritimes, qui ſupprime un Droit d'arrérage prétendu par le Sieur de la Borde, ſur les Vaiſſeaux qui entrent & qui mouillent dans la Riviére de Bayonne.

Du 7 Février 1741.

Arreſt du Conſeil, portant qu'il ſera expédié des Lettres Patentes, qui ſeront adreſſées & regiſtrées en la Cour des Aydes de Montpellier, ſur l'Arreſt du Conſeil du 27 Septembre 1740. qui a homologué la traduction faite des Tarifs & Pancartes des Droits de Leudes-Mage & Meure dans la Ville & Cité de Carcaſſonne, & dans les lieux en dépendans, faiſant partie

des

des Domaines cédés à titre d'échange à M. le Comte de Belle-
Isle par contrat du 2 Octobre 1718.

Du 11 Février 1741.

* Ordonnance des Prevôt des Marchands & Echevins de la
Ville de Paris, concernant la sureté & la liberté de la Navigation
de la Riviére de Marne, qui enjoint aux Propriétaires des héritages situés sur les bords d'icelle, d'en faire ôter les Arbres qui peuvent nuire à ladite Navigation, de tirer du lit de ladite Riviére
ceux qui peuvent s'y trouver, & fixe la largeur que les chemins
doivent avoir pour le tirage sur les rives de ladite Riviére, le
tout à peine de 500 livres d'amende, &c.

Du 18 Février 1741.

* Jugement des Commissaires établis pour la vérification des
Droits Maritimes, qui maintient le Sieur Joseph du Bocage
de Bleville dans le Droit de Varech dans l'étendue de son Fief
de Bleville, pour en jouir, conformément à la Coutume de
Normandie & à l'Ordonnance de la Marine, du mois d'Août
1681. supprime le Droit de Coutume par lui prétendu sur tous
les Poissons pêchés dans l'étendue de son Fief de Bleville,
soit que les Poissons arrivent en Barques & Bateaux, soit qu'ils
se trouvent dans les Etaliers, Parcs ou Guideaux.

Du 18 Février 1741.

* Jugement des Commissaires établis pour la vérification
des Droits Maritimes, qui supprime un Droit de Parisis prétendu par les Abbé, Prieur & Religieux de Notre-Dame de
Meilleraye, sur les Vaisseaux chargés de Marchandises qui
passent sur la Riviére de Loire, au-devant de la Seigneurie
de l'Epine - Gaudin.

Du 18 Février 1741.

* Jugement des Commissaires établis pour la vérification

des Droits Maritimes, qui supprime un Droit prétendu par les Abbé, Prieur & Religieux de l'Abbaye de Notre-Dame de la Meilleraye, sur chaque Vaisseau portant Marchandises, passant au lieu de l'Epine-Gaudin, en la Riviére de Loire.

Du 18 Février 1741.

* Jugement des Commissaires établis pour la vérification des Droits Maritimes, qui supprime les Droits de Coutume sur les Poissons & Coquillages pris au Rocher de Verdelay, & de Bouteillage sur les Vins, Cidres & autres Boissons arrivant au Port & Havre de Dahoüet, prétendus par la Dame Berthelot de Pleneuf.

Du 21 Février 1741.

* Arrest du Conseil, qui supprime les Droits de Péage prétendus par le Sieur du Saillant, en qualité de Commandeur de Saint Jean les Montbrisson, dans le lieu de Moing, Généralité de Lyon.

Du 21 Février 1741.

* Arrest du Conseil, qui permet au Sieur Comte de Montribloud de continuer de tenir un Bac sur la Riviere de Sône, au Port de Riottier, Généralité de Lyon, aux charges, conditions, & suivant le Tarif inséré audit Arrest.

Du 21 Février 1741.

* Arrest du Conseil, pui permet au Sieur Camus de Chavagnieu de continuer de tenir un Bac sur la Riviére du Rhône, au Port Givort, Généralité de Lyon, & d'en percevoir les Droits aux charges, conditions, & suivant le Tarif inséré audit Arrest.

Du 21 Février 1741.

* Arrest du Conseil, qui liquide à la somme de 2651 livres 10 sols les finances remboursées par M. le Comte de Belle-

Ifle, Maréchal de France, aux Acquéreurs des hautes Juftices de Corbie, S. Etienne fous Bailleul, Doudeauville, des Hoques & du Hameau de la Fontaine de Rome, dite Sainte Honorine, &c. faifant partie des Domaines compris dans les Contrats d'échange faits entre le Roi & M. de Belle-Ifle les 2 Octobre 1718. & 27 Mai 1719. de laquelle fomme de 2651 livres 10 fols, il fera payé des deniers qui feront à ce deftinés.

Du 25 Février 1741.

* Jugement des Commiffaires établis pour la vérification des Droits Maritimes, qui fupprime un Droit de Naffe & de Pêcherie dans la Riviére de l'Adour, prétendu par la Damoifelle Gracy Anchoüa de Bero.

Du 25 Février 1741.

* Ordonnance des Prevôt des Marchands & Echevins de la Ville de Paris, concernant la fûreté & la liberté de la Navigation de la Riviére d'Aube, qui enjoint aux Propriétaires des héritages fitués fur les bords d'icelle, d'en faire ôter les Arbres qui nuifent à ladite Navigation, & de tirer du lit de ladite Riviére ceux qui peuvent s'y trouver, & fixe la largeur que les chemins doivent avoir pour le tirage fur les rives de ladite Riviére, le tout à peine de 500 livres d'amende, &c.

Du 25 Février 1741.

* Ordonnance des Prevôt des Marchands & Echevins de la Ville de Paris, concernant la fûreté & la liberté de la Navigation de la Riviére d'Yonne, contenant les mêmes difpofitions que celles contenues dans l'Ordonnance dudit jour pour la Riviére d'Aube.

Du 25 Février 1741.

* Ordonnance des Prevôt des Marchands & Echevins de la Ville de Paris, concernant la fûreté & la liberté de la Navigation de la Riviére de Seine, contenant les mêmes difpofitions

que celles faites par l'Ordonnance dudit jour pour la Riviére d'Aube.

Du 25 Février 1741.

* Jugement des Commissaires établis pour la vérification des Droits Maritimes, qui supprime une Pêcherie prétendue par la Dame le Merer de Querleau, située dans la Paroisse de Ploubert, dépendant de la Terre de Quervisio.

Du 3 Mars 1741.

* Arrest du Conseil, qui ordonne que les Trésoriers de France, de Provence, feront les appositions & levées des Scellés, l'Inventaire & la vente des Meubles des Bénéficiers décédés, privativement à tous autres Juges, & qui sert de préjugé & de Réglement pour les vacations des Juges Royaux, lorsqu'ils seront requis par l'Œconome & autres Parties intéressées.

Du 11 Mars 1741.

* Jugement des Commissaires établis pour la vérification des Droits Maritimes, qui fixe l'exercice & la quotité du Devoir de Loire, appartenant aux Religieux Carmes de la Ville de Nantes, sur le Sel, Vin, & autres Marchandises & Denrées.

Du 14 Mars 1741.

* Déclaration du Roi, qui proroge jusqu'au dernier Décembre 1741. les délais accordés par celles des 26 Avril 1738. & 21 Décembre 1739. pour représenter à la Chambre des Comptes les Chartres, Lettres Patentes, Contrats d'échange & d'aliénation à titre d'engagement, & autres titres accordés à tous les Corps, Communautés & Sujets du Roi, pour être de nouveau insérés dans les Registres de ladite Chambre, à la place de ceux qui peuvent être péris ou altérés dans l'incendie arrivé en ladite Chambre le 27 Octobre 1737. *Registrée en la Chambre des Comptes le 23 Mars 1741. contenant cinq Articles.*

Du 14 Mars 1741.

* Arrest du Conseil, portant nouveau Réglement pour l'exploitation des Carriéres d'où se tirent la Pierre de taille, le moillon, la Glaise & autres Matériaux, lequel, entre autres dispositions, défend d'en ouvrir & de fouiller plus près de trente toises de distance des chemins, qui seront plantés d'Arbres ou revêtus de fossés, & de trente-deux toises de ceux qui ne seront point plantés d'Arbres ni revêtus de fossés.

Du 17 Mars 1741.

* Sentence du Bureau de l'Hôtel de Ville de Paris, qui condamne le nommé Boucot, Voiturier par terre, en 3000 livres d'amende, applicable à l'Hôpital Général de cette Ville, pour avoir construit deux corps de logis avec une porte charretiere, dans une maison qui lui appartient, grande rue & Fauxbourg Saint Denis, dit Saint Lazare ; ordonne que lesdites constructions seront rasées, les matériaux confisqués, & les places réunies au Domaine du Roi, avec injonction audit Boucot de déclarer les Entrepreneur, Maître Maçon, Charpentier, & les Ouvriers qui ont conduit & travaillé ausdits ouvrages.

Du 17 Mars 1741.

* Sentence du Bureau de l'Hôtel de Ville de Paris, qui condamne la veuve, enfans & héritiers de défunt Jean - Claude Ruelle, Voiturier par terre, en 3000 livres d'amende, applicable à l'Hôpital Général de cette Ville, pour avoir construit dans une maison leur appartenante, rue du Fauxbourg Saint Denis, dit Saint Lazare, N°. 37. à gauche, deux corps de logis, au lieu d'un hangar, sur la face de ladite rue, & d'une écurie en aîle à droite, dont ledit Ruelle avoit obtenu la permission par Jugement du 17 Mai 1740. ordonne que lesdites constructions seront rasées, les matériaux confisqués, & les places réunies au Domaine du Roi, & lesdits veuve, enfans & héritiers tenus de déclarer les Entrepreneur, Maître Maçon

& Charpentier, & les Ouvriers qui ont conduit & travaillé
aufdits ouvrages.

Du 28 Mars 1741.

Arreft du Confeil, qui ordonne l'exécution de l'Edit du mois
d'Août 1669. concernant le Privilége du Roi fur les Biens des
Comprables ; ce faifant, que Louis Labbé, Sequeftre des Effets de la fucceffion du feu Sieur Fanet, Directeur des Domaines de Caën, chargé par Nicolas Desboves, Adjudicataire des Fermes générales, de faire le recouvrement des arrérages des Rentes faites au Domaine par fur-encheres dans la
Généralité de Caën, fera tenu, à la premiere fommation qui
lui fera faite, en qualité de fondé de Pouvoir à lui donné par
Ordonnance de M. l'Intendant de Caën, de figner le Compte
par lui préfenté de la Recette defdites Rentes Domaniales ;
finon & à faute de ce faire, qu'il fera réputé figné, & ledit
Labbé contraint par toutes voyes, même par corps, à payer
audit Desboves la fomme de 3145 livres 4 fols 5 deniers, à laquelle monte le Reliquat dudit Compte.

Du 18 Avril 1741.

* Arreft contradictoire du Confeil, qui maintient le Sieur de
Montefquioux & la Dame fon Epoufe en la poffeffion & jouiffance des Droits de Clerc d'Eau à Mantes, & le Sieur Durand
de Mezy auffi en la poffeffion & jouiffance des mêmes Droits
à Meulan, en qualité d'Engagiftes defdits Droits ; ordonne en
conféquence, qu'ils continueront à être perçus à leur profit fur
tous les Bateaux paffans fous tous les Pons de Mantes & Meulan, & fur ceux qui feront chargés & déchargés aux Ports defdites Villes, fans en excepter ceux qui feroient chargés de
Grains, Légumes ou Farines, & ce fur le pied porté par la
Déclaration du 9 Août 1660. fçavoir, 35 fols pour chaque Bateau venant du Pays d'Aval, de 26 fols 3 deniers pour chaque
Bateau venant du Pays d'Amont, & de 15 fols pour chacun
de ceux chargés de Bois, Pierre, Foin & Charbon de bois ;
& condamne les Voituriers à payer lefdits Droits au Fermier
du Domaine, au Pecq, à l'Ifle Saint Denis, & autres endroits

où ils ont été duement établis en la forme & maniere ci-dessus prescrites.

Du 22 Avril 1741.

* Jugement des Commissaires établis pour la vérification des Droits Maritimes, portant suppression d'un Parc ou Venet prétendu par le sieur Marc Desjardins, dans la Paroisse de Merville en Normandie.

Du 22 Avril 1741.

* Jugement des Commissaires établis pour la vérification des Droits Maritimes, qui fait défenses au sieur Dauxais du Mesnil-Vigneron, de prendre le poisson des Pêcheurs de la Paroisse de Montfarville, pour la consommation de sa maison, au tiers moins que le prix Marchand : supprime les Droits de douze gris mulets, & six surmulets, ou 5 sols 12 d. pour iceux; ceux de deux boisseaux d'orge par charette à bœuf, & d'un boisseau par charette à chevaux; supprime pareillement cinq Pêcheries situées en la même Paroisse de Montfarville.

Du 22 Avril 1741.

* Jugement des Commissaires du Conseil établis pour la vérification des Droits Maritimes, qui supprime seize Bouchots ou Pêcheries construits sur les Vases de la Mer, dans l'étendue de la Seigneurie de Charan, comme nuisibles à la navigation; décharge les Détempteurs desdites Pêcheries de toutes rentes & redevances dont ils étoient tenus pour raison d'icelles; maintient le Sieur Marquis de Seüil, Propriétaire de ladite Terre, dans la jouissance de plusieurs autres Bouchots; lui défend d'en établir d'autres, & ordonne la suppression de plusieurs pareils Bouchots appartenans à différens Particuliers.

Du premier Mai 1741.

* Décision du Conseil Royal, par laquelle les Sieurs Pichot du Mezeray, & les Sieurs du Beaupied, & autres Aliénataires

des Mines de Charbon de Braffac en Auvergne, font déchargés du Droit de Franc-Fiefs, pour raifon de l'exploitation des Mines de Charbon; & les condamne à payer lefdits Droits à caufe des Bois à eux abandonnés, & ce fur le pied de l'eftimation qui fera faite defdits Bois par M. l'Intendant.

Du 9 Mai 1741.

* Arreft du Confeil, qui déboute le Sieur François-Jofeph Dalerme, Seigneur, Baron de Saint Pierre Lemeüil & Saint Afort, Confeiller au Parlement de Bordeaux, de fa demande, tendante à jouir des Droits d'échanges dans plufieurs Paroiffes dépendantes de fa Terre, & par lui acquis d'un Particulier qui n'avoit point payé le fupplément de finance, ordonné par la Déclaration du 11 Août 1705.

Nota. Cet Arreft juge que lefdits Droits font réunis au Domaine du Roi, faute de payement de ladite finance.

Du 9 Mai 1741.

* Arreft du Confeil, qui caffe deux Jugemens de la Table de Marbre de Dijon, qui avoient annullé des Sentences de la Maîtrife des Eaux & Forêts de la même Ville, fous prétexte que les Procès-verbaux du Garde n'avoient pas été fignifiés aux Délinquans, & ordonne que lefdites Sentences feront exécutées, comme ayant paffé en force de chofe jugée.

Du 15 Mai 1741.

* Arreft du Parlement, confirmatif d'une Sentence du Bailliage & Siége Préfidial de Provins, du 11 Juin 1736. par laquelle il eft ordonné au nommé Guillaume le Franc, Notaire au Marquifat de Marolles, de rapporter aux héritiers du Sieur de Lamotte, fon prédéceffeur, les deux tiers des droits & émolumens des Expéditions délivrées & à délivrer des Actes paffés par fon prédéceffeur, & que les Minutes defdits Actes, dépofés après le décès dudit Lamotte au Château du Marquifat de Marolles.

Marolles, seront remises entre les mains dudit Lefranc, succcesseur, lequel sera tenu de s'en charger.

Du 13 Juin 1741.

* Arrest du Conseil, qui déboute un Acquéreur des Droits d'échange de sa prétention de les exiger, faute d'avoir payé le doublement du prix de la premiere acquisition ; & ordonne qu'un Particulier qui les lui avoit payés pour un échange, sera tenu de les payer de nouveau au Fermier du Roi.

Du 13 Juin 1741.

* Arrest du Conseil, qui, sans avoir égard à la demande des Sieurs Plivard, ancien Receveur des Tailles de l'Election de Langres, Possesseur du Fief de Rougen ; Guillaume Gousse-lin, Lieutenant-Assesseur au Bailliage & Siége Présidial de Langres, Seigneur de Richecours ; Nicolas Lambert, Seigneur de Riviere-le-Bois ; Nicolas Fourret, Seigneur de Fresle ; Valerien de Monny, Avocat au Parlement, Seigneur en partie de Mornay-sur-Vingenne, & Nicolas de Monnay, Seigneur de Persey-le-Pautel, Conseiller d'Honneur au Bailliage & Siége Présidial de Langres, tous Bourgeois & Habitans de ladite Ville, les déboute de leurs demandes, & les déclare sujets aux Francs-Fiefs.

Du 13 Juin 1741.

Arrest du Conseil, qui décharge M. de Saint Simon, Evêque de Metz, & ses Héritiers, de toutes recherches, tant pour raison des baliveaux surnuméraires ou excédens les seize portés par l'Ordonnance des Eaux & Forêts de 1669. & laissés dans les Bois pendant que le Roi en a joui, pour la formation des Sels à la Saline de Moyenvic, & qu'il pourroit répéter, que pour raison des dégradations commises dans lesdits Bois jusqu'au 12 Février 1737. que ledit Sieur Evêque en a repris possession, au moyen de quoi le Roi demeure pareillement déchargé, ensemble les Fermiers Généraux qui les ont exploités, de toutes demandes respectives au sujet des prétendues dégradations & défrichemens faits dans les Bois dudit Evêché pendant le tems de la jouissance de Sa Majesté.

Du 14 Juin 1741.

* Ordonnance du Roi, qui permet à tous Fermiers, Laboureurs & autres, dans la Généralité de Paris, même dans l'étendue des Capitaineries, de faire faucher pendant ladite année seulement, & sans tirer à conséquence, tous les prés, de quelque nature & qualité qu'ils soient, dans le tems qu'ils le jugeront à propos, sans en demander permission aux Seigneurs ni aux Capitaines des Chasses, &c.

Du 18 Juin 1741.

* Déclaration du Roi, concernant l'administration des Forêts dépendantes du Domaine de Châteauroux, qui, entre autres dispositions, ordonne que les Juges des Prévôtés Royales, créés & établis dans les Villes de la Châtre & du Châtelet par Edit du mois de Février 1740. connoîtront à l'avenir, à l'instar des Gruyers, de tous les délits, abus, malversations & contraventions, dont l'amende n'excédera pas la somme de 12 livres, *contenant dix articles. Regiſtrée au Parlement le 7 Juillet* 1741.

Du 20 Juin 1741.

* Lettres Patentes du Roi & Réglement pour les longueurs, largeurs, apprêts & marques des Serges, Droguets, Baracans, Callemandes, & autres Etoffes qui se fabriquent en Picardie, à l'exception de la Ville d'Amiens, *Regiſtrées au Parlement le 7 Juillet* 1741. *contenant* 86 *Articles*, dont le 50e. porte que les Fabriquans mettront sur le Métier avec un fil de lin, de chanvre ou de coton, au chef & à la queuë de chaque piéce des différentes sortes d'Etoffes qu'ils fabriqueront, la premiere lettre de leur nom, leur surnom, & le nom du lieu de leur demeure en entier & sans abreviation, & ajoûteront aussi à la tête & à la queuë de chaque piéce des Baracans blancs destinés à être teints, compris dans les articles 13. 14.

& 15. deux petits entrebats de fil d'Epinay, à la distance d'un pouce l'un de l'autre, dans le milieu desquels sera tissu sur le Métier, en fil de lin, de chanvre ou de coton, le mot *superfin* pour les Baracans superfins, celui de *fin* pour les Baracans fins, & le mot *commun* pour les Baracans communs, le tout à peine de confiscation desdites Etoffes, & de 20 livres d'amende pour chaque piéce. L'art. 51 défend aux Fabriquans de mettre le nom d'un autre sur les Etoffes qu'ils fabriqueront, ni le mot *superfin* sur les Baracans fins ou communs, ni le mot *fin* sur les Baracans communs, à peine de confiscation & de 300 livres d'amende, de déchéance de la Maîtrise, & d'interdiction de Commerce pour toujours. L'art 54. porte que toutes les Etoffes comprises audit Réglement seront marquées au Bureau de Fabrique par les Gardes-Jurés desdites Fabriques, après avoir été visitées & trouvées conformes audit Réglement, du Plomb du Bureau à chaque bout de la piéce, avec défenses ausdits Fabriquans de faire appliquer sur leurs Etoffes d'autre Plomb que celui du Bureau dont ils dépendent, le tout à peine de confiscation, & de 20 livres d'amende pour chaque piéce desdites Etoffes. L'art. 60. défend aux Fabriquans d'exposer en vente, & à tous Marchands d'acheter aucunes desdites Etoffes, si elles n'ont à la tête & à la queuë les Marques & le Plomb de Fabrique ordonnés par les articles 50. & 54. à peine de 20 livres d'amende pour chaque piéce & pour chaque contravention. L'art. 67. permet aux Greffiers des Jurisdictions des Manufactures de tenir un Registre en papier non timbré, pour y transcrire les noms des Fabriquans & Ouvriers, ausquels il sera délivré, par lesdits Greffiers, des Certificats aussi en papier non timbré, contenant leurs noms, surnoms & demeures, lesquels Certificats seront visés par les Gardes-Jurés, à peine de 100 livres d'amende contre chaque Contrevenant. L'art. 68. défend à tous Marchands d'avoir dans leurs Maisons, Magasins ou Boutiques, ni de vendre aucunes Etoffes comprises audit Réglement, sans qu'elles ayent à la tête & à la queuë les Marques ordonnées ci-dessus, & les Plombs de Fabrique & de Controlle, à peine de confiscation & de 20 livres d'amende pour chaque contravention. L'art. 70. porte que dans chaque Bureau de Fabrique & de Controlle, il y sera tenu par les Gardes-Jurés un Regiſtre en papier non timbré, pour y enregiſtrer les piéces d'Etoffes qui y ſeront viſitées; & l'art. 83. ordonne que dans les amendes, dont l'application n'eſt pas faite par les art. dudit Réglement, il en appartiendra un tiers au Roi, un tiers au profit des Gardes-Jurés, & l'autre tiers au profit des Pauvres. *Nota.* Pour les autres articles, la moitié des amendes eſt adjugée au Roi.

Du 20 Juin 1741.

Arreſt du Conſeil, qui par grace, & ſans tirer à conſéquence, accorde une remiſe de 525 livres au nommé Anatoille Javel, ſur le prix de l'Adjudication à lui faire par les Officiers de la Reformation des Bois, des Glandées & Paiſſons affectés aux Salines de Salins, de la Forêt de Montrond, pour l'année 1740. moyennant la ſomme de 2925 livres; & en conſéquence, or- donne qu'en payant par ledit Javel la ſomme de 2400 livres, il demeurera bien & valablement quitte & déchargé du prix de ladite Adjudication.

Du 27 Juin 1741.

* Arreſt du Conſeil, qui maintient la Dame Marie-Jeanne- Eliſabeth-Roſe de la Chevalerie, dans la jouiſſance des Droits de Controlle des Greffes & Préſentations dans partie du Reſ- ſort du Parlement, Chambre des Comptes & Cour des Aydes de Normandie, alienés au Sieur de Langlée, Maréchal des Camps & Armées de Sa Majeſté, ſuivant l'Adjudication qui en a été faite audit Sieur de Langlée, par les Commiſſaires du Conſeil, le 29 May 1645, aux droits duquel eſt ladite Dame de la Chevalerie, & déboute le Fermier du Domaine de ſa demande, tendante à jouir deſdits Droits, ſous prétexte que leſdits Greffes ſont cenſés réunis au Domaine par l'Edit du mois de Février 1715.

Juillet 1741.

* Edit du Roi, portant réunion de la Prévôté de Villefran-

che en Beaujollois, au Bailliage de ladite Ville. *Regiſtré au Parlement le 8 Août 1741.*

Du 11 Juillet 1741.

* Arreſt de la Cour de Parlement, concernant le Droit d'Aubaine, qui juge que les Habitans de Mons en Haynault, & ceux des Pays-Bas Autrichiens, ne ſont point ſujets au Droit d'Aubaine en France, & qu'ils peuvent y ſuccéder, même en tems de Guerre.

Du 11 Juillet 1741.

*Arreſt du Conſeil, qui maintient les Sieurs Archevêque, Doyen, Chanoines & Chapitre de Lyon, dans un Droit de Leyde ſur les Denrées & Marchandiſes amenées, tant par terre que par eau, débarquées & entrant en la Ville de Lyon, pour y être vendues ou conſommées pour lever leſdits Droits ſeulement aux Portes & entrées de ladite Ville de Lyon, ſuivant le Tarif y inſeré.

Août 1741.

* Edit du Roi, portant réunion de deux Offices de Lieutenans Généraux de Police, des Villes de Che oy & Voulxflagy, à ceux de Prévôts des mêmes Villes, dépendantes de l'Appanage de M. le Duc d'Orléans.

Août 1741.

Lettres Patentes du Roi portant confirmation, & entant que beſoin, nouvelle érection de la Terre de Mauregard en Marquiſat, en faveur du Sieur Euſtache-François le Couſturier, Préſident en la Cinquiéme Chambre des Enquêtes du Parlement de Paris, Préſident au Grand Conſeil, & Maître des Requêtes, & de ſes enfans & deſcendans mâles, nés & à naître en légitime Mariage, avec confirmation de deux Foires établies dans le lieu du Meſnil-Madame-Rance, dépendant dudit Marquiſat, de deux Foires, & d'un Marché, pour être leſdites deux Foires tenues deux fois l'année & deux jours de

suite ; sçavoir, l'une le 5 Juillet, & l'autre le 10 Septembre, &
le Marché le Mardi de chaque semaine, avec les mêmes droits,
avantages, libertés, franchises & priviléges accordés pour les
autres lieux d'établissement de Foires & Marchés.

Du premier Aoust 1741.

Arrest du Conseil, qui décharge Mathieu Clement, Fermier
des Forges de Clavieres, dépendantes du Duché de Châteauroux, des engagemens par lui contractés pour les réparations
& constructions qu'il a dû faire ausdites Forges & dépendances
pendant les années 1739. & 1740. ordonne que sur le prix de
son Bail desdites deux années il lui sera tenu compte de la somme de 4571 livres 8 sols 8 deniers, à raison de 2285 livres 14
sols 4 deniers pour chacune année, par Etienne Vernier, Soufermier des Domaines de la Généralité de Bourges, en vertu
dudit Arrest & de la Quittance dudit Clement, & audit Vernier par Jacques Forceville, Adjudicataire des Fermes générales, auquel il en sera pareillement tenu compte sur le prix de
son Bail.

Du premier Août 1741.

* Arrest du Conseil, par lequel Sa Majesté, sans s'arrêter à
l'Ordonnance de l'Intendance de Bordeaux, du 27 Juin 1741.
condamne le Prieur de Bussiere-Badit en Perigord, de restituer
au Fermier des Domaines de la Généralité de Bordeaux tous
les Droits d'échange qu'il se trouvera avoir perçus depuis trente
ans dans ladite Paroisse de Bussiere, & autres lieux étant dans
la Direction dudit Prieuré, & le condamne en outre en 3000
livres d'amende, le tout conformément à la Déclaration du
20 Juillet 1674. à l'Arrest du Conseil du 29 Septembre suivant,
& à celui du 10 Avril 1683. par lesquels il est expressément
défendu à tous Seigneurs & Engagistes d'exiger lesdits Droits,
ni même de les percevoir, quand même ils leur seroient offerts,
qu'ils ne s'en soient rendus Adjudicataires, & payé le prix de
leurs Adjudications, à peine de restitution du quadruple, &
de 3000 livres d'amende par chaque contravention.

Du 14 Août 1741.

* Arreſt du Conſeil d'Etat Privé, qui ordonne que les Officiers de la Maîtriſe Particuliere des Eaux & Forêts de Tours,
précéderont ceux de l'Election de ladite Ville en toutes Aſſemblées & Cérémonies Publiques.

Du 15 Août 1741.

* Arreſt du Conſeil, rendu en faveur du nommé Nicolas
Joliot, Huiſſier Audiancier en la Maîtriſe Particuliere des Eaux
& Forêts de Beſançon, qui ordonne l'exécution des Edits des
mois d'Août 1692. & Décembre 1693. & des Arreſs du Conſeil des 27 Décembre 1729. 4 Septembre 1731. 3 Juin 1732.
& 5 Avril 1735. qui réglent les fonctions des Huiſſiers Audian-
ciers des Maîtriſes Particulieres des Eaux & Forêts.

Du 20 Août 1741.

Arreſt du Conſeil, par lequel le Roi, ſans avoir égard à deux
Arreſts du Parlement de Metz, des 27 Juin & 22 Août 1740.
ordonne par proviſion que le Bureau établi au Ban de Suzemont par le Fermier général de Lorraine & Barrois y reſtera,
& que les Droits & Impoſirions continueront d'y être perçûs
& payés en la maniere accoutumée au Roi de Pologne,
Duc de Lorraine & de Bar, & que généralement tout ce
qui peut concerner ledit Ban de Suzemont ſera remis & demeurera en l'état où il étoit avant les Arreſts du Parlement de
Metz & de la Chambre des Comptes de Lorraine, des 27 Juin,
13 & 22 Août 1740. évoque la conteſtation formée par le Procureur Général du Parlement de Metz, au ſujet de la Souve-
raineté du Roi ſur ledit Ban de Suzemont, & ordonne que
ledit Sieur Procureur Général remettra ès mains de M. le Controlleur Général des Finances, les Mémoires, Titres & Papiers ſur leſquels il pourra établir des prétentions de Souve-
raineté ſur ledit Ban de Suzemont, pour être ſur iceux ſtatué
par Sa Majeſté ce qu'il appartiendra.

Du 29 Août 1741.

* Arrest du Conseil, qui juge que les Propriétaires des Fiefs, qui ont acquis des Traitans les Droits d'échange dans l'étendue des Paroisses où leurs Fiefs sont situés, ne peuvent point les percevoir aux mutations de biens étant hors de leurs Directes & Censives.

Du 5 Septembre 1741.

Arrest du Conseil, par lequel, avant faire droit sur l'Instance d'entre Claude Chasseing & Compagnie, Négocians à Roanne, & les Sieurs de la Gardette, Denizet & Consors, attendu qu'ils n'ont pas satisfait aux clauses & conditions portées par les Arrêts du Conseil des 13 Mai 1702. & 7 Août 1725. qui les autorisent à rendre la Riviére de Loire navigable depuis Roanne jusqu'à S. Rambert, & leur accordent des Droits de Péage à cet effet, ordonne que ledit la Gardette & ses Cautions seront tenus de représenter & remettre entre les mains de M. le Controlleur Général des Finances, un Etat signé & certifié d'eux, conforme aux Regiftres tenus par les Commis, par eux établis de la Recette par eux faite des Droits qui leur ont été attribués par le Tarif du 23 Mai 1702. & par ledit Arrest du Conseil du 7 Août 1725. pour la Navigation de ladite Riviére, & ce année par année, à commencer en 1706. comme aussi les Comptes de Société arrêtés entre eux depuis ladite année jusqu'à présent, & un Etat signé & certifié, de toutes les dépenses, frais & avances par eux faites depuis la même année 1706. pour faire les ouvrages nécessaires pour ladite Navigation ; que par le Sieur de Regemorte, Ingénieur de la Province, il sera fait visite & dressé Procès-verbal d'estimation des ouvrages prétendus faits par ledit de la Gardette & ses Cautions depuis ladite année 1706. pour rendre ladite Riviére de Loire navigable, & que par ledit Sieur de Regemorte, il sera dressé Procès-verbal & Devis estimatif des ouvrages qu'il jugera nécessaire de faire pour rendre ladite Navigation libre, pour le remontage des Bateaux jusqu'à Saint Rambert, pour lesdits Etats, Comptes, Procès-verbaux

verbaux & Devis vus & rapportés, être ordonné ce qu'il appartiendra ; que les Marchands frequentans ladite Riviére de Loire, depuis Roanne jufqu'à Saint Rambert, ne payeront les Droits de ladite Navigation que fur le pied de 20 livres par Bateau vuide de feize toifes de longueur, & pour les autres à proportion ; & fur le pied de 3 livres par voye de Charbon de terre, mefure de Paris, lefquels Droits demeureront néanmoins fequeftrés entre les mains des Receveurs d'iceux, fans que, fous quelque prétexte que ce foit, ils puiffent les remettre audit de la Gardette & à fes Cautions, ni en difpofer, pour quelque autre ufage que ce puiffe être, jufqu'à ce qu'autrement il en ait été ordonné, à peine de payer deux fois, & de tous dépens, dommages & intérêts.

Du 12 Septembre 1741.

* Arreft du Confeil, qui caffe un Réglement fait en 1738. par les Officiers du Bailliage de Langres, concernant les Pâtis & Communaux des Habitans des Paroiffes, & maintient les Officiers de la Maîtrife de Sens, dans la Jurifdiction & connoiffance defdits Pâtis communaux, avec défenfes à ceux dudit Bailliage, & tous autres, d'en prendre connoiffance, à peine d'interdiction, & de 3000 livres d'amende.

Du 19 Septembre 1741.

Arreft du Confeil, qui annulle un Bail à rente fait le 16 Mars 1723. d'une Maifon deftinée pour fervir de Prifons & de Maifon de force dans la Ville de Saint Maure, & que les Adminiftrateurs de l'Hôpital de Saint Maure fe remettront en poffeffion de ladite Maifon en vertu dudit Arreft, à compter du jour de la fignification qui en fera faite aufdits Adminiftrateurs de l'ordre du Sieur Intendant & Commiffaire départi en la Généralité de Tours, fans qu'ils puiffent être inquiétés ni recherchés pour raifon des agrandiffemens & réparations qui ont été faites aufdits Bâtimens ; & en conféquence, le Roi demeurera déchargé du payement de la rente de 150 livres portée par ledit Bail, à compter du premier Janvier 1742. accorde, par grace,

aufdits Adminiftrateurs ladite rente pour l'année entiere 1741.
ordonne qu'au moyen du délaiffement de ladite Maifon, l'Arrêt du Confeil du 4 Octobre 1740. qui confirme l'Adjudication des ouvrages ordonnés être faits à ladite Maifon, demeurera fans exécution ; que l'indemnité due au nommé Jean Hallouin, Entrepreneur defdits ouvrages, tant pour ceux qui peuvent avoir été par lui commencés, que pour la conduite &
achat des matériaux qu'il a fait conduire fur les lieux, demeurera réglée à la fomme de 976 livres 10 fols, de laquelle ledit
Hallouin fera payé fur les Ordonnances du Sieur Intendant &
Commiffaire départi, par le Soufermier des Domaines de ladite Généralité, auquel il en fera tenu compte fur le prix de
fon Bail, par l'Adjudicataire général des Fermes unies, en
rapportant par ledit Soufermier, conformément à la Déclaration du Roi du 12 Juillet 1687. la Quittance comptable du
Receveur Général des Domaines & Bois de ladite Généralité,
lequel Receveur Général fera tenu d'en compter dans le compte de fon exercice de l'année 1741. à l'effet de quoi il fera fait
fond de ladite fomme de 976 livres 10 fols dans l'Etat des charges du Domaine de ladite année, en vertu dudit Arreft.

Du 19 Septembre 1741.

* Ordonnance du Bureau de l'Hôtel de Ville de Paris, qui
fufpend la Navigation de la Riviére d'Yonne pendant le tems
néceffaire pour faire les réparations du Pertuis de Bailly.

Du 25 Septembre 1741.

* Département de Meffieurs les Fermiers Généraux, pour
le fervice des Fermes Royales unies, pendant la quatriéme année du Bail de M.ᵉ Jacques Forceville.

F I N.

www.ingramcontent.com/pod-product-compliance
Lightning Source LLC
LaVergne TN
LVHW021649060726
842527LV00003B/847